Heike Leitschuh

BELÄCHELT, BEKÄMPFT, BEGEHRT

Heike Leitschuh

BELÄCHELT, BEKÄMPFT, BEGEHRT

Mit Bio-Pionier Ulrich Walter durch fünf Dekaden

HIRZEL

Bibliografische Information der Deutschen Nationalbibliothek
Die Deutsche Nationalbibliothek verzeichnet diese Publikation in der Deutschen Nationalbibliografie; detaillierte bibliografische Daten sind im Internet unter https://portal.dnb.de abrufbar.

1. Auflage 2021

ISBN 978-3-7776-2961-2 (Print)
ISBN 978-3-7776-3003-8 (E-Book, epub)

Birkenwaldstraße 44, 70191 Stuttgart
Printed in Poland

Lektorat: Maren Walter
Einbandgestaltung: Stefan Mückner, Hamburg
Satz: abavo GmbH, Buchloe
Druck und Bindung: Drukarnia Dimograf, Bielsko-Biała

www.hirzel.de

FSC www.fsc.org MIX Papier aus verantwortungsvollen Quellen FSC® C018236

Klimaneutral Druckprodukt ClimatePartner.com/12995-2103-1034

Inhalt

Die 1990er Jahre

Die 2000er Jahre

Einleitung

Mehr als ein Generationswechsel

Die Bio-Bewegung war in ihren Anfängen männlich, die junge Nachhaltigkeitsbewegung ist weiblich.

Es war eine besondere Spezies, die sich in den 1970er Jahren aufmachte, um gesündere und ökologisch verträgliche Lebensmittel auf den Markt zu bringen: vor allem Männer, die sowohl engagiert und systemkritisch als auch mutig und eigenverantwortlich waren. Ihr Weg führte sie nicht primär über den Protest auf der Straße, sondern über die Küche und das Feld. Ihr Aufbegehren gegen Umweltzerstörung und soziale Spaltung war ein Anders-Machen. Sie übernahmen landwirtschaftliche Höfe und stellten sie auf Bio um. Sie begannen damit, Tiere artgerecht zu halten. Sie gründeten kleine Bio-Läden, in denen das am Anfang noch überschaubare Angebot verkauft wurde. Sie bauten Unternehmen auf, die Bio-Rohstoffe verarbeiteten. Sie organisierten Lieferketten, über die sie Tee und Kaffee, Kakao und Gewürze und was sonst noch nicht in Deutschland wächst, einführten.

Ihr Geschäft sollte fair, die Waren sollten ökologisch verantwortlich produziert sein. Aber sie wollten noch viel mehr: Sie wollten die gängige Lebensweise verändern, die sie als ungesund empfanden, es anders machen. Auch damit nicht genug. Manche wollten das wirtschaftliche und politische System an den Stellen ändern, an denen sie Zerstörung und Gedankenlosigkeit wähnten.

40 Jahre und mehr ist das her. Inzwischen ist Bio »erwachsen geworden«, wie Ulrich Walter, Bio-Pionier und Gründer der Bio-Marke

Lebensbaum, das ausdrückt. Aus den nach Patschuli riechenden Bio-Läden mit selbstgezimmerten Regalen sind professionell betriebene Bio-Supermärkte geworden, aus kleinen Manufakturen hochmoderne Unternehmen, und auch die Höfe werden heute mit betriebswirtschaftlicher Effizienz geführt. Das Rebellische ist nun nicht mehr am Äußeren erkenn- und erlebbar. Man scheint Teil des Wirtschaftssystems zu sein und ist dennoch dabei, es von innen aufzurollen und zu verändern.

Man kann das auch so sagen: Am Anfang wurden die Bio-Pioniere belächelt, dann bekämpft. Jetzt sind sie begehrt. Denn sie sind erfolgreich, die Prognosen für Wachstum vielversprechend. Erst die Zukunft wird zeigen, ob und welchen Bestand das hat. Fridays-For-Future setzt einen neuen Rahmen für Pioniere. Klimaneutralität stellt Geschäftsmodelle auf den Prüfstand. Biodiversität und radikales Recycling werden wichtiger und rücken die Agenda zurecht. Die Ansprüche an Bio steigen. Angela und Ulrich Walter gehören mit ihrem Unternehmen Lebensbaum zu diesen Bio-Pionieren der ersten Stunde. In jungen Jahren übernahmen sie einen Bioladen in ihrer Heimatstadt Diepholz, nach und nach wurde aus diesen Anfängen als »Ladner« ein stattliches Unternehmen mit heute über 200 Mitarbeiterinnen und Mitarbeitern – die Firma Lebensbaum.

Ulrich Walter lernte ich zu Beginn der 90er Jahre kennen, auf irgendeiner Öko-Tagung. Ich war damals Redakteurin in einem Fachverlag, der Informationsdienste zum Umweltschutz herausgab. Als ich mich dafür engagierte, zum ersten Welt-Klimagipfel 1995 in Berlin, der die damals brandneue UN-Klimakonvention umsetzen sollte, eine emotional packende Kulturveranstaltung zu organisieren, gehörte Ulrich Walter zu den Sponsoren. Es war ein kleiner Betrag, aber er ermöglichte uns den Start. Und er kam sogar zu einem Vorbereitungstreffen. Unsere Projektidee war – wie sich bald herausstellen sollte – zu groß und ihre Zeit noch nicht gekommen, doch Ulrich Walter verlor darüber kein enttäuschtes Wort. Er machte, was er gut fand, unterstützte, was ihm sinnvoll erschien, kalkulierte jedoch das Scheitern ein. So hat er sein Unternehmen geführt: mit Bedacht und Vorsicht und nie nach den Sternen greifend, aber immer offen für alle Optionen, die sich am Wegesrand bieten und vor allem fortwährend auf der Suche nach dem, was noch ein bisschen besser zu machen ist. Angela Walter, immer mit von Partie, ist da sehr ähnlich, gerne Neues anpackend, aber auch hinterfragend: Was bringt es? Ist es wirklich sinnvoll? Passt es zu uns? Können wir es stemmen? Mit dieser Haltung und der guten Mischung aus Risikobereitschaft und Vorsicht haben die beiden Lebensbaum zu einem sehr erfolgreichen und in der Bio-Branche hoch geachteten Unternehmen entwickelt.

Diese Haltung – die Frage nach Sinn und Verantwortung, vergleichbar mit Greta's »How dare you« – kann aktueller nicht sein. Heute wird sie auf der Straße gestellt, von der neuen Klimabewegung. Vor allem gibt es die Herausforderung, das eigene Leben zu verändern. Eine Veränderung, die exemplarisch auch Ulrich und Angela Walter begleitet hat.

Erklären, wie es gekommen ist, fragen, wie es werden soll

2019 wurde Ulrich Walter 70 und Lebensbaum 40. Beides wurde groß gefeiert. Ich finde: Ein guter Anlass, dieses besondere Unternehmen, seine Gründer, aber auch die gesamte Branche vorzustellen und zu schauen, wie das alles gekommen ist. Und wohin das noch führen soll und kann. Ein beschreibender und erklärender, aber zudem prüfender und analytischer Blick – auch nach vorne – soll es sein. Es war die Idee von Ulrich Walter, bei alldem zu schauen, was sich parallel in Politik und Gesellschaft getan hat. Völlig zurecht, denn schließlich ist Bio von Anfang an beeinflusst von den Entwicklungen in Deutschland und der Welt. Ein bisschen hat Bio die Welt beeinflusst. Und Lebensbaum hat seinen Beitrag dazu geleistet.

Angela und Ulrich Walter gründeten Lebensbaum, doch Ulrich Walter wurde das Gesicht des Unternehmens. Wer ist dieser Mann? Wovon ließ er sich leiten? Er behauptet von sich, kaum ein Fachbuch zu Ende gelesen zu haben. Er ist keiner geschlossenen Theorie, keinen Vorbildern gefolgt, hat vielmehr aus all den Thesen und klugen Gedanken die »Rosinen gepickt«, aus denen über die Jahre sein Menü wurde.

Doch die Worte eines seiner Lehrer hat er gut behalten: »Steh zu Deiner Meinung, aber sei bereit, sie zu ändern, wenn andere bessere Argumente haben.« Das hat er beherzigt. Der Lehrer, der dies riet, sei streng, jedoch fair gewesen, habe respektiert, wenn jemand die eigene Meinung auch einmal resolut vertrat, solange er oder sie einen klaren Standpunkt hatte.

Sich selbst bezeichnet Walter ebenfalls als streng, fair und sehr diszipliniert. »Ich maßregele andere nicht, sage aber, wenn mir etwas nicht gefällt. Ich bin fürsorglich, spreche jedoch nicht für andere, helfe in Notlagen, aber sonst muss jeder selbst zurechtkommen. Man darf den Leuten die Verantwortung nicht abnehmen. Wenn jemand eine Idee hat, sage ich: Okay, probiere es aus und übernimm die Verantwortung dafür. Das hat überwiegend geklappt.« Das berühmte ›man müsste mal …‹ lässt er nicht gelten. Und Zivilcourage ist ihm wichtig. So nehme ich Ulrich Walter in der Zusammenarbeit wahr: ernst, freundlich, respektvoll, guten Argumenten aufgeschlossen und immer norddeutsch zurückhaltend.

Es waren solche Einstellungen, mit denen vor 40 Jahren Pionierarbeit geleistet wurde. Nicht nur in der Bio-Branche, auch bei Solar und Wind, oder wenn es um alternative Umwelttechnik ging. Meist Männer, nur wenige Frauen. Bio war männlich. Die heutige Kundschaft der »Bios« ist indes überwiegend weiblich, und die junge Klimabewegung ist es ebenfalls. Das fällt bei jeder Fridays-For-Future-Demo ins Auge. Nicht nur die Führungsfiguren, wie Greta Thunberg, Luisa Neubauer oder Maja Göpel, die Scientists for Future maßgeblich mit initiierte, sind junge Frauen. Auch die Mehrheit der Demonstrantinnen und Demonstranten ist es. Und an vielen anderen Stellen führen Frauen das Wort, wenn es um Nachhaltigkeit geht: so wie zum Beispiel Daniela Jacob, die Vorsitzende des Deutschen Komitees für Nachhaltigkeitsforschung (DKN), die die Wissenschaftsplattform Nachhaltigkeit (WPN2030) gemeinsam mit der Wissenschaftlerin Christa Liedtke leitet. In der Welt von Big Business trägt Saori Dubourg aus dem Vorstand der BASF die Initiative voran, soziale und ökologische Aspekte in die Betriebswirtschaft aufzunehmen. Angelika Zahrnt als bisher renommierteste Chefin eines Umweltverbandes (auf der oberen Leistungsebene sind die Verbände noch immer eine Männerwelt) führte lange den BUND und hinterließ bis heute sichtbare Spuren.

Warum sind die Frauen gerade bei der Nachhaltigkeit so aktiv und oft tonangebend? Darüber lässt sich derzeit nur spekulieren, so richtig erforscht ist es noch nicht. Haben Frauen die Zeichen der Zeit eher erkannt? Und fürchten die Männer den Karriereknick in diesem Metier? Jedenfalls beanspruchen die jungen Frauen in den Bewegungen nun auch ihren Platz in den Strukturen. Bei »Ende Gelände« – die Bewegung gegen den Abbau und die Nutzung der Kohle als Energieträger – zum Beispiel gibt es derzeit ausschließlich Sprecherinnen, weil die Medien sonst vor allem den Männern zuhören.

Die Geschichte als Brücke im Generationenwechsel

Die Bio-Aktivisten, die in diesem Buch zu Wort kommen, haben Außerordentliches geleistet. Sie haben es geschafft, dass Bio-Lebensmittel zu gesellschaftlich anerkannten Produkten und ihre Unternehmen zu angesehenen wirtschaftlichen Playern wurden. So angesehen, dass sie inzwischen auch Objekte der Begierde großer Konzerne sind. Belächelt, bekämpft ... begehrt.

Die Geschichte, die dieses Buch erzählt, ist die Geschichte eines Pionierunternehmens, die Geschichte einer transformativen Branche, die Geschichte von Weitblick, Mut und Geschick. Das Buch erzählt jedoch mehr. Diese Geschichte ist die Brücke im Generationenwechsel. Nicht nur in diesem Unternehmen. Der Ruf nach »richtigem« Klimaschutz der jungen Friday-Aktivistinnen kennzeichnet einen Generationenwechsel, der mehr ist als der unaufhaltsame Lauf der Dinge. Er ist ein Symbol für den Wandel. Eines Wandels, der aus der grundlegenden Transformation der Gesellschaft und ganzer Lebensentwürfe besteht. Eines Wandels, der heute angemahnt und erzwungen werden muss, um der Welt und kommenden Generationen den Klimakollaps zu ersparen. Schon deshalb sollte man berichten, woher und mit welchen Beweggründen vor 40 Jahren motivierte Menschen angetreten sind. Wir wissen aus unseren eigenen Familien und unserer persönlichen

Geschichte, wie wichtig die Fragen an die Eltern und Großeltern sind, auch jene Fragen, die wir uns nicht zu stellen trauen oder auf die wir keine zufriedenstellenden Antworten bekommen. Es gibt keinen guten Generationenwechsel, der stumm bleibt. Ob er gelingt, hängt von dem Gespräch der Generationen ab. Dazu will dieses Buch beitragen.

Heike Leitschuh, Februar 2021

Zu Systematik, Begriffen und Schreibweise

Die Kapitel dieses Buches sind nach Jahrzehnten gegliedert. Aber natürlich lebt niemand in willkürlich gewählten Zeiteinheiten. Politik und Gesellschaft lassen sich allerdings nur in solchen Strukturen geordnet erfassen – wohlwissend, dass das Leben eigentlich vielfältige Überlappungen und merkwürdige Zäsuren hervorbringt, die keiner Systematik folgen.

Ein Wort zu den Begriffen: Am Anfang sprachen alle von Naturkost, später wurden Naturkost und Bio parallel verwendet. Ab den 2000er Jahren ist Bio die gängige Bezeichnung für ökologische Lebensmittel.

Und zu der Schreibweise bei den Geschlechtern: Das * mögen viele nicht. Noch gibt es keine Lösung, die weitgehend akzeptabel und auch gut lesbar ist. Die rein männliche Schreibweise daher als die generische für alle zu bezeichnen, erscheint mir dann doch zu einfach und vor allem nicht mehr zeitgemäß. Ich habe mich dafür entschieden zu wechseln. Mal ist von Mitarbeiterinnen, mal von Konsumenten die Rede, mal werden alle genannt.

Die 1970er Jahre

Die 1970er Jahre: Dekade der Krisen und Umbrüche, Deutschlands Jugend begehrt auf, Umweltschutz wird weltweit ein Thema, und die Walters übernehmen einen Bioladen

Nach dem Zweiten Weltkrieg geht es im Westen Deutschlands wirtschaftlich rasant bergauf, in den Industrienationen boomt die Wirtschaft in bisher nicht gekanntem Ausmaß. Alle, die es sich leisten können – und das sind viele – kaufen nun Autos, Fernseher, Waschmaschinen, neue Möbel, machen Urlaub in Österreich, Italien oder Spanien. Es ist die Zeit von Konsum und Wohlstand nach dem so verheerenden Krieg. Nach Faschismus und der Scham von Ausschwitz wollen die Deutschen wieder nach vorne schauen. Sie wollen nun alles richtig machen. Da ist das vielstimmige »Nie Wieder!«. Einerseits.

Doch da ist auch viel Verdrängung. Es ist die Zeit von hyperfröhlichen Volksmusiksendungen wie »Zum Blauen Bock«, von braven Hausfrauen und von fröhlicher Oberflächlichkeit. Und man will den Brüdern und Schwestern in der DDR zeigen, dass man im besseren Teil Deutschlands lebt. Hauptsache die Regale der Läden sind voll. So schaut man eben auch nicht so genau hin, wer nun welche Ämter innehat. »Unter den Talaren der Muff von 1000 Jahren«, skandieren die Studierenden und ihre Sympathisanten der 68er-Bewegung und stören die Deutschen in ihrem konsumgesättigten Dornröschenschlaf. Es ist die Zeit der Rockmusik, die Zeit von Rolling Stones, Joan Baez und Bob Dylan, Beatles oder Janis Joplin. Es ist die Zeit für eine Jugend, die sich den lähmenden Mehltau der Nachkriegszeit abstreifen und ein tatsächlich demokratisches Deutschland erschaffen will. Sie schwärmen für

Salvador Allende, den Präsidenten eines demokratisch-sozialistischen Chiles, für den Chef der palästinensischen Befreiungsbewegung Yassir Arafat und für die schwarze Bürgerrechtlerin Angela Davis. Es ist die Zeit der Friedens-, Frauen- und Umweltbewegungen, die Zeit von Protesten gegen den NATO-Doppelbeschluss und gegen den Bau des Kernkraftraftwerks im niedersächsischen Brokdorf. Es ist die Zeit der Hippies, der Jesuslatschenträger, der Punks. Legendär der Kniefall von Bundeskanzler Willy Brandt in Warschau 1970, mit dem er die Polen um Vergebung für die deutschen Verbrechen im Zweiten Weltkrieg bittet. Für seine versöhnende Ostpolitik erhält er ein Jahr später den Friedensnobelpreis.

Der Preis des Aufschwungs

Jetzt treten die Schattenseiten des schnellen ökonomischen Aufstiegs deutlich sichtbar hervor: Belastete Abwässer werden ungeklärt in die Flüsse geleitet, deren Wasserqualität sinkt enorm. Besonders im Ruhrgebiet mit seinen vielen Kohle- und Stahlunternehmen wird die Luft unerträglich schlecht. Die Überreste der Wohlstandsgesellschaft lagern die Bürgerinnen und Bürger ohne nachzudenken und schlechtes Gewissen oft einfach in Wald und Wiesen ab.

Der Journalist und Tierfilmer Horst Stern rüttelt im Fernsehen die Deutschen mit seinen provokanten Berichten über die Bedrohung von Flora und Fauna wach, oder zumindest einen Teil der Deutschen. Vor allem aber beginnen sich mehr und mehr Menschen gegen eine Energieversorgung mit Atomkraft zu wehren: 1957 wird in Garching der Forschungsreaktor München in Betrieb genommen und 1961 nimmt in Karlstein am Main das Kernkraftwerk Kahl seinen Betrieb auf. Fünf Jahre später zieht die DDR mit dem AKW Rheinsberg nach. Mit der Bauplatzbesetzung des geplanten Kernkraftwerkes Wyhl am Kaiserstuhl nimmt die Bewegung gegen Atomkraft ab 1974 deutlich an Fahrt auf. Der Protest ist erfolgreich, beflügelt die Atomkraftgegner und verschafft ihnen auch mehr Akzeptanz in der Öffentlichkeit und der Bevölkerung. »Atomkraft? Dein Danke!« ist der Slogan dieser jungen Bewegung, die in den 1980er Jahren mit den Auseinandersetzungen um das AKW im niedersächsischen Gorleben und die Wiederaufbereitungsanlage im bayerischen Wackersdorf noch deutlich an Fahrt aufnehmen wird.

Die ebenfalls noch junge Umweltorganisation Greenpeace protestiert gegen unterirdische Atombombenversuche der USA auf der nordpazifischen Insel Amchitka.

Erste Umweltgesetze

Angesichts deutlich sichtbarer Zeichen von Umweltverschmutzung ergreift nun auch die Regierung der BRD erste Aktivitäten. Das Umweltministerium wird zwar erst 1986 gegründet, aber dem gehen etliche umweltpolitische Maßnahmen voraus: 1971 beschließt die Bundesregierung unter Willy Brandt erstmals ein Umweltaktionsprogramm. Darin werden rund 100 umweltpolitische Gesetze und Verordnungen angekündigt, unter anderem Regelungen zur Abfallbeseitigung, zum Umgang mit Chemikalien und zur Luftreinhaltung. Die bisherigen Einzelmaßnahmen sollen nun durch eine wirksamere Gesamtplanung abgelöst werden. »Der Himmel über dem Ruhrgebiet muss wieder blau werden«, hatte Willy Brandt in einer Rede 1961 gefordert, die »zu Recht als der Beginn umweltpolitischen Denkens in Deutschland gilt«, wie das Umweltbundesamt (UBA) dazu heute auf seiner Website schreibt. »Damit rückte Brandt – lange bevor es die Begriffe Umweltschutz oder Umweltpolitik gab – ein regionales und bis dahin vernachlässigtes Problem ins Blickfeld gesellschaftspolitischer Debatten. Er machte aufmerksam auf die Schattenseiten des deutschen Wirtschaftswunders: Zwar waren die rauchenden Schornsteine ein Garant für Wohlstand, die ungefilterten Industrieabgase belasteten jedoch zunehmend die Gesundheit und das Wohlbefinden vieler Menschen im Ruhrgebiet.«*

Mit dem Umweltprogramm der Regierung entwickelt sich auch so langsam das Umweltbewusstsein der westdeutschen Bevölkerung: Während im September 1970 laut einer infas-Umfrage nur 41 Prozent

---

* www.umweltbundesamt.de/presse/pressemitteilungen/umweltbundesamt-der-himmel-ueber-der-ruhr-ist; abgerufen am 12. Mai 2020

der Befragten den Begriff Umweltschutz kennen, können damit nur ein Jahr später bereits 92 Prozent etwas anfangen.

1972 folgt dann das Abfallbeseitigungsgesetz und 1974 das Bundes-Immissionsschutzgesetz. Ebenfalls 1974 wird im damaligen West-Berlin das Umweltbundesamt gegründet und der Sachverständigenrat für Umweltfragen (SRU) eingesetzt, der die Bundesregierung wissenschaftlich beraten soll und das bis heute tut. Die Zuständigkeiten für den Umweltschutz sind in der Regierung noch auf die drei Ressorts von Innen-, Landwirtschafts- und Gesundheitsministerium verteilt. Die Federführung für die Umweltpolitik liegt bei dem vom Freidemokraten Hans-Dietrich Genscher geführten Bundesministerium des Innern. Als erste Partei nimmt seine FDP das Thema Umweltschutz 1971 in ihr Programm auf. Als erste Regierung in Europa führt Bayern, wo es traditionell eine starke Heimatbewegung gibt, 1970, also lange vor dem Bund, ein eigenes Umweltministerium ein. Allerdings agiert auch Bayern nicht proaktiv, sondern reagiert auf eine aufkommende Bürgerbewegung gegen Flurbereinigung und Atomkraft.

Mehr als »End-of-the-pipe«

Zunächst hat man sich nur mit prozessorientierten Maßnahmen und vor allem den sogenannten End-of-pipe-Technologien für den Umweltschutz beschäftigt, mit denen verhindert werden soll, dass Schadstoffe in die Umwelt geraten, nicht aber, dass sie entstehen, wie zum Beispiel Filteranlagen an Schornsteinen oder Katalysatoren in Autos. Ende der 70er Jahre geraten nun auch die Produkte in den Blick: 1978 führt das UBA den »Blauen Engel« ein, mit dem es bis heute umweltverträgliche Produkte kennzeichnet.

Interessanterweise gründet die DDR schon 1972, also 14 Jahre vor der Bundesrepublik ein Ministerium für Umweltschutz und Wasserwirtschaft. Seine Aufgabe besteht zunächst vor allem darin, den wachsenden Bedarf von Bevölkerung, Industrie und Landwirtschaft an Trink- und Brauchwasser sicherzustellen und eine zuverlässige Abwasserbehandlung mit einem hohen Schutz der Umweltmedien Luft, Boden und Wasser zu gewährleisten.

Anfang der 70er Jahre wird auch erstmals vor den Gefahren eines Klimawandels gewarnt: Der renommierte internationale Expertenzusammenschluss Club of Rome hat seinen viel zitierten Bericht zu den »Grenzen des Wachstums« veröffentlicht, und 1972 wird erstmals auf internationalem politischem Parkett, bei der Konferenz der Vereinten Nationen über die Umwelt des Menschen in Stockholm, das Thema Treibhauseffekt behandelt. Der Sozialdemokrat Erhard Eppler leitet die bundesdeutsche Delegation, die nach Meinung von Beobachtern auf dem internationalen Parkett umweltpolitisch deutlich fortschrittlichere Positionen vertritt, als es zu dieser Zeit in der Bundesrepublik möglich ist.

Korallenbleiche, DDT, Seveso, Harrisburg, Earth Day und die Gründung vieler Umweltorganisationen

International wird nun Umweltschutz ein Thema auf den politischen Agenden: Aufgrund der zunehmenden Verschmutzung der Meere kommt es zur sogenannten »Korallenbleiche«, bei der die Korallenstöcke ausbleichen und dann absterben. Zudem wird deutlich, dass landwirtschaftliche Spritzmittel, wie das Insektizid DDT, nicht nur Schädlinge, sondern auch Vögel töten. 1970 wird DDT in den USA und 1977 in Deutschland endgültig verboten – nach heftigen Auseinandersetzungen zwischen Herstellern, Öffentlichkeit und Politik.

Am 22. April 1970 gehen in den USA circa 20 Millionen Menschen auf die Straßen und werben für mehr Umweltschutz. Es ist der erste Earth Day, der seitdem in den USA und ab 1990 auch international jedes Jahr an diesem Tag begangen wird. Der Gedenktag soll dazu anregen, das Konsumverhalten und die Art des Wirtschaftens zu überdenken. Initiiert wird der Umweltaktionstag von Gaylord Nelson, US-Senator Wisconsin.

Auch in Europa tut sich etwas: 1970 (und nochmals 1995) führt der Europarat in allen seinen Mitgliedsstaaten ein Europäisches Naturschutzjahr durch. 1970 ist dies die erste europaweite Umweltkampagne mit über 200 000 Aktionen und gilt als Geburtsjahr der modernen Umweltbewegung in Europa.

1973 wird das Washingtoner Artenschutzabkommen ins Leben gerufen, um Tier- und Pflanzenarten zu schützen, die durch den Handel vom Aussterben bedroht sind.

Die Ölpreiskrise 1973/1974* mit autofreien Sonntagen und Geschwindigkeitsbegrenzungen führt den Europäern die fatale Abhängigkeit vom Erdöl vor Augen. Mit der Ölkrise gerät jedoch in der Bundesrepublik auch der gerade erstmals erfolgreich etablierte Umweltschutz gegenüber wirtschaftlichen Argumenten ins Hintertreffen. »Jobkiller Umweltschutz« ist nun oft zu hören. Die Umweltpolitik kommt in der Bundesrepublik weitgehend zum Stillstand. Aus der Enttäuschung darüber entstehen nun neue Umweltgruppen und Bürgerinitiativen. Seit 1971 gibt es schon Greenpeace, 1972 wird der Bundesverband Bürgerinitiativen Umweltschutz (BBU) gegründet. Dann folgen die Deutsche Umwelthilfe 1975 (DUH) und 1976 der Bund für Umwelt und Naturschutz Deutschland (BUND). Insbesondere Greenpeace arbeitet mit spektakulären Aktionen, um die Gesellschaft auf die Bedrohung der natürlichen Lebensgrundlagen an vielen Stellen aufmerksam zu machen. Ein breiter »Umweltprotest« formiert sich. Die zweite Ölkrise 1979/1980, ausgelöst durch Förderausfülle und den ersten Golfkrieg, trägt dazu bei, über das notwendige Energiesparen auch die Bedeutung von Umweltschutz wieder stärker bewusst zu machen.

Und dann die Umweltkatastrophen: 1976 ereignet sich in einem Tochterunternehmen des Pharmaherstellers Hoffman-La-Roche in der italienischen Gemeinde Seveso in der Lombardei ein Chemieunfall, bei dem das hochgiftige Dioxin TCDD freigesetzt wird: Eine gigantische Wolke vergiftet 1800 Hektar Land, 3300 Tiere verenden, die Pflanzen in der Umgebung verwelken, und rund 200 Menschen, die meisten davon Kinder, erkranken schwer an Chlorakne, bei der es zu schlimmen Hautveränderungen kommt, wie Knoten, Abszesse und Zysten.

---

* Während des Jom-Kippur-Krieges, den arabische Staaten im Oktober 1973 gegen Israel führten, drosselte die Organisation der arabischen Erdöl exportierenden Staaten (OAPEC) die Fördermengen, um die westlichen Staaten zu einer anderen Israelpolitik zu zwingen. Das verteuerte das Öl erheblich.

Zu einem weiteren schweren Unfall kommt es drei Jahre später im Atomkraftwerk Three Mile Island in Harrisburg, Pennsylvania/USA: partielle Kernschmelze. Es ist der erste Unfall in einem Atomkraftwerk, der weltweit bekannt wird, und erschüttert bei vielen Menschen den Glauben an die Sicherheit der Atomkraft. Später stellt sich heraus, dass es in der Umgebung zu bis zu 150-fach vermehrten Krebserkrankungen kommt. Sechs Jahre später geht der Reaktor jedoch erneut ans Netz.

In den 1970er Jahren wird nun das Umweltbewusstsein, das es seit dem 19. Jahrhundert lediglich in elitären Zirkeln gibt, zu einer größeren politischen Kraft. Aufgrund von Unfällen und ersten sichtbaren Umweltzerstörungen entwickeln die Menschen ein breiteres Verständnis für die Verletzbarkeit der natürlichen Umwelt und ihrer Bedeutung für die Menschheit. Die ersten Umweltgesetze werden erlassen, politische Strukturen geschaffen, kritische Nichtregierungsorganisationen betreten die politische Bühne.

Graswurzler gründen eine neue Branche – ohne es zunächst zu wissen

In diesem Umfeld und Klima entwickelt sich nun auch eine Bewegung für biologische Landwirtschaft und Ernährung. Diese hat ihre Vorläufer: Bereits Ende des 19. Jahrhunderts beginnen die sogenannten Lebensreformer mit ökologischen Anbaumethoden zu arbeiten. Der Anthroposoph Rudolf Steiner legt in den 20er Jahren den Grundstein für die biologisch-dynamische Wirtschaftsweise, die später der 1927 gegründete Demeter Verband aufnimmt und weitertreibt. Doch es ist den jungen Menschen der sogenannten »68er-Bewegung« zu verdanken, dass die ökologische Landwirtschaft an Fahrt aufnimmt und nun eine völlig neue Branche entsteht, Stück für Stück. Klein, sehr klein fängt alles an mit den ersten Naturkostläden in Großstädten. Das sind die Distel in Frankfurt, Peacefood in Westberlin, Schwarzbrot in Hamburg, oder das Makrohaus in Münster. Bis 1973 gibt es in Westdeutschland gerade mal fünf Bioläden. Doch immer mehr kommen hinzu, und so wächst ihre Zahl bis Ende der 70er Jahre auf bereits 500. Im Laufe dieses Jahrzehnts entwickeln sich die Bioläden auch zu kommunikati-

Bioladen Kornblume in Münster, Ende der 1980er Jahre © SuperBioMarkt AG

ven Treffpunkten, die die Basisarbeit verschiedener politischer Gruppen und Bürgerinitiativen als Multiplikatoren unterstützen.

Viel Idealismus ist hier im Spiel. Den Pionieren der ersten Jahre geht es nicht nur um gesunde Ernährung. Man will weg von den industrialisierten und technokratischen Großstrukturen, man will sich selbst verwalten und verwirklichen, man versteht sich als Teil der Friedens-, Frauen- und Umweltbewegung. Anders leben und anders arbeiten ist die Idee. Diesen Wunsch wollen die jungen Menschen nicht nur für sich selbst und das engere Umfeld verwirklichen. »Wir wollten die Welt verändern, wollten Einfluss nehmen auf Wirtschaft und Politik. Doch wir hatten dafür keinen Zukunftsplan, keine wirkliche Strategie. Wir lebten und agierten stark im Hier und Jetzt«, sagt Roswitha Weber, die 1980 den Großhandel für Biokost und -kosmetik »Biogarten« im nordrhein-westfälischen Hilden gründet, eine Frau der ersten Stunde. Viele Männer und Frauen dieser Gründerzeit haben null Ahnung von Landwirtschaft, geschweige denn, wie man erfolgreich Handel treibt. So entwickeln sich die Geschäfte und Firmen so bunt und selbstgestrickt wie die Pullover, die man damals trägt und in vielen Fällen alles andere als professionell, aber mit viel Herzblut und der Bereitschaft, kräftig ranzuklotzen. Nine-to-five-Jobs sind das ganz sicher nicht.

Zu Beginn wird das legendäre selbst gemischte Müsli, das Kernprodukt, noch von Hand abgepackt und auch Rechnungen handschriftlich verfasst. Was man für den Laden braucht, müssen sich die Händler oft selbst mühsam von den Bauern aus der Region zusammensuchen. Entsprechend überschaubar ist das Angebot, entsprechend aufwendig und ineffizient die Strukturen. »Naturkost war Programm, nicht Realität«, so beschreibt Ulrich Walter, der Gründer der Firma Lebensbaum, die dürftige Ausstattung der Läden in den Anfangsjahren: Körner, Flocken, Trockenfrüchte, dann auch Kerzen, Räucherstäbchen, Henna, Umweltschutzpapier, Bücher, Holzknöpfe und Broschüren. Viel mehr gab es nicht. Ambiente ist ein Fremdwort. Die Regale sind selbstgezimmert oder aus Weinkisten zusammengestapelt, was man für die Ausstattung der Läden braucht, sucht man sich irgendwo zusammen. Hauptsache funktional, ansprechend muss es nicht sein. Den Kundinnen und Kunden ist das egal, die ticken so wie die Ladenbesitzer. Die meisten jedenfalls.

Doch bald kommt Bewegung in die junge Branche: 1971 wird mit Bioland der erste ökologische Anbauverband mit eigenen Richtlinien gegründet (damals noch unter dem Namen Bio Gemüse e. V.), der 1976 sein Warenzeichen anmeldet.* 1972 beginnt sich die Demeter-Bewegung zu internationalisieren, und im selben Jahr wird die International Federation of Organic Agriculture Movements (IFOAM) gegründet, die Internationale Vereinigung der ökologischen Landbaubewegungen. An einem ersten bundesweiten Treffen von Bioläden nehmen 1975 40 Läden teil, ein Jahr später sind es fast schon doppelt so viele.

Ab Mitte der 70er Jahre »traut sich der Naturkosthandel nun auch selbst aus dem Ausland zu importieren«, so Walter. Aus den Einkaufsgemeinschaften entstehen Zwischenhändler und mit Rapunzel der erste

* Bioland zählt 2020 rund 8100 Mitglieder und 1100 Partner aus Herstellung, Handel und Gastronomie. 1700 Landwirtinnen und Landwirte wirtschaften in Deutschland nach den Vorgaben von Demeter, dem auch 320 Hersteller, knapp 100 Hofverarbeiter sowie 140 Vertragspartner aus dem Naturkost- und Reformwaren-Großhandel angehören.

Großhandel. Aus den mehr oder weniger dilettierenden Idealisten werden langsam versierte Experten, man tauscht die Garage gegen eigene Lagerhallen. Doch noch werden die Läden eher selten beliefert, im schlechtesten Fall nur einmal im Monat. Das und die Tatsache, dass die Läden von mehreren Großhändlern versorgt werden müssen, um überhaupt ein gewisses Angebot zu haben, ist für das Wachstum der Branche ein Hemmschuh, jeder macht irgendwie alles, das ist nicht effizient. So beginnt man damit, das System der Sammelbestellungen zu erweitern. Mit der Einkaufsgenossenschaft Kornkraft in Krefeld entsteht der erste Regionalverteiler, der den Rahmen schafft, damit mehrere Läden gemeinsam bei Großhändlern bestellen können.

Unterstützung durch die Wissenschaft, keine vom Staat

1977 findet in der Schweiz die erste von IFOAM organisierte Wissenschaftskonferenz statt. So beginnt die Bio-Szene nun, sich wissenschaftlich mit dem ökologischen Landbau auseinanderzusetzen und damit auch die Arbeitsweise auf den Feldern zu verbessern. In diesem Zusammenhang bedeutsam ist die 1975 gegründete private Stiftung Ökologischer Landbau (später Stiftung Ökologie & Landbau), die der Branche mit zahlreichen Veröffentlichungen hilft und eine erste Buchreihe zu Themenkomplexen rund um den Umweltschutz und den ökologischen Landbau etabliert. 1977 werden hier Richtlinien zum ökologischen Weinbau ebenso veröffentlicht wie 1984 die Rahmenrichtlinien zum ökologischen Landbau.

Von Erziehern zu Ladenbesitzern

In diesen verrückten Zeiten der 70er Jahre, in denen so vieles anders wird, in denen sich viele junge Menschen aus dem miefigen, prüden und oft heuchlerisch-verlogenen Sumpf der Nachkriegsjahre befreien und etwas Neues erschaffen wollen, in dieser aufregenden Zeit stehen Angela und Ulrich Walter erstmals hinter der Theke eines Bioladens. Aber der Reihe nach.

Viele der Pioniere aus der Gründerzeit der 70er Jahre sind heute noch am Werk: Neben Roswitha Weber zum Beispiel Joseph Wilhelm von

Ulrich Walter, zweiter von links, bei einem Gespräch für die Hansa Reederei auf einem Frachtschiff im Hafen, Anfang der 70er Jahre
© Hans Mitius

Rapunzel, Ute Leube und Kurt Ludwig Nübling von Primavera Life oder eben Ulrich Walter von Lebensbaum. Wer ist dieser Mann? Ulrich Walter, Jahrgang 1949, stammt aus einer ländlichen Region beim niedersächsischen Diepholz. Sein Vater kommt aus Zoppot in Westpreußen, seine Mutter aus dem Rehden bei Diepholz. Die Familie lebt in einem kleinen Backsteinhaus, fließendes Wasser gibt es nicht, dafür ein paar Nutztiere. Im Garten wächst Gemüse, und im Herbst wird geschlachtet. Ulrich ist ein guter Schüler, doch »unsere Lehrer hatten die Tendenz, die guten Schüler lieber an ihrer Schule zu halten, anstatt sie für den nächsthöheren Bildungsweg zu empfehlen. Meinem Vater bin ich heute noch sehr dankbar, dass er sich mit meinem Lehrer auf der Grundschule heftig angelegt hat, damit ich auf die Realschule gehen konnte«. Nach der Realschule folgt die höhere Handelsschule. Am Abitur hat Ulrich Walter zunächst kein Interesse, denn er will mal raus aus dem angestammten Milieu des Dorfes, und da erscheint eine Ausbildung zum Schifffahrtskaufmann bei der Deutschen Dampfschifffahrtsgesellschaft Hansa in Bremen, der damals zweitgrößten deutschen

Fernhandels-Reederei, genau das richtige zu sein. Dort findet er im Anschluss auch gleich einen durchaus anspruchsvollen Job. Walter will dann BWL studieren, da aber ruft zunächst die Bundeswehr nach ihm. Außerdem ist er nun schon mit seiner Frau Angela verheiratet. Gerne hätte er den Kriegsdienst verweigert, fällt aber zweimal durch die »Gewissensprüfung«. Kriegsdienstverweigerer müssen damals schriftlich und mündlich vor einem Prüfausschuss darlegen, warum sie den Dienst an der Waffe verweigern. Viele fallen durch, weil man sie mit Fangfragen, wie »Was tun Sie, wenn ihre Freundin gewalttätig angegriffen wird?« aufs Glatteis führt und ihnen die Ernsthaftigkeit ihrer pazifistischen Haltung abspricht.

Nach der Bundeswehrzeit will ihn sein alter Arbeitgeber in Bremen wieder aufnehmen, allerdings »hatte ich mich vor der Militärzeit im Unternehmen profiliert und hätte nun quasi mehr oder weniger nochmal von vorne anfangen müssen. Dazu hatte ich keine Lust.« So ändert Ulrich Walter seine Laufbahn komplett. Seine Frau Angela ist Erzieherin in einem Kinderheim. Deren Arbeit fasziniert ihn. Er beginnt deshalb auch als Pädagoge bei den Bodelschwinghschen Anstalten in Freistatt, 15 Kilometer von seinem Heimatdorf, zu arbeiten. Schwer erziehbare Jugendliche, wie man damals sagt, sind jetzt seine Klientel, und er qualifiziert sich in einem berufsbegleitenden Studium weiter zum staatlich anerkannten Erzieher. »Viele Jugendliche konnten sich dort besser mit Fäusten als mit Worten ausdrücken. Solche jungen Menschen erreicht man nicht über Logik, man muss ganz andere Wege finden. Das fand ich spannend.« Die Jugendlichen dieser Einrichtung gehen an den Wochenenden gerne in Diepholz in die Disco des dortigen Jugendfreizeitzentrums (JFZ). Sie konsumieren vorher bereits mehr Alkohol, als ihnen guttut, kommen angetrunken ins JFZ und randalieren dort des Öfteren. Das selbstverwaltete Zentrum ist damit völlig überfordert, und so fragt man Ulrich Walter, ob er nicht die Leitung des Hauses übernehmen könne. »Ich war erst 27 Jahre, also noch jung und nah genug an den Jugendlichen dran, kannte auch die Verhältnisse in Diepholz gut.« Also sagt er zu. »Für diese Arbeit brauchte ich ein breites Kreuz«, erzählt Walter. »Im JFZ trafen Jugendliche aus prekären Ver-

Ulrich Walter, Mitte, mit Jugendlichen im Jugendfreizeitzentrum der Stadt Diepholz, frühe 1980er Jahre
© Alexander Gräbner

hältnissen auf oberschlaue Gymnasiasten. Die Milieus waren nicht so getrennt wie in der Großstadt. Da gab es oft Ärger, und immer wieder musste ich beim Jugendausschuss der Stadt antanzen.« Doch es ist eine gute Zeit. Ulrich Walter ist mit den Jugendlichen auf Augenhöhe und kann vieles auf den Weg bringen, zum Beispiel gründet er mit anderen zusammen ein Kommunales Kino, das Filme jenseits des Mainstreams zeigt.

Es sind bestimmte Typen von Menschen, die sich einer solchen Arbeit annehmen und sie erfolgreich gestalten: für sich und die anderen. Als Erstes muss man die Menschen mögen, ihnen nah sein, an ihr Potenzial glauben, unvoreingenommen, und nicht leicht zu frustrieren sein. Ulrich Walter hat diese Eigenschaften.

Mit nichts angefangen

Dann die Frage, wie soll es nun beruflich weitergehen. Nach dem Jugendfreizeitzentrum könnte sich für Ulrich Walter eine Karriere beim Jugendamt anschließen. Das aber reizt ihn gar nicht. Stattdessen steigen die Walters nebenberuflich in einen ganz neuen Bereich ein. In Diepholz gibt es seit Ende der 1970er Jahre einen kleinen Bioladen. Dessen Besitzer wirft plötzlich, nach nur einem halben Jahr, die Brocken hin und wandert nach Indien aus, um sich erleuchten zu lassen. Kurz-

Angela und Ulrich Walter vor dem Bioladen, 1992

entschlossen übernehmen Angela und Ulrich Walter 1979 den Laden, arbeiten aber beide zunächst parallel weiter als Erzieher, im JFZ und im Kindergarten. »Auch ich hatte Lust auf etwas Neues. Wir haben da nicht lange nachgedacht, haben einfach gemacht. Ganz schön blauäugig war das eigentlich«, erzählt Angela Walter. Dann ergibt sich die Möglichkeit, im Bereich der ökologischen Lebensmittelwirtschaft zu arbeiten. Walter Lang zieht in dieser Zeit mit seinem Bio-Unternehmen Allos in das Dorf Drebber bei Diepholz. Man kennt sich aus dem Bioladen der Walters, und da Lang sich eine Weile geschäftlich in Frankreich aufhalten muss, fragt er Ulrich Walter, ob der solange seinen Betrieb führen würde. Der sagt zu. »Danach hat mir Walter Lang dann geholfen, mein eigenes Unternehmen an den Start zu bringen.«

Doch wie kommt es eigentlich beim Ehepaar Walter zum Wechsel von der Pädagogik in den Biobereich? »Wir waren, wie viele unserer Generation, beein-

Erstes Lebensbaum-Logo für den Bioladen

Der Resthof der Familie Walter in Rehden, der linke Teil wird wenige Jahre später der erste Firmensitz, 1980

flusst von den politischen Ereignissen der damaligen Zeit, vor allem von der Anti-AKW-Bewegung und von den alternativen Lebensformen der 60er und 70er Jahre«, berichtet Ulrich Walter. Das Paar kauft sich einen Resthof, renoviert und hält sich ein paar Schafe. Die beiden hatten ja schon einige Jahre gearbeitet und ein bisschen Geld gespart, es gibt auch einen Kredit der örtlichen Bank. Im Ort kennt und vertraut man sich. Sie leben sehr einfach, sehr anspruchslos, renovieren das Haus in kleinen Schritten, immer so, wie es gerade geht und Geld dafür da ist. Auch als die zweite Tochter geboren wird, gibt es noch nicht viel Platz für die nun vierköpfige Familie, Jana kommt im Schlafzimmer der Eltern unter, hinter dem Kleiderschrank als Abtrennung. »Die Firma haben wir eigentlich mit Nichts gegründet. Für einen Kleinkredit haben wir unser Haus belastet, das noch gar nicht abbezahlt war. Das war ganz sicher keine einfache Zeit, wir hatten Schulden, und dennoch ging es uns gut. Wir haben nichts vermisst.«

Das Abenteuer beginnt. Eine Reise, von der die beiden nicht wissen, wohin sie sie führen wird. Eine Reise zunächst ohne klares Ziel und Businessplan. Eine Reise ohne staatliche Gründerfonds, ohne Subven-

Ulrich Walter mit Hund Morpheus, 1981

tionen, ohne Crowdfunding, ohne Likes und Kommunikation in sozialen Netzwerken, aber mit ganz viel persönlichem Engagement. »Natur und Mensch«, das ist das Motto, von dem sich die Walters leiten lassen. Es wird bald auch das Motto ihres Unternehmens Lebensbaum. »Ich hätte damals nie und nimmer gedacht, dass wir eines Tages mal ein Unternehmen mit über 200 Mitarbeiterinnen und Mitarbeitern haben würden«, sagt Angela Walter. »Wir sind einfach unserem Herzen gefolgt, ohne zu ahnen, wo das enden könnte.«

Bei der Sparkasse muss das Ehepaar Walter immer wieder zum Rapport vorsprechen, um die finanzielle Situation darzulegen. Sie haben zwar Fürsprecher, aber ein Kleinunternehmen hat es auch in dieser Zeit nicht einfach bei den Banken. Später dann, viel später, als Lebensbaum schon ein mittelständisches, erfolgreiches und angesehenes Unternehmen ist, bittet man Ulrich Walter in den Verwaltungsrat der Sparkasse. »Ich gestehe, dass mir das durchaus eine Genugtuung war, wenn ich so an die Anfangszeit zurückdachte. Vorher mussten wir immer für unsere Ideen kämpfen, nun wollten plötzlich alle mit uns zusammenarbeiten«, sagt Ulrich Walter augenzwinkernd.

Nicht links, nicht konservativ

»Wir waren von den politischen Bewegungen dieser Zeit geprägt, aber nicht radikal. Weder im Denken noch im Handeln oder in der Lebensweise. Konservativ waren wir aber auch nicht. Ich hatte mir mal die kommunistische Mao-Bibel bestellt, mehr so aus Protest, richtig überzeugt hat mich diese Ideologie nicht. Beeindruckt war ich jedoch von

Willy Brandt.« 1979, das war das Jahr als Patrick Hernandez »Born to be alive« singt und Gloria Gaynor »I will survive«. Ob die Walters diese Musik mögen? Jedenfalls klingen diese Titel heute wie die Leitsprüche für Menschen, die Neues wagen und sich dabei auch in schwere Wasser begeben. Sie drücken das Gefühl einer Generation aus oder sind Teil davon: Studentenführer Rudi Dutschke, großes Musikfestival Woodstock, Vietnam-Krieg, Putsch in Chile, Deutscher Herbst/Terrorismus der Roten Armee Fraktion, Nelkenrevolution in Portugal. Ob mit Mao-Bibel oder ohne, ob mit Willy Brandt-Euphorie oder einfachem Humanismus: Man ist politisch, zumindest politisiert. Mindestens verstehen die jungen Leute ihre Projekte als Gegenentwurf zu der Welt der Konsumbürger und Besitzstandspolitikerinnen. Sie sind in den 70er Jahren Teil einer Szene, die wir heute »Start-ups« nennen und die damals »TuWas« heißen oder »Basisbewegung«, oder …

Wer oder was beeinflusst Ulrich Walter noch zu dieser Zeit? Die konservativen Anthroposophen schrecken ihn eher ab, doch die modernen und aufgeschlossenen wie Götz Rehn, der Gründer von Alnatura, überzeugen und beeinflussen ihn durchaus. Er lernt Rehn zwar erst Anfang der 80er Jahre kennen, als dieser Alnatura gründet, doch dies sei schon hier erwähnt. Denn die beiden verbindet zunächst eine intensive geschäftliche Beziehung und später dann eine enge Freundschaft. Fragt man Götz Rehn heute, was er an Ulrich Walter schätzt, so muss er nicht lange überlegen: »Mir imponiert seine suchende, seine fragende Haltung, er will den Dingen immer auf den Grund gehen und denkt langfristig strategisch. Er ist sehr sozial eingestellt und engagiert, pflegt ein gutes Klima mit seinen Mitarbeitern. Er ist offen, unkompliziert und dienstleistungsorientiert. Ulrich ist mutig und sehr zuverlässig.« Das sagt Rehn zwar mit einem Abstand von Jahrzehnten, doch sehr wahrscheinlich sind dies bereits prägende Eigenschaften von Ulrich Walter in seinen 30ern.

Wichtiger Gesprächspartner sind in den 70ern für die Walters zwei Psychologen, ein Ehepaar, das seinerzeit im Kinderheim arbeitet, wo auch Angela Walter tätig ist und mit denen sie sich anfreunden. Mit ihnen führen sie lange Gespräche und sie bringen den Walters die biologische Landwirtschaft und Ernährung näher.

Bio wird Thema bei den Walters

»Wir wollten hochwertige Lebensmittel. Bei uns auf dem Land wusste man damals noch, was gute Ernährung ist«, so Ulrich Walter. »In meiner Kindheit wurde bei uns zu Hause gut gekocht mit frischen und gesunden Zutaten. Jetzt wollten wir aber auch Bio-Lebensmittel, und die sollten gut schmecken und gut aussehen. Bio war noch neu für uns.«

Auch die Walters haben in ihren jungen Jahren ihre »Fastfood-Phase«. Öfter kommen die legendären Dosen-Ravioli auf den Tisch. Doch als der Hund die angebotenen Reste verweigert, denken sie sich: »Das kann doch auch für uns nicht gut sein. Eine Kundin erzählte uns mal, dass die Mäuse auf ihrem Bauernhof immer nur das Bio-Getreide fressen. Damit war auch uns klar: Wir wollten unsere Ernährung umstellen.« Mit kleinen Kindern ist das nicht ganz so einfach. Die sind nämlich immer mal wieder zu Kindergeburtstagen eingeladen, wo es Fanta und Gummibärchen gibt. Tochter Maren erinnert sich: »In der Schule hatten die anderen Kinder Grau- oder Weißbrot mit Nutella, meine Schwester und ich Vollkornschnitten mit Käse. Die anderen kauften sich Vanillemilch oder Kakao, wir hatten befüllbare Flaschen von Zuhause mit Apfelsaft oder Wasser. Die anderen hatten Schokoriegel, wir Kalva von Allos, ein Riegel, der aussah wie gepresste Kacke, aber recht gut schmeckte.« »Unsere Kinder lebten also in diesem Spannungsverhältnis, doch mit der Zeit haben sie gelernt, das vollwertige Bio-Essen zu schätzen und tun es bis heute«, berichtet Angela Walter.

Die 1980er Jahre

Die 1980er Jahre: Perestroika, Golfkrieg, Grüne im Parlament und »Schadstoffe des Monats«, Bio wird größer und Ulrich Walter hat jetzt ein kleines Unternehmen

Beginnen wir mit dem Unwichtigsten, aber Auffälligsten: Die 80er Jahre sind modisch gesehen wirklich kein Highlight: Frauen tragen Ballonröcke, Fledermausärmel, Leggins, Karottenhosen, großen Modeschmuck – gerne aus Plastik, haben Dauerwellen und seltsam geschnittene Haare: hinten lang, vorne kurz. Männer tragen Jeans-Hemden, Sweatshirts, schmale Krawatten, karierte oder Pastellfarbene Sakkos mit aufgekrempelten Ärmeln und ebenfalls recht merkwürdige Haarschnitte. Neonfarben und Netzstoffe sind in, Schulterpolster, Steh-

Lebensbaum Teambesprechung, Ende der 1980er Jahre

kragen und Stirnbänder. Die Füße stecken in weißen Tennissocken und Turnschuhen. Stolz sind alle auf ihre Ray-Ban-Sonnenbrillen.

Die 80er Jahre, das ist die Zeit der Neuen Deutsche Welle, des New Wave, Hip-Hops, und auch die Elektrobeats des House kommen jetzt auf. Im Dezember 1980 wird John Lennon in New York erschossen, ein Riesenschock für die vielen Fans der Beatles auf aller Welt, auch wenn diese sich schon längst getrennt hatten. Die Jugend lauscht den Songs von Madonna, Cindy Lauper, Depeche Mode, Prince, Michael Jackson, Phil Collins, Eurythmics, Falco oder U2. Viele Musiker und Musikerinnen engagieren sich politisch, es ist die Zeit großer Benefiz-Konzerte für Afrika wie Band Aid, USA for Africa, Live-Aid. Zum 70. Geburtstag von Nelson Mandela, der in Südafrika noch immer im Gefängnis sitzt, findet 1988 im Wembley-Stadion in London das große Nelson Mandela Tribute Concert statt und wird in alle Welt übertragen.

Der deutsche Sport bringt Stars wie Kati Witt, Boris Becker und Steffi Graf hervor. Millionen zieht es vor die Fernseher, insbesondere beim Tennis, das bis dahin eher als elitäre Sportart gilt. Ansonsten führt die »Lindenstraße« den Deutschen Woche für Woche ihre Eigenheiten vor Augen. »Wetten, dass ...« ist eine der beliebtesten Shows, und im »Tatort« prügelt sich Horst Schimanski alias Götz George durchs Ruhrgebiet. Das Privatfernsehen entsteht. Gerne sieht man Science-Fiction- und Action-Filme wie »Star Wars«, »E. T.«, »Rambo« oder »Rocky«. Oscars gibt es in dieser Zeit für »Jenseits von Afrika«, »Amadeus« oder »Rain Man«. Die Deutschen scheinen den Klamauk zu lieben, Filme wie »Otto« oder »Gib Gas, ich will Spaß« sind beliebt. Die DDR-Produktion »Solo Sunny« wird auf der Berlinale ausgezeichnet.

Afghanistan, Golfkrieg, Atomwaffen auf deutschem Boden und Computer

Auf der politischen Weltbühne geht es leider weit weniger lustig zu: Sowjetische Truppen marschieren in Afghanistan ein, worauf 64 Staaten die Olympischen Sommerspiele 1980 in Moskau boykottieren. Afghanistan wird zum Feld der Stellvertreterkriege und des islamistischen Terrorismus und hat sich davon bis heute nicht erholt. 1980 beginnt auch der Erste Golfkrieg zwischen dem Iran und dem Irak, der acht Jahre dauern soll. Die Sowjetunion baut neue Atomraketen. Drei Jahre später werden in Deutschland atomare Mittelstreckenraketen stationiert (NATO-Doppelbeschluss). Hunderttausende gehen in der westdeutschen Hauptstadt Bonn gegen die nukleare Aufrüstung auf die Straße. In Mutlangen und anderen Städten beteiligen sich 1,3 Millionen Menschen an Friedensdemos gegen die Stationierung von US-Atomraketen in Westeuropa. Die Walters beobachten das mit großer Sympathie, sind jedoch selbst nicht dabei. 1982 erreichen auch die Auseinandersetzungen um den Bau der Startbahn West am Frankfurter Flughafen, die auch für militärische Einsätze genutzt werden soll, ihren Höhepunkt.

In schneller Folge wechselt in der Sowjetunion die Führung der alten Männer. Aber dann lässt der überraschend gewählte neue und mit 54 recht junge Präsident Michail Gorbatschow aufhorchen: Er verordnet seiner Supermacht einen tiefgreifenden Prozess der demokratischen Wandlung, der mit den Schlagwörtern Perestroika (Umgestaltung) und Glasnost (Transparenz) in die Geschichtsbücher eingeht. Gorbatschow setzt eine Welle weitreichender Abrüstung durch: 1987 vereinbaren die USA und die Sowjetunion im INF-Vertrag, ihre Atomwaffen abzubauen. Bis Mai 1991 erfüllen sie diesen Vertrag. (2019 kündigt US-Präsident Donald Trump das Abkommen einseitig – zum Entsetzen aller auf der Welt, die an Frieden interessiert sind.)

Deutschlands Innenpolitik ist geprägt durch die heftigen Auseinandersetzungen um den Bau der Startbahn West am Frankfurter Flughafen, oder um die Wiederaufbereitungsanlage für Plutonium in Wackersdorf und den Bau des Atomkraftwerks in Brokdorf.

In Großbritannien führt Premierministerin Margret Thatcher, die »Eiserne Lady«, einen Feldzug gegen den Sozialstaat und die gewerkschaftliche Teilhabe. Ihr hartherziges Regiment des Marktradikalismus vertieft die soziale Ungleichheit. Ähnlich verfährt der ehemalige Schauspieler, jetzt US-Präsident Ronald Reagan, indem er die Steuern für Wohlhabende radikal senkt und wohlfahrtsstaatlichen Organisationen den Geldhahn zudreht.

Die 1980er Jahre gelten auch als das Jahrzehnt des Übergangs vom Industrie- ins Informationszeitalter. Jetzt halten Computer, Anrufbeantworter, Videorekorder, Walkman, Fax-Geräte und Kopierer Einzug und bestimmen mehr und mehr den Arbeitsalltag, aber auch das private Leben.

Null Bock, Popper, Yuppies, Punker und Die Grünen

Das Engagement der Friedens- und Umweltbewegung damals, die ja auch stark von jüngeren und jungen Menschen getragen sind, steht im krassen Gegensatz zur sogenannten Null-Bock-Generation, wie sie Anfang der 80er Jahre genannt wird: Ein Teil der jungen Menschen erscheint ziemlich ratlos, sieht wenig Sinn im Leben und gleitet gar in Sekten oder Drogenkonsum ab. Sie wollen nicht werden wie ihre Eltern, wissen aber auch nicht, was sie tun sollen. Sie rebellieren gegen bestehende Strukturen, in die sie sich nicht hineinbegeben möchten. Mitunter ist die Rebellion jedoch destruktiv.

Doch es gibt auch die Yuppies, die Young Urban Professionals, junge Leute, die in – meist großen – Unternehmen Karriere machen, gut Geld verdienen und gerne, reichlich und markenbewusst konsumieren. Politisches Engagement ist nicht ihr Ding. Ähnlich die Popper, die aus mittelständischen und Oberschichtfamilien stammen, sich bewusst konformistisch und unpolitisch geben. Im krassen Gegensatz dazu die

Friedensdemo Bonn, 1983
© Rob Bogaerts, Nationaal Archief / Anefo

Punks, die durch bunte Haare, Irokesenschnitte, auffällige Kleidung, Piercings und ihr Verhalten provozieren.

1982 wird der Christdemokrat Helmut Kohl deutscher Bundeskanzler und wird es 16 Jahre lang bleiben. Im Zuge der Umweltbewegung werden überall in Europa grüne Parteien gegründet. 1983 ziehen »Die Grünen« mit 5,6 Prozent der Stimmen und 27 Abgeordneten in den Bundestag ein. Ein Schock für die etablierten bürgerlichen Parteien: Nun sitzen Männer und Frauen mit langen Haaren im Parlament, in Jeans und T-Shirts mit Sonnenblumen auf dem Tisch, manche stricken während der Plenarsitzungen. Viele der Etablierten hoffen, dass dieser Spuk bald ein Ende hat. Doch schon 1986 kommt es zur ersten Regierungsbeteiligung der Grünen: In Hessen koalieren sie mit der SPD, Joschka Fischer wird Umweltminister. Legendär seine Vereidigung in weißen Turnschuhen.

1989 dann das Ereignis von welthistorischer Bedeutung: Die Grenzen zwischen der DDR und der BRD werden völlig überraschend geöffnet, die Mauer fällt. Gorbatschow und die Bürgerbewegungen der DDR haben möglich gemacht, woran bis dato niemand im Traum denkt. Die beiden Teile Deutschlands werden wiedervereinigt – allerdings auf eine Art und Weise, bei der es auch viele Verliererinnen und Verlierer gibt.

Tschernobyl erschüttert, aber die Atomkraft bleibt

Die 80er Jahre sind die Dekade des Widerstands gegen die Atomkraft. 1980 besetzen junge Leute das Gelände bei Gorleben/Niedersachsen, wo in einem Salzstock ein Endlager für radioaktive Abfälle gebaut werden soll. Sie rufen die Republik Freies Wendland aus. 33 Tage halten rund 550 Menschen das Gelände besetzt und leben in der Zeit nach basisdemokratischen Prinzipien zusammen. Als das Camp geräumt wird, kommt es in ganz Deutschland zu teils heftigen Solidaritäts- und Protestaktionen. Auch Ulrich Walter hat zu dieser Zeit einen Aufkleber am Haus prangen mit der Aufschrift: »Gott schütze uns und unser Haus vor AKWs und Franz Josef Strauß.« Strauß ist der Kanzlerkandidat für die CDU/CSU, der sehr stark polarisiert. In diesen Jahren beginnen junge Menschen sich ein Leben auf dem Land zu organisieren, kaufen alte Bauernhäuser, leben in größeren Gemeinschaften und betreiben Ökolandbau. Das Ehepaar Walter lebt zwar auch auf dem Land, hält Schafe und ein Pony auf dem großen Grundstück, backt Brot selbst, doch Aussteiger sind die beiden beileibe nicht. Sie stellen sich ihrer gesellschaftlichen Verantwortung, wollen den Biohandel in Schwung bringen.

Angela Walters selbst gebackenes Vollkornbrot, im Hintergrund die Getreidemühle mit der das Getreide für jedes Brot frisch gemahlen wird

Der 26. April 1986 erschüttert die Welt. Oder zumindest den Teil davon, der fest an die Zukunft der Atomkraft glaubt: Im sowjetischen Kernkraftwerk Tschernobyl kommt es zu einer Explosion, einem katastrophalen Unfall der höchsten Kategorie. Radioaktivität von mehreren Trillionen Becquerel wird in die Erdatmosphäre freigesetzt. Die radioaktiven Stoffe, darunter ^{137}Caesium mit einer Halbwertszeit von rund 30 Jahren, kontaminieren infolge radioaktiven Niederschlags hauptsächlich die Region nordöstlich von Tschernobyl, gelangen über den Wind aber auch nach Europa und dann in die gesamte nördliche Halbkugel. In Deutschland trifft es am meisten den Südosten von Bayern. Selbst heute sind dort in einigen Regionen Pilze oder Waldbeeren vergleichsweise hoch belastet.

Ulrich Walter ist gerade bei einem Lieferanten in Frankreich, als die Nachricht eintrifft: »Es fängt an zu regnen, und wir flüchten uns alle ins Haus. In der Folge kam eine Menge Arbeit auf uns zu, denn jetzt mussten alle Produkte akribisch genau getestet werden, bevor wir sie in den Handel geben durften, ob sie auch ja nicht verstrahlt sind. Eine große Herausforderung für unser noch sehr junges Qualitätsmanagement, das wir damals noch gar nicht so nannten.« Apropos Qualität: Von Anfang an gilt bei Lebensbaum das Pur-Prinzip: keine Aromazusätze, keine Geschmacksverstärker, keine Zusatzstoffe. »Vielmehr haben wir den

Anspruch, die erlesene Qualität der schonend angebauten Rohwaren durch sorgsame Verarbeitung zu bewahren und durch ausgefeilte Rezepturen zu veredeln«, erläutert Ulrich Walter. Und natürlich sind alle, also 100 Prozent der Rohwaren in Bio-Qualität, zu der Zeit angebaut nach den Richtlinien der ökologischen Anbauverbände.

Wie heute in Zeiten von Corona, da dieses Buch entsteht, gibt es auch zu dieser Zeit Menschen, die dunkle Mächte am Werk sehen. „Wir hatten auch sehr schwierige Kunden, die mit Pendeln in die Läden kamen, um so die Qualität der Waren zu bewerten. Sie waren kaum zu überzeugen. Andere fragten immer wieder kritisch nach der Kontrolle. Es gab aber für Bio noch keine gesetzliche Kontrolle. Insofern begleitete uns stets das Vorurteil, die »Bios« würden Lebensmittel anbieten zu hohen Preisen, die jedoch nicht wesentlich besser sind. Das wurde auch durch kritische Artikel in den Medien hier und da gefördert. Somit mussten wir uns immer wieder rechtfertigen und Beweise liefern. Nur wenige verstanden damals, dass es sich um eine ganz andere Form der Landwirtschaft handelte, die eben sorgsam mit den Ressourcen umgeht.«

So verstörend und auch unübersichtlich die Zeit damals ist, so verschafft das Reaktorunglück der Bio-Branche insgesamt und auch der Firma Lebensbaum in der Folge ein starkes Umsatzplus.

In der Bundesrepublik Deutschland wie überall in Europa wird nun lange und heftig über die Folgen der Katastrophe – Belastung der Lebensmittel und andere Kontaminationen – debattiert. Man empfiehlt Feldfrüchte unterzupflügen, Kinderspielplätze müssen gesperrt, Pilze dürfen nicht mehr gesammelt werden, es herrscht große Zukunftsangst. Durch Deutschland irrt tagelang ein Güterzug mit kontaminiertem Milchpulver, weil Risiko und Verantwortung ungeklärt sind. Der Soziologe Ulrich Beck schreibt in dieser Zeit das Buch »Risikogesellschaft. Auf dem Weg in eine andere Moderne« und trifft den Nagel auf den Kopf: Für ihn stellen die ungeplanten und auch unplanbaren Nebenfolgen der modernen Technologien den Fortschritt infrage. Risiko wird zur Negativerfahrung.

Nun steht auch die Atomkraft generell zur Diskussion, zumal es ja zeitgleich die starken Proteste gegen die Wiederaufarbeitungsanlage im bayerischen Wackersdorf gibt. 58 Prozent der westdeutschen Bevölkerung fühlen sich von Atomkraft persönlich stark bedroht, und der Anteil der vehementen Kernkraftgegnerinnen und -gegner an der Bevölkerung verdoppelt sich von 13 auf 27 Prozent. Die SPD schließt sich der Forderung nach einem Ausstieg aus der Atomkraft an. Die Grünen sind sowieso dagegen. Bundeskanzler Helmut Kohl und die CDU halten jedoch an ihrer Nuklearpolitik fest, sprechen sich aber dafür aus, den Anteil der Atomkraft an der Energieversorgung (1985 sind es 31 Prozent) schrittweise zu senken. Es ist nun von einer »Übergangstechnologie« die Rede.

Nur neun Tage nach Tschernobyl tritt im Reaktor Hamm-Uentrop Radioaktivität aus. Zunächst leugnet der Betreiber den Störfall, was das Vertrauen in die Kernenergie weiter empfindlich schädigt. Trotz massiver Widerstände ändert die damalige Bundesregierung ihre Haltung nicht: Bis 1989 werden weitere sechs Kraftwerke in Betrieb genommen. Nur der Schnelle Brüter von Kalkar (NRW) und die Wiederaufarbeitungsanlage Wackersdorf lassen sich aufgrund massiver Proteste nicht mehr durchsetzen.

Gründung Bundesumweltministerium, saurer Regen, Schadstoffe überall

Wenige Wochen nach dem Reaktorunglück in Tschernobyl gründet die Bundesregierung im Juni 1986 das Bundesministerium für Umwelt, Naturschutz und Reaktorsicherheit. Dies ist unter anderem eine Reaktion darauf, dass der politische Umgang mit der Atomkatastrophe unzureichend und recht unkoordiniert ist. Mit diesem Schritt will die Regierung Kohl die bis dato auf drei Ministerien verstreuten Zuständigkeiten unter einem neuen Minister zusammenfassen. Hinzu kommt, dass die Grünen schon drei Jahre im Bundestag sitzen. Die junge Partei sorgt dafür, dass Umweltschutz als Thema nun dauerhaft präsent ist und zwingt die anderen Parteien, selbst eine eigenständige Umweltpolitik zu entwickeln. Die Unionsparteien hatten das Umweltthema lange ignoriert. Jetzt will Bundeskanzler Kohl das Feld der Ökologie nicht mehr alleine den Grünen überlassen.

Der erste Umweltminister ist der CDU-Mann Walter Wallmann, späterer hessischer Ministerpräsident, der das Amt aber nur acht Monate innehat. Ihm folgt Klaus Töpfer (1987 bis 1994), ein bis heute national wie international angesehener Umwelt- und Nachhaltigkeitspolitiker. Klaus Töpfer kommt aus dem Saarland, wo er Staatssekretär im Umweltministerium und dann Umweltminister war, und auch im Sachverständigenrat für Umweltfragen (SRU) ist er aktiv. »Ich traf in Bonn auf von der Sache begeisterte und hochmotivierte Mitarbeiterinnen und Mitarbeiter. Sie waren regelrecht von einer Vision getrieben, die Umweltprobleme zu lösen. Das hat einen Riesenspaß gemacht«, erzählt Töpfer heute. Und diese Probleme sind ja durchaus nicht trivial: Deutschland weiß nicht wohin mit seinem Müll, es gibt große Herausforderungen in der Chemie – zum Beispiel die Fluorkohlenwasserstoffe (FCKW), die im großen Stil als Treib-, Löse- und Kältemittel verwendet werden und die Ozonschicht schädigen (1985 wird das Ozonloch entdeckt) und daher dringend aus dem Verkehr gezogen werden müssen. Und dann ist da das Thema Reaktorsicherheit. »Ich war kein Kernkraftgegner zu der Zeit, ich hielt die Technologie bei uns für beherrschbar, aber ich war sicher, dass dies keine Energie der Zukunft für die ganze Welt sein konnte.« Klaus Töpfer und seine Leute gestalten den Aufbau eines neuen Ministeriums, dessen Aufgaben bis dato in drei Häusern verteilt waren, so erfolgreich, dass »unsere Arbeit schneller als erwartet in der Regierung und in der Öffentlichkeit anerkannt wurde«. Doch es gibt auch harte Auseinandersetzungen, nicht nur mit der Chemieindustrie, auch mit der Bevölkerung: »Wenn ich zu einer Bürgerversammlung kam, um mit den Leuten über die geplante Müllverbrennungsanlage in ihrem Ort zu sprechen, dann musste ich meinen Rückweg schon gut organisiert haben, denn da ging es heiß zur Sache«, erinnert sich der Umweltexperte, der später das Umweltprogramm der Vereinten Nationen (UNEP) in Nairobi leiten und danach das Institut für transformative Nachhaltigkeitsforschung IASS in Potsdam aufbauen wird.

1980 wird in Hamburg die deutsche Sektion von Greenpeace gegründet, davon spaltet sich 1983 Robin Wood ab. Das 1977 aus der Anti-Atom-Bewegung hervorgegangene Öko-Institut in Freiburg entwickelt sich nach und nach zu einem führenden und einflussreichen Umweltinstitut. Auch das Institut für Energie- und Umweltforschung Ifeu in Heidelberg, 1978 gegründet, wird größer. Andere, wie das Institut für sozial-ökologische Forschung ISOE in Frankfurt, das Institut für ökologische Wirtschaftsforschung IÖW in Berlin und nicht zuletzt das Wuppertal Institut für Klima, Umwelt, Energie folgen nun im Verlauf dieses Jahrzehnts.

Seit 1981 beherrscht noch ein neues Thema die Umweltdebatte: Der Zustand der deutschen Wälder verschlechtert sich zusehends. Der Begriff »Waldsterben« schafft es gar, in die englische Sprache aufgenommen zu werden. Schuld am sauren Regen und dem daraus resultierenden Waldsterben sind verschiedene Luftschadstoffe aus vor allem industriellen Anlagen und dem wachsenden Kraftverkehr. Dieser Umstand lässt die Erkenntnis – sehr langsam allerdings – reifen, dass ein Mangel an Umweltschutz auch wirtschaftliche Folgen haben kann. Die christlich-liberale Regierung erlässt verschiedene Verordnungen, unter anderem 1983 die Verordnung über Großfeuerungs-, Gasturbinen- und Verbrennungsmotoranlagen; 1986 novelliert sie die Technische Anleitung (TA) zur Reinhaltung der Luft. Deutschland gilt damals europaweit als Vorreiter bei der Luftreinhaltung. Das Ausmaß des Waldsterbens ist in den 1980ern längst nicht so schlimm, wie das heutige aufgrund von Dürren und Schädlingen. Und doch ist die Aufregung damals, weil es ein neuartiges Phänomen ist, weit größer, als sie heute sein müsste.

Titelbild des Stern Nummer 13, 1983, zum Waldsterben © Stern

Weitere Themen dieser Dekade sind zum Beispiel die Verklappung von Dünnsäure – verdünnte Schwefelsäure – in die Nordsee. Sie entsteht unter anderem als Abfallprodukt in der Herstellung von Farben und kann auch Schwermetalle und halogenierte Kohlenwasserstoffe enthalten, ein Cocktail, der Fischen nicht gut bekommt. Ganz Europa »entsorgt« zu dieser Zeit die Dünnsäure über Schiffe und Pipelines in die Nordsee – über fünf Millionen Tonnen im Jahr. Nach fortgesetzten Protesten von Greenpeace und anderen Umweltorganisationen erteilen deutsche Behörden ab 1989 keine weiteren Genehmigungen für die »Verklappung«. Großbritannien macht bis 1993 noch damit weiter. Die Unternehmen müssen nun Recyclingverfahren für ihre Abfälle entwickeln. Für das Robbensterben 1988, bei dem rund 18 000 Tiere – 60 Prozent des gesamten Robbenbestandes der Nordsee – ums Leben kommen, machen Wissenschaftler primär oder sekundär die Meeresverschmutzung verantwortlich.

Im November 1986 kommt es in einem Industriegebiet bei Basel (Schweiz) zu einem Großbrand beim Chemiekonzern Sandoz. 1350 Tonnen Chemikalien brennen, Löschwasser verseucht den Rhein, viele Fische sterben. Dieses, das sichtbare Waldsterben und andere Ereignisse sind es, warum die Bevölkerung in diesem Jahrzehnt zunehmend und generell sensibler gegenüber der Vielzahl von Schadstoffen wird, die über Industrie, Landwirtschaft und Verkehr in die Umwelt eingetragen werden und die größtenteils auch schädlich für die menschliche Gesundheit sind. Große Debatten gibt es zum Beispiel über die hochgiftigen Dioxine, die aus Anlagen der Metallindustrie, aus Müllverbrennungsanlagen und privaten Kaminen emittieren. Durch verbesserte Abgasreinigung haben diese Emissionen inzwischen deutlich abgenommen.

Tja, und dann wird das Pflanzenschutzgift DDT in der Muttermilch festgestellt, Hormone im Fleisch gefunden, Blei im Blut spielender Kinder, Frostschutzmittel im Wein, Stickstoff-, Nitrat- und Phosphatverbindungen im Grundwasser. Es stellt sich heraus, dass ganz Siedlungen auf Industriemüll gebaut sind. Deponien brennen. Das alles spielt sich natürlich nicht nur in Deutschland ab. Weltweit vergiften sich sehr viele Menschen an Pestiziden und anderen toxischen Stoffen. Es ist das Jahrzehnt, in dem quasi jeden Monat über einen anderen Schadstoff oder Vorfall berichtet und gestritten wird.

Neue Paradigmen: Vorsorgender Umweltschutz …

Mit der Reaktorkatastrophe von Tschernobyl 1986, dem Waldsterben und anderen Katastrophenmeldungen beginnt für die Umweltpolitik Ende der 80er Jahre eine neue Phase: Bisher hat man sich darum bemüht, Umweltverschmutzungen zu verhindern, indem man nachgeschaltete Technik einsetzt (End-of-pipe). Nun beginnt ein langsames Umdenken: Statt teurer und oft nur bedingt wirksamer End-of-pipe-Technologien, will man stärker an die Wurzeln der Verschmutzungen gehen, diese also erst gar nicht entstehen lassen. Vorsorgenden Umweltschutz nennt man das. Es geht jetzt also verstärkt um die Fragen, wie der Energie- und Ressourcenverbrauch so begrenzt werden und wie man Schadstoffe in der Produktion vermeiden kann, damit die dadurch bedingten Umweltbelastungen so weit wie möglich minimiert werden. Und es geht um die Frage, wie Produkte gestaltet werden müssen, die im Gebrauch und in der anschließenden Entsorgung möglichst wenig Schaden anrichten. Damit muss Umweltschutz neu konzipiert werden: Von nun an soll er am Beginn einer jeden Innovation stehen und über den gesamten Produktionsprozess mitgedacht werden. Ein neues Instrument dieser Phase ist die Umweltverträglichkeitsprüfung (UVP), später werden dann die Ökobilanzen bzw. die Lebenszyklusanalysen hinzukommen, mit denen genauer berechnet werden kann, welchen Effekt Produkte und Verfahren in der Herstellung und im Gebrauch tatsächlich auf die Umwelt haben.

In diesem Jahrzehnt erreicht der Umweltschutz einen hohen politischen und gesellschaftspolitischen Stellenwert; in der Amtszeit des Bundesumweltministers Klaus Töpfer werden viele wichtige Umweltgesetze erlassen. Auch die Klimaschutzpolitik – seit 1987 durch eine Enquete-Kommission des Deutschen Bundestages vorbereitet – setzt internationale Maßstäbe, dasselbe gilt für Folgemaßnahmen wie die Einspeisevergütung für Strom aus Alternativenergien (1990). Mit dem Fall der Mauer allerdings werden dann nahezu schlagartig andere Themen wichtiger, zumal mit der Deindustrialisierung der neuen Bundesländer viele Umweltprobleme für das neue große Deutschland nicht mehr so stark ins Gewicht fallen. Erst mal.

Von der Rolle der Lebensstile und der Konsumentinnen und Konsumenten ist in dieser Dekade auf der politischen Bühne noch kaum die Rede, wenngleich natürlich Konsumkritik bereits seit den frühen 70er Jahren ihren Platz hat – vor allem in den Kreisen derjenigen, die sich für ökologischen Landbau und Bio-Lebensmittel engagieren, einer noch relativ kleinen und politisch nicht beachteten Nische.

… und Nachhaltige Entwicklung

Eine völlig neue Art auf das Thema Umwelt zu schauen, bricht sich dann ab Ende der 80er Jahre Bahn: Zum ersten Mal ist nun von Nachhaltiger Entwicklung die Rede. Die Weltkommission für Umwelt und Entwicklung der Vereinten Nationen (kurz: Brundtland-Kommission, benannt nach ihrer Leiterin, der damaligen schwedischen Ministerpräsidentin Gro Harlem Brundtland) legt 1987 ihren Bericht vor. Sie definiert das Konzept der Nachhaltigen Entwicklung wie folgt:

»Nachhaltige Entwicklung ist eine Entwicklung, die die Bedürfnisse der Gegenwart befriedigt, ohne zu riskieren, dass künftige Generationen ihre eigenen Bedürfnisse nicht befriedigen können.« Diese Definition der intergenerativen ökologischen und sozialen Gerechtigkeit ist Bestandteil aller danach vereinbarten internationalen Umweltabkommen.

Die Kommission sagt jedoch auch: »Im Wesentlichen ist nachhaltige Entwicklung ein Wandlungsprozess, in dem die Nutzung von Ressourcen, das Ziel von Investitionen, die Richtung technologischer Entwicklung und institutioneller Wandel miteinander harmonieren und das derzeitige und künftige Potential vergrößern, menschliche Bedürfnisse und Wünsche zu erfüllen.« Damit macht die Kommission klar, dass es um grundlegende Verhaltensänderungen geht. Dieser Teil des Berichts wird jedoch seltener zitiert, weil er von weniger Akteuren akzeptiert wird.

Das Neue, um nicht zu sagen Revolutionäre, das der Idee der Nachhaltigkeit innewohnt, ist, dass sie ökologische, soziale und ökonomische Ziele miteinander in Verbindung setzt und nach den Interdependenzen fragt – und zwar global. Ganz einfach ausgedrückt könnte man sagen: Wir müssen so leben, arbeiten und wirtschaften, dass unser Wohlstand weder auf Kosten der Natur noch anderer Menschen und Länder noch künftiger Generationen generiert wird.

Erlauben Sie der Autorin eine persönliche Bemerkung? Seit ich mich als junge Umweltjournalistin erstmals mit diesen Überlegungen befasst habe, bin ich sehr fasziniert: Hier liegt ein Konzept auf dem Tisch, mit dem sich tatsächlich die Probleme dieser Welt angehen lassen! Bis dato habe ich viel über betrieblichen Umweltschutz geschrieben und bin der Frage nachgegangen, wie sich Umweltschutz und wirtschaftliche Interessen miteinander in Einklang bringen ließen. »Umweltschutz ist wirtschaftlich!« »Schwarze Zahlen durch grüne Ziele«, das sind die Schlachtrufe dieser Dekade für den betrieblichen Umweltschutz. Mit diesen versuchen wir beim Ende der 80er Jahre neu gegründeten Verlag der ökologischen Briefe in Frankfurt die in weiten Teilen noch sehr zögerlichen Unternehmen zu gewinnen, mehr für die Umwelt zu tun, als ihnen der Gesetzgeber abverlangt.

Warum aber, so frage ich mich immer wieder, gehen wir überhaupt so nachlässig und gedankenlos, ja so zerstörerisch mit unserer Umwelt um? Überall auf der Welt? Die reichen Industrienationen haben nun das Geld für nachsorgenden Umweltschutz und bekommen mit steigendem Wohlstand und Verbrauch die Probleme dennoch nicht wirklich in den Griff. Im Gegenteil: Kaum ist eines gelöst, wächst ein neues, oft noch größeres nach. Da müsste man doch grundsätzlicher ansetzen, denke ich mir. Mit dem Konzept der Nachhaltigkeit haben wir nun etwas in der Hand, das mir geeignet erscheint, an die Wurzeln zu kommen. Umweltschutz, soziale und wirtschaftliche Ziele sollen nicht mehr getrennt voneinander bearbeitet, sondern zusammen gedacht werden, die wechselseitigen Abhängigkeiten aufgespürt werden. Das ist faszinierend und vielversprechend. Damals wie heute. Damit aber wird Nachhaltigkeit zu einer Leitidee, nach der sich alle Akteure richten sollen. Bis dahin ist es auch heute noch ein weiter Weg.

Es soll noch ein paar Jahre dauern, bis die Nachhaltigkeit von einem UN-Bericht in die politischen Debatten und Entscheidungen vordringen wird. Der erste Durchbruch gelingt mit der Weltkonferenz für Umwelt und Entwicklung (UNCED) 1992 in Rio de Janeiro, wo auch die Klimarahmenkonvention der Vereinten Nationen (UNFCCC) beschlossen wird. Denn die 80er Jahre sind auch das Jahrzehnt, in dem die Politik den menschenverursachten Klimawandel nun endlich zur Kenntnis nimmt und ernsthafte Schritte einleitet.

Bio wächst und wächst ...

Waren die 70er Jahre das Jahrzehnt, in dem der konventionelle Teil der Ernährungswirtschaft Bio ignoriert und als Projekt weltfremder, linksorientierter Außenseiter belächelt, so wandelt sich deren Haltung angesichts zunehmender Erfolge der Branche zu Beginn der 80er Jahre stark: »Jetzt wurden wir offen angefeindet«, erzählt Michael Radau, Vorstandsvorsitzender der SuperBioMarkt AG, die 2020 mit 24 Läden und 700 Mitarbeiterinnen und Mitarbeitern in etlichen Städten vertreten sein wird und ihre Wurzeln in Münster hat, wo sie aus einem der ersten drei deutschen Bioläden entstand. Auch Radau gehört zu den Pionieren der frühen Jahre. Es erging den Bios ganz, wie es Mahatma Gandhi einst sagte: »Zuerst ignorieren sie dich, dann lachen sie über dich, dann bekämpfen sie dich, und dann gewinnst du.« Doch vom Gewinnen ist erst einmal noch nicht die Rede.

»›Du Öko‹, das war damals keinesfalls liebevoll gemeint«, sagt der Unternehmer Radau. Die konventionell wirtschaftenden Unternehmen erkennen nun, dass die Bio-Branche eine Konkurrenz für sie werden kann, und arbeiten mit allen Mitteln, um »den weiteren Aufstieg der Branche zu verhindern«, so Ulrich Walter von Lebensbaum. Das ist nun die Zeit, da Studien erscheinen, mit denen nachgewiesen werden soll, dass Bio keineswegs so gut sei wie behauptet. Gegenwind gibt es auch von renommierten Medien, wie Spiegel oder Stern (der titelte »Gift im Tee«) und auch von Testinstituten wie der Stiftung Warentest. »Die Tests waren grundsätzlich schon in Ordnung, überzeichneten aber in ihren zusammenfassenden Aussagen«, kritisiert Ulrich Walter. Die

Ulrich Walter beim Tea Tasting in Darjeeling

Laborresultate seien im redaktionellen Teil interpretiert worden, wozu man eigene Kriterien zugrunde gelegt habe. »Der Verdacht lag nahe, dass im Ergebnis herauskommen sollte, Bio sei eben doch nicht qualitativ besser und somit kein höherer Preis gerechtfertigt.« Man schaut allein auf die Schadstoffe, auch wenn die deutlich unterhalb des gesetzlichen Wertes liegen. So entsteht beim Verbraucher der Eindruck, Biowaren müssten völlig schadstofffrei sein. Drei bis viermal wird im Laufe der Zeit auch ein Produkt von Lebensbaum schlecht bewertet, weil zum Beispiel ein Pestizid darin gefunden wird. »Das hat uns zwar viel Arbeit gemacht, aber nie ernsthafte Probleme«, sagt Ulrich Walter. »Wir haben immer sehr proaktiv reagiert und unsere Geschäftskunden sofort informiert, die dann gut vorbreitet waren, wenn Verbraucher nachfragten.« Allerdings hat sich Walter auch über die Testmagazine geärgert: »Es ist gut und wichtig, dass es diese Tests gibt, denn sie helfen den Unternehmen und den Kunden. Doch oft sind die Kriterien, die die Tester zugrunde legen, nicht wirklich nachvollziehbar.«

Doch ungeachtet aller Anfeindungen und ungeachtet dessen, dass sich mit McDonald's, Burger King & Co., aber auch Döner-Imbissen die Fastfood-Kultur auch in Deutschland breitmacht – was allerdings im ländlichen Raum noch keine Rolle spielt –, bescheren die 80er Jahre dem Naturkosthandel ein sehr starkes Wachstum, das größte bisher überhaupt, das mit der Reaktorkatastrophe von Tschernobyl nochmals nahezu explosionsartig ansteigt: »Wir hatten überproportionale Umsatzsteigerungen, da konnten wir uns gar nicht mehr retten«, erinnert sich Roswitha Weber von Biogarten. »Die Marktentwicklung ging rasant, es wurden mehr und mehr Naturkostläden eröffnet und alle zwei, drei Jahre mussten wir erweitern«. Lebensbaum wächst 1986 um 30 Prozent. Üblich sind in diesem und im Folgejahrzehnt, wie auch in der gesamten Branche niedrige zweistellige Wachstumszahlen.

Programmheft der ersten Müsli-Messe, 1983

Mehr Läden, das verlangt auch die Großhandelsstrukturen auszubauen und an den Strukturen der Branche insgesamt zu arbeiten: 1983 findet im hessischen Oberursel die erste Messe der Branche statt, der Frankfurter Körnerkongress (FKK), die liebevoll »Müsli« genannt wird. Ulrich Walter erinnert sich: »Um die Messe vorzubereiten, haben wir schwer geschuftet. Ich habe jede Menge schwere Honigkisten in den 4. Stock geschleppt, wir haben eine lebendige Kuh ins Foyer gestellt.« Anders als heute ihr Nachfolger, die Biofach, ist die »Müsli« der Anfangsjahre familiär, man

Lebensbaum Messestand, 1986

kennt sich, sie ist bodenständig, einfach. Gestritten wird da noch wenig, das kommt erst, als es um den Verbandsaufbau geht. Dann treffen Idealisten und Businessorientierte hart aufeinander. »Das hat uns so manche Versammlung fast gesprengt, bloß, weil niemand den Mut hatte, zu sagen: Jetzt haltet mal die Klappe!«, sagt Walter heute.

Gestritten wird nicht nur um die Frage, wie viel Struktur die Bio-Branche braucht, sondern unterem anderem auch darum, welche Rolle Importe spielen dürfen. »Viele wollten immer viel besser sein, als es uns aktuell möglich war. Das hatte dann schon auch eine Tendenz des Verhinderns. Denn es wurden Qualitätskriterien aufgestellt, die teilweise unrealistisch waren und mit denen sich Einzelne Wettbewerbsvorteile erhofften.«

Die ersten Zeitschriften zum Thema Bio-Lebensmittel erscheinen, wie ›Nachbarschaft‹, ›Biogarten‹, oder ›Mahlzeit‹, 1986 dann das Magazin ›Schrot & Korn‹, das 2020 mit einer Auflage von rund 850 000 Exemplaren verteilt werden wird. Später wird dann auch das Magazin ›BioHandel‹ gegründet, das sich speziell an Branchenvertreter richtet und ebenfalls noch heute existiert. Aller Kontroversen zum Trotz werden erste Organisationen gegründet, um sich auch als Branche präsentieren zu können: 1983 der Naturkost e. V. (eines der Gründungstreffen findet in Diepholz statt), der 1988 in den Bundesverband Naturkost Naturwaren Einzelhandel e. V. sowie in den Bundesverband der Naturkost- und Naturwaren-Großhändler e. V. umgewandelt wird, die Vorläufer des heutigen Bundesverband Naturkost Naturwaren (BNN). Fortan arbeiten die Unternehmen auch in der Fortbildung und Öffentlichkeitsarbeit zusammen und organisieren erste Qualitätskontrollen der Bio-Produkte.

1982 gründen zehn Pioniere des ökologischen Landbaus Naturland*, ein Anbauverband, der schnell Mitglieder (auch Tierhalter) gewinnt, sich schon wenige Jahre später auch international engagiert, indem er mit der Organisation des Fairen Handels Gepa zusammenarbeitet und sich daran beteiligt, weltweit die ersten Teegärten auf Ökologischen

* 2019 zählt Naturland 65 000 Bauern zu seinen Mitgliedern, 4000 davon in Deutschland, die in 58 Ländern rund 440 000 Hektar Land ökologisch bewirtschaften

Landbau umzustellen. Schnell folgen noch weitere Verbände, teils regional organisiert.

Mitte der 80er Jahre gibt es in Deutschland schon über 1000 Bioläden, die nun versuchen, professioneller zu arbeiten, das heißt vor allem effizienter und auch mit einem aufgemöbelten, sprich modernisierten Erscheinungsbild. So will man über die Szene hinaus für »normale« Kundinnen und Kunden interessant werden.

Erste Anfänge von Bio in der DDR

In der DDR gelingt Erstaunliches: Auf Drängen der Bürgerbewegung wird Ende der 80er Jahre der Biologe Michael Succow stellvertretender Umweltminister der DDR und bringt das Nationalparkprogramm. Im großen Stil werden Flächen unter Naturschutz gestellt. Es gibt auch erste Ansätze zur Ökologisierung der Landwirtschaft und Landnutzung. Die Landwirtschaft in der DDR ist von großen, industriellen Strukturen geprägt. Es gibt riesige Flächen mit Monokulturen, die Tier- und Pflanzenproduktion ist strikt getrennt. Viele Menschen besitzen aber einen Schrebergarten, wo sie Obst und Gemüse anbauen, manche davon auch in Öko-Qualität. Als die Landwirtschaft ab Mitte der 80er Jahre immer stärker industrialisiert wird, entsteht in der DDR mit einem Arbeitskreis in Wittenberg eine erste Gegenbewegung: Kaum Landwirte sind dabei, dafür aber Chemiker, Biologinnen, Hausfrauen, die Kontakte zu den Akteuren des ökologischen Landbaus im Westen und zur IFOAM knüpfen. Aus dem Arbeitskreis wird der Verein Gäa, unter dessen Dach sich dann Vertreterinnen und Vertreter sowohl der biologisch-dynamischen Wirtschaftsweise als auch der organisch-biologischen versammeln.[*, **]

---

* Helma Heldberg: Die Müslimacher, 2008, S. 122f.

** Bäuerinnen und Bauern der schweizerischen Bauernheimatbewegung entwickelten in den 1940er und 1950er Jahren den organisch-biologischen Landbau als eigenständiges ökologisches Landbausystem. Dieses System bildete die Grundlage für die weitere Entwicklung des ökologischen Landbaus in Deutschland, ausgenommen der biologisch-dynamischen Wirtschaftsweise, die sich eigenständig entwickelte, siehe https://de.wikipedia.org/wiki/%C3%96kologische_Landwirtschaft#Organisch-biologische_Landwirtschaft, abgerufen am 8.10.2020.

... und beschert der Branche auch Probleme

Druck kommt nun vom konventionellen Handel, der sich – als er erkennt, es ist nicht mehr nur eine marginale Minderheit, die sich für Bio-Lebensmittel interessiert – selbst in dieses lukrativer werdende Geschäft einsteigen will: Bio-Produkte finden sich nun auch vereinzelt in den Regalen der Supermärkte. Auch die Ansprüche der Kundinnen und Kunden steigen. Kleinere Läden ohne Kühlregal oder ohne Gemüseabteilung haben daher kaum eine Überlebenschance mehr. Nach Schätzung der Zeitschrift »Schrot und Korn« machen Mitte der 80er Jahre rund 100 Läden Pleite – gleichwohl steigt die Gesamtzahl aufgrund des Booms und zahlreicher Neueröffnungen weiter.

Auch einige Regionalverteiler schaffen es nicht in die neue Zeit, denn sie haben Probleme den infolge des Wachstums immer höheren Lagerbestand zu finanzieren.*

Die Gründe für die erste Krise der Branche inmitten der starken Wachstumsphase sieht Franz-Theo Gottwald von der Münchener Schweisfurth-Stiftung, die viele Projekte zum ökologischen Landbau fördert, vor allem »in den Governance-Strukturen, die damals noch immer recht unklar gewesen sind«. »Man hat nicht von der Zukunft her gedacht und gehandelt, sondern evolutionär.« Mit anderen Worten, nicht langfristige Ziele und Visionen sind die Leitschnur, an denen die Akteure ihr Handeln ausrichten. Sie entwickeln vielmehr einen Schritt aus dem anderen, wie es sich gerade ergibt.

Noch herrscht in den meisten Unternehmen das genossenschaftliche Denken vor: »Alle sollten gleich sein, die Chefs und Fahrer möglichst gleich viel verdienen«, sagt auch Friedrich Ostendorff, der für die Grünen/Bündnis 90 von 2002 bis 2005 und erneut seit 2009 im Bundestag sitzt und sich dort um das Thema Ökolandbau kümmert. »Doch dann zogen mit der Professionalisierung in der Branche auch mehr und mehr gewisse kapitalistische Gesetze ein, was zu langen Diskussionen führte. Einige wandten sich deshalb damals ab.« Skepsis gibt es zu der Zeit auch noch gegenüber dem Demeter-Verband, der schon mit festen Struktu-

* Helma Heldberg: Die Müslimacher, 2008 S. 18 und 147

ren arbeitet, was vielen Undogmatischen in der Szene wenig attraktiv erscheint.

Mitte der 1980er Jahre ist also für die Bio-Branche eine Zeit größerer Veränderungen. Oder eigentlich müsste man korrekter sagen: für die Naturkostbranche. Denn nicht zu vergessen: Das Sortiment der Läden ist nun erheblich größer, aber ein Teil der feilgebotenen Waren wird noch immer konventionell hergestellt. Zum einen, weil es längst noch nicht alle Produkte in Bio-Qualität gibt, zum anderen aber auch, weil die Kundinnen und Kunden die erheblichen Preisunterschiede für Bio nicht bei allen Produkten akzeptieren. Zudem sind manche Produkte Bio, aber nicht entsprechend zertifiziert, oder zum Teil werden auch nur Teilaspekte erfüllt, wie zum Beispiel bei unbehandelten Zitronen. Nun aber gibt es bereits 2000 Erzeuger und Hersteller biologischer Nahrungsmittel, der Anteil der Bio-Waren im Naturkosthandel wächst auf 60 bis 90 Prozent. Spätestens jetzt ist es auch an der Zeit, die Diskussion um eine einheitliche Qualität voranzutreiben und vor allem Maßnahmen dafür auf den Weg zu bringen. Von einer gesetzlichen Regelung für Bio ist man ja noch weit entfernt, die wird es erst in den 90er Jahren geben. So einigt sich die Branche 1984 erstmals auf gemeinsame Qualitätsstandards. Man will geschlossener auftreten, Bio soll verlässlicher und transparenter werden.

Qualitätssicherung wird Thema, nörgelnde Rechthaber, verpasste Chancen, Bio und Fair nähern sich an

Qualitätssicherung ist also das große Thema der zweiten Hälfte der 80er Jahre. Weil der Markt und die weitere Expansion es verlangen, aber auch weil ein paar schwarze Schafe auf den Zug aufgesprungen sind, die unsauber arbeiten und zum Beispiel Bio-Müsli mit billigerem konventionellem Müsli vermischen. So entsteht der Qualitätsarbeitskreis »Quark« und später das vom Verband Naturkost e. V. gegründete Qualitätsinstitut »Quin«.* Nun soll klarer definiert werden, was Bio eigentlich ist: Mindestens naturbelassen sollen die Waren hergestellt sein, also

* Helma Heldberg: Die Müslimacher, 2008, S. 87

ohne Kunstdünger und Pflanzenschutzmittel, und die Tiere sollen artgerecht gehalten und geschlachtet werden. Die im Verband anerkannten Erzeugerorganisationen müssen sich im Inland mindestens an die Richtlinien der Stiftung Ökologie und Landbau halten, die im Ausland an die von IFOAM, der internationalen Organisation für den ökologischen Landbau.

Apropos Tiere: Die Puristen der Anfangsjahre wollen in ihren Läden kein Fleisch anbieten. Im Zuge dessen, dass Bio breitere Kundenschichten erreicht, also auch Nicht-Vegetarierinnen und Vegetarier, wird darüber aber heftigst debattiert, was, wie wir heute sehen, dazu führt, dass der Bio-Handel inzwischen das gesamte Spektrum aller Lebensmittel im Sortiment hat. Das heißt nun aber auch: Fast alles zu jeder Jahreszeit und auch vermehrt Convenience. Doch so weit sind wir in den 80ern noch nicht.

Um den Kunden die hohe Qualität der Waren zu garantieren, gründet die Branche 1988 die Arbeitsgemeinschaft Ökologischer Landbau (AGÖL). Die darin vertretenen Erzeugerverbände verpflichten sich, die gemeinsamen Richtlinien einzuhalten. Die AGÖL besteht bis 2002 und wird dann durch den Bund Ökologische Lebensmittelwirtschaft (BÖLW) abgelöst (siehe Kapitel 2000er Jahre).

Was gibt es noch über die 80er Jahre zu berichten? Bisher haben die Akteure des Fairen Handels und der Biolebensmittelwirtschaft nahezu völlig getrennt nebeneinanderher gearbeitet. Die einen eröffnen Weltläden für ihre Produkte, die anderen Naturkostläden. Eine Verbindung zwischen den beiden Richtungen sehen noch die wenigsten. Hätte man sich damals schon mit der nachhaltigen Entwicklung beschäftigt, wäre man sicher schnell darauf gestoßen, dass Umwelt und soziale Gerechtigkeit, Naturschutz und Menschenrechte, ökologische Landwirtschaft und soziale Entwicklung eng zusammengehören, ja, dass das eine das andere bedingt. Doch es dauert seine Zeit, bis die neuen Ideen und Konzepte tatsächlich bei denen ankommen, die sie in neue Politik, in neue Wirtschafts- und Unternehmenskonzepte umsetzen sollen und können. Die 80er Jahre sind ein Jahrzehnt von Symbolhandeln und nörgeliger Rechthaberei. Die Akteure verschlafen daher viele ihrer Chancen.

Ende der 80er Jahre jedoch tut sich etwas: Gepa, die Gesellschaft zur Förderung der Partnerschaft mit der Dritten Welt, 1975 gegründet und 2020 der europaweit größte Importeur von fair gehandelten Produkten, beginnt nun, seine Waren auch über die Bioläden zu vertreiben. Langsam, ganz langsam nähern sich also Bio und Fair einander an. Doch bis heute finden sich noch viele Produkte, die entweder nur das eine oder das andere Label tragen. Viele Verbraucherinnen und Verbraucher setzen auch Fair mit Bio gleich, obwohl Fair durchaus konventionell produziert sein kann. Und was die Nachhaltigkeit angeht: Es dauert lange, bis sich die Bio-Branche tatsächlich intensiver damit auseinandersetzt. Gerade in den Boom-Jahren, die noch lange anhalten sollen – und erfreulicherweise auch heute noch nicht vorbei zu sein scheinen –, gibt es offenbar wenig Anlass, sich neuen Herausforderungen zu stellen. Es ist wie in anderen Erfolgsbranchen auch: Solange es gut läuft, gibt es keinen Anlass etwas zu ändern. Wieso auch? Wir sind doch mit dem, was wir tun, erfolgreich, heißt es dann. Dass sich aber die Gesellschaft und die Herausforderungen ändern, wird oft nicht schnell genug erkannt. Der Hauptfokus liegt also nach wie vor auf dem Umwelt- und Gesundheitsschutz. Themen wie Klimaschutz in der Ernährungswirtschaft oder Arbeitsbedingungen in der Landwirtschaft und in den Unternehmen spielen zunächst keine Rolle.

Doch noch mal zurück zum noch kleinen Geschäft, das die Walters 1979 in Diepholz übernommen hatten. Wie geht es damit weiter?

Die Walters gründen Lebensbaum

Ihren Bioladen in Diepholz führen Angela und Ulrich Walter Anfang der 80er Jahre immer noch nebenberuflich. Sie arbeiten teilweise von zu Hause aus, Teile des Bauernhauses dienen als Lager und Arbeitsstätte. Die Jobs mit dem Bioladen in Einklang zu bringen, war schon nicht leicht. »Als dann aber unser mittlerweile zweites Kind kam, waren wir in der Bredouille. Wir brauchten eine Aushilfe, doch hatten das Geld nicht. Wir haben unsere Tochter also mit in den Laden genommen. Und zum Glück hat auch meine Mutter die Kinder ab und an betreut.« Später eröffnen die Walters neben dem Laden auch noch das »Kleine Café«,

Erste Lebensbaum-
Produktion in den
frühen 80ern

den Kuchen dafür backt Angela Walter an den Wochenenden selbst. Doch es läuft nicht so richtig. Unter der Woche kommen zu wenig Gäste, oder vor allem Schülerinnen und Schüler, die sich hier treffen, aber wenig verzehren. »Die Einnahmen deckten nicht die Kosten. Wir lebten buchstäblich von der Hand in den Mund.« Auch Brot backt sie für den Laden. Das verkauft sich gut. »Den Brotbackofen hat mein Vater mitfinanziert. Dafür bekam er regelmäßig ein leckeres Brot.«

Hat sie jemals daran gezweifelt, dass das alles die richtige Entscheidung war? »Nie«, sagt Angela Walter. »Ulrich und ich sind sehr praktische Menschen, es macht uns Spaß, immer wieder etwas Neues anzupacken. Und was man anfängt, muss man auch zu Ende führen. Nur das Café haben wir nach vier Jahren aufgegeben. Es gab zu wenig Resonanz, und die Wochenenden waren uns dafür zu schade. Es ging auf Kosten unserer Lebensqualität.« Die Anfänge waren geprägt von Handarbeit und Improvisation.

»Das Müsli für den Bioladen haben wir in Wäschewannen gemischt und dann in Zellophan verpackt. Milch, Käse und Obst kam von Biobauern aus der Region. Es gab auch Schüssler Salze, Socken und Kerzen aus Bienenwachs«, erzählt Angela Walter.

Für manche Produkte müssen die Walters bis nach Hamburg fahren, 170 Kilometer mit dem Bulli. Tochter Maren erinnert sich, dass sie und ihre Schwester als Kinder abends, nachdem der Laden geschlossen hatte, ins Auto gepackt wurden, wenn irgendwo Waren abgeholt werden

Angela Walter im Bioladen Lebensbaum bei der Warenbestellung, 1990

mussten. Rechnungen werden von Hand geschrieben, Korrespondenz mit der Schreibmaschine, ein Faxgerät gibt es erst später.

Bis zu ihrem Rentenalter wird sich Angela Walter in der späteren Firma Lebensbaum an verschiedenen Stellen engagieren, baut zum Beispiel eine werkseigene Kantine auf, sie hält sich aber insgesamt lieber im Hintergrund. Die Reisen zu den Geschäftspartnern nach Indien, Mexiko oder Ägypten lässt sie ihren Mann allein machen, während sie sich um Haus, Kinder und Tiere kümmert.

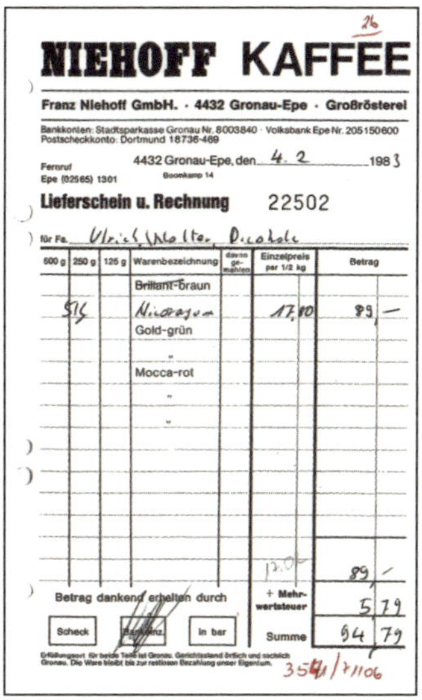

NIEHOFF KAFFEE

Franz Niehoff GmbH. · 4432 Gronau-Epe · Großrösterei

Bankkonten: Stadtsparkasse Gronau Nr. 8003840 · Volksbank Epe Nr. 205150600
Postscheckkonto: Dortmund 18736-469

Fernruf Epe (02565) 1301 — 4432 Gronau-Epe, den 4. 2 1983 — Boomkamp 14

Lieferschein u. Rechnung 22502

für Fa. Ulrich Walter, Dinslaken

500 g	250 g	125 g	Warenbezeichnung	davon gemahlen	Einzelpreis per 1/2 kg	Betrag
			~~Brillant~~-Braun			
	5		Nicaragua		17,80	89,–
			Gold-grün			
			Mocca-rot			
						89,–
					+ Mehrwertsteuer	5,79
					Summe	94,79

Betrag dankend erhalten durch: Scheck / Banküberw. / In bar

Erfüllungsort für beide Teile ist Gronau. Gerichtsstand örtlich und sachlich Gronau. Die Ware bleibt bis zur restlosen Bezahlung unser Eigentum.

Alte Rechnung der Kaffeerösterei Niehoff, 1983

Dann kommt die Zeit, da bundesweit immer mehr Bioläden eröffnen. Sie alle brauchen Kaffee, Tee, Gewürze in Bio-Qualität, die es aber in Deutschland nicht gibt. Die Walters gründen daher jetzt ein Unternehmen, das solche Produkte herstellt. 1983 ist die eigentliche Geburtsstunde von Lebensbaum. Nun reist Ulrich Walter mit dem VW Bulli in die Provence und klappert Kräuterbauern ab. Vermehrt orientieren sich die Walters ins benachbarte Ausland und beziehen Rohwaren, vor allem Kräuter aus Frankreich

Kaffeekirschen am Kaffeestrauch: Reif sind die roten Kaffeekirschen, von grün über gelb bis rot sind verschiedene Reifestadien zugleich am Strauch

oder Italien. Sie suchen Landwirte, die einerseits den Methoden des biologischen Landbaus folgen und andererseits etwas vom Kräuteranbau verstehen. In Deutschland ist der Kräuteranbau nur noch in wenigen Regionen zu finden, zum Beispiel im Bodenseeraum, in Teilen Hessens und Bayerns.

Um den Import besser gestalten zu können, gründen sie mit einem holländischen Kollegen die Firma Euroherb. »Dabei ging es sehr konspirativ zu. Wir hatten ja eigentlich eine tiefe Abneigung gegen alles Formale und Organisierte, spürten aber in unserem tiefsten Inneren, dass es ganz ohne eben auch nicht ging. So gründeten wir mit möglichst wenig Aufhebens, quasi im Hinterzimmer«, erinnert sich Ulrich Walter. »Wir waren nun auf der Suche nach weiteren Landwirten, die Kräuter in Bio-Qualität anbauten. Es ging aber auch darum, größere Mengen abnehmen zu können, um es für unsere Firmen, aber auch die Landwirte insgesamt wirtschaftlicher zu gestalten. Allein die Einsparungen bei den Transportkosten waren signifikant.«

Bei seinem Stöbern nach Biowaren dringt Walter bis nach Mexiko vor: »Buschpiloten mit Flachmann in der Lederjacke haben mich zu versteckten Kaffeeplantagen in die Hochtäler Mittelmerikas geflogen.« Später übernimmt er den Kaffee einer Demeter-Plantage im Süden Mexikos, die zuvor bereits an einen anderen Hersteller lieferte, der

Mexiko, Kaffee-plantage Finca Irlanda, von links: Franz Niehoff, Ulrich Walter, Bernd Peters, 90er Jahre

jedoch daran offensichtlich nicht mehr interessiert ist, wie der Demeter Verband erklärt. »Ich war schon immer von der anthroposophischen Demeter-Philosophie sehr angetan. Diese Haltung und Konsequenz haben mich tief beeindruckt.« Als Erzieher ist Ulrich Walter auch der Waldorfpädagogik sehr zugetan. 1987 schließt er sich daher mit seiner Firma Lebensbaum Demeter an. Später in den 90er Jahren arbeitet er sogar für eine Weile im geschäftsführenden Vorstand des Demeter-Bundes.

Bei seiner Suche nach Biokaffee begleitet ihn Franz Niehoff. Der hat gerade die Rösterei seiner Familie in Gronau an der niederländischen Grenze übernommen, als sein Vater mit nur 55 Jahren plötzlich stirbt. Er, der sich während seines Studiums in Berlin in der »3.-Welt-Szene« bewegt, röstet nun auch Soli-Kaffee aus Nicaragua (»Sandino Dröhnung«). Meine Erinnerung an diese Kaffees, die wir in der Wohngemeinschaft tranken: bitter. Aber das gute Gefühl, damit etwas für Nicaragua zu tun, machte ihn genießbar. Irgendwie.

Ulrich Walter erkundigt sich in Bremen bei einem Kaffeeimporteur nach einem Kaffeeröster, der auch Biokaffee verarbeitet, und wird an Franz Niehoff verwiesen. »1982 bin ich dann mit einer Schütte Kaffee zu Ulrich Walter nach Diepholz gefahren«, erzählt Niehoff. »Da kommt mir ein Bilderbuchvorzeigegrüner mit langen Haaren und Jesuslatschen aus dem Laden entgegen. Wir mochten uns gleich. Es war der Beginn einer Freundschaft, die bis heute anhält.« Die beiden fliegen dann

Original Niehoff Firmenschild aus den 80ern

zusammen nach Mexico, auf eine Plantage, von der Niehoff Kaffee bezieht, jedoch noch nicht in Bio-Qualität. Sie können den Inhaber, den deutschen Hermann Schimpf, davon überzeugen, einen Teil davon auf Bio umzustellen. 1983/84 liefert die Plantage Biokaffee an Lebensbaum, der bei Niehoff's Kaffeeröster geröstet wird, wie alle anderen Kaffees danach auch. Die beiden werden in den kommenden Jahrzehnten noch oft zusammen nach Süd- und Mittelamerika zu Kaffeelieferanten reisen. Viele Jahre später wird Ulrich Walter dieses Unternehmen kaufen. (siehe Kapitel 2010er Jahre). Übrigens, was Ulrich Walters Äußeres anbelangt: »Er hat mehrere Metamorphosen durchgemacht«, meint Niehoff schmunzelnd, »bis hin zum bestangezogenen Bio-Unternehmer.«

Harte Jahre, Probleme mit den Banken

Die ersten fünf Jahre von Lebensbaum sind für die Walters extrem hart, nicht nur, weil die Firma zunächst in ihrem Haus auf dem Land in Rehden unterkommt. Wo vorher Pony und Schafe wohnten ist jetzt die Produktion und das Lager: Hier füllen sie die Waren ab, etikettieren und verschicken sie, hier werden Rechnungen geschrieben. Alles auf wenigen Quadratmetern. Permanent geht es auch um die Frage, woher das Kapital kommen soll, das sie für die Entwicklung der Firma brauchen. »Am Anfang machten wir ein paar Fehler, die uns Geld kosteten«, berichtet Ulrich Walter. So bekommen sie Kräuter aus Frankreich, die weder gerebelt noch geschnitten sind, sodass sie die Walters selbst verarbeiten müssen, was zu erheblichen finanziellen Verlusten führt. Dann die Idee mit dem Bio-Wein mit Kräutern: Die Flaschen waren nicht richtig deklariert und mussten zurückgenommen werden. »Der finanzielle Schaden war erheblich und hätte uns fast das Genick gebrochen«, sagt Walter. »Als wir dann noch Teebeutel, gemeinsam mit Gepa übrigens, die in Sri Lanka gefertigt wurden, ins Sortiment aufnahmen, wären wir fast endgültig Pleite gegangen. Wir hatten unterschätzt, dass unsere Kunden Teebeutel ablehnten, und so blieben wir auf großen Teilen der Ware sitzen.« Später kehrt sich dieser Trend völlig um, heute wird kaum noch loser Tee verkauft.

Das nächste Problem: »Wir brauchten Geld für weitere Investitionen, wir wollten ja das Unternehmen nicht ewig in unserem Wohnhaus haben. Aber die Banken verlangten plötzlich Sicherheiten«, erzählt Angela Walter. Junge Unternehmen aber benötigen Geld zu bezahlbaren Bedingungen und ohne allerhöchste Absicherung. Die Banken verlangen zu der Zeit über zehn Prozent Zinsen. »Die Anfangsjahre waren schön und aufregend, aber ich war dann heilfroh, als wir das Gröbste überstanden hatten.«

Fair Handeln etwas anders verstanden

Noch mal zurück zum Fairen Handel: Paradoxerweise ist Ulrich Walter etwas skeptisch gegenüber dem Konzept des Fairen Handels. Ausgerechnet er, der sich von Anfang an mit seinen Lieferanten auf Augenhöhe trifft, immer darauf bedacht, dass die Geschäfte im gegenseitigen Interesse abgeschlossen werden und der bis heute in allen Produzentenländern hohes Ansehen genießt, weil sich diese Geschäfte in der jeweiligen Region wirtschaftlich wie sozial sehr positiv bemerkbar machen. Ausgerechnet er, der stets großzügig mithilft, wenn es einen Missstand gibt, den er mit seinen Mitteln mit beheben kann, um den Landwirten zu helfen, erfolgreich zu sein: Netzwerke aufbauen, Anschluss an den Biohandel organisieren, die Kosten für Zertifizierungen übergangsweise zu finanzieren, oder eben – später dann – auch mal eine Schule zu bauen. Ausgerechnet er macht ein Fragezeichen an den Fairen Handel.

Das Konzept findet er teilweise zu eng: »Für mich waren und sind die sozialen Aspekte der Nachhaltigkeit einfach so was von selbstverständlich. Ich mag es daher nicht, wenn Leute Produkte nur deswegen kaufen, damit die Beschäftigten vor Ort ein paar Cents mehr in der Tasche haben. Natürlich ist die Bezahlung wichtig, aber viel wichtiger sind doch die ökonomisch langfristigen Beziehungen zwischen Produzenten und Handel, die den Bauern Planungssicherheit geben. Unternehmerisches Handeln macht für mich nur Sinn, wenn es der Gemeinschaft insgesamt dient«, so Walter. »Wenn ich einen Partner nicht ausreichend bezahle, kann ich damit rechnen, dass er Pleite geht. Dann muss ich mir einen neuen suchen, das ist ein großes Risiko für die Qualität und die Verfügbarkeit meiner Waren. Also muss ich doch ein eigenes Interesse an fairen Geschäftsbeziehungen haben.«

Erste mechanische Abfüllmaschine. Abgefüllt wird Haustee, ein noch heute bestehender Klassiker, Mitte der 1980er Jahre

Doch auch Ulrich Walter zahlt besonders am Anfang aus falsch verstandener Solidarität Lehrgeld. So kauft er Kaffee bei Kleinbauern in Mexiko ein, die jedoch erfüllen den Vertrag nicht, liefern schlechte oder sogar gar keine Ware. »Ich dachte: ›die armen Bauern‹ und habe das zunächst akzeptiert. Das ist aber der absolut falsche Weg. Es reicht also nicht nur, mehr Geld für sinnvolle Projekte vor Ort zu geben, man muss auch dafür sorgen, dass die Vereinbarungen auf beiden Seiten eingehalten werden«, das hat Walter schnell gelernt. Und noch etwas wird ihm bald klar: Es kann passieren, dass sich die Menschen vor Ort an das Zusatzgeld gewöhnen und die eigene Initiative vernachlässigen. Auch Korruption begegnet ihm. »Wir mussten erleben, dass Mitglieder einer

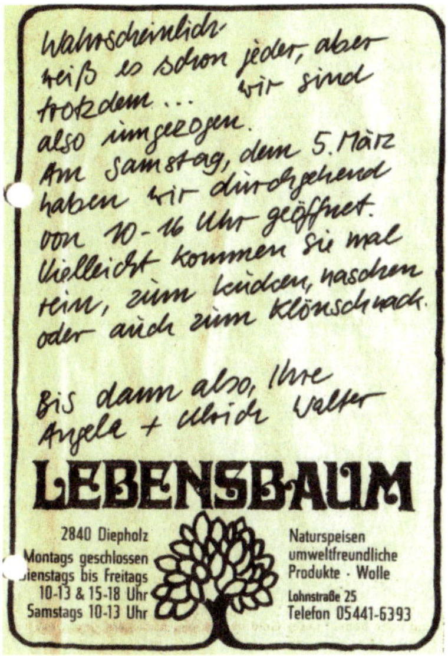

Anzeige zur Neueröffnung von Bioladen und Café, 1983

Kooperative gar nichts von dem Geld abbekamen, das wir bezahlt haben, sondern ein Partner sich das selbst in die Tasche steckte.« Deshalb sei es so wichtig, immer ganz direkte Beziehungen zu pflegen. »Man muss die Risiken sehr genau kennen, um das beste Ergebnis zu erzielen.« Zu den langfristigen und guten Beziehungen gehört für Walter auch, dass er seinen Lieferanten hilft, wenn es Probleme gibt (siehe Kapitel 2010er Jahre).

Weil er der Meinung ist, mehr zu tun, als im Fairen Handel üblich, denkt Ulrich Walter später tatsächlich darüber nach, ein Siegel zu initiieren, das neben der Biozertifizierung auch Umwelt- und Sozialkriterien erfasst. »Das allerdings kann kein firmeneigenes Siegel sein, sondern muss von einer externen und anerkannten Auditfirma verantwortet werden und für alle zugänglich sein«, so Ulrich Walter. »Es muss auch die gesamte Lieferkette umfassen, damit auch den Handel. Nur wenn alle Partner einer Lieferkette gemeinsam Verantwortung übernehmen, wird es funktionieren.«

Walter kooperiert dennoch mit dem Fairen Handel, weil der zumindest ein wichtiges Kriterium erfüllt, nämlich darauf aufmerksam zu machen, dass manches auf der Welt eben nicht fair ist und dieser Zustand nach Veränderung schreit. Langfristig, so Walter, mache es aber nur dann Sinn, wenn diese Einsicht auch bei der Politik ankommt. Ohne politische Rahmenbedingungen kann es keine fairen Lieferketten geben. »Die bittere Erkenntnis ist aber auch, dass das seinen Preis haben wird. Jedoch wird Deutschland dadurch nicht in Armut versinken,« denkt Walter.

Die Walters kaufen also nun mehr und mehr Rohwaren aus dem Ausland ein und verarbeiten sie zu Hause in Rehden weiter. Zunächst ganz archaisch werden die Rohstoffe von Hand gesiebt und verpackt. Doch bald schon steigt die Nachfrage so stark, dass sie zwei Beschäftigte einstellen können. Im Laufe der Jahre weitet sich die Firma auf insgesamt sieben Standorte aus und wird erst 1993 am Standort Diepholz vereint. Die Walters mieten an, was für eine Lebensmittelproduktion oder ein Lager in der unmittelbaren Umgebung geeignet erscheint: eine Scheune, eine ehemalige Schule, eine verlassene Molkerei usw.

Eines Tages, es ist das Jahr 1984 »machte mich ein Großhändler aus Süddeutschland auf eine interessante Initiative in Ägypten aufmerksam: Die Sekem-Farm.« In diesem Entwicklungsprojekt werden Bio-Gewürze und Bio-Teekräuter produziert – sogar von Demeter kontrolliert (siehe Kasten). Walter schreibt den Besitzern, der Familie Abouleish, einen Brief, E-Mail gibt es ja noch nicht und telefonieren ist sehr schwierig. Erst wartet er vergeblich auf Antwort. Doch das schreckt ihn nicht ab. Er teilt mit, dass man gerne kommen werde, und Ibrahim Abouleish stimmt zu. Gemeinsam mit seinem niederländischen Partner, Bart Koolhoven, macht sich Ulrich Walter auf den Weg zur Sekem-Farm. Man mag sich, man versteht sich und wird sich handelseinig. Die beiden Unternehmer – der Pharmakologe Ibrahim Abuleish, der in Österreich

Von links nach rechts: Ulrich Walter, Dr. Ibrahim Abouleish und seine Ehefrau Gudrun Abouleish bei der Verleihung des Alternativen Nobelpreises (Right Livelihood Award) an Ibrahim Abouleish, Stockholm, Schweden, 2003

studiert hat und perfekt deutsch spricht, und Ulrich Walter – verbindet eine jahrelange erfolgreiche Zusammenarbeit und Freundschaft. Als Ibrahim Abuleish 2017 stirbt, führt sein Sohn Helmy die Geschäfte weiter und pflegt auch die Geschäftsbeziehungen zu Lebensbaum.

Sekem ist eine ägyptische »Entwicklungsinitiative« und wurde 1977 von Ibrahim Abouleish gegründet.

Er und seine Unterstützer erschlossen am Rand des Nildeltas, nordöstlich vom Zentrum Kairos, rund 70 Hektar Wüste mit Methoden der biologisch-dynamischen Landwirtschaft. Das Projekt versteht sich als soziales Unternehmen, das einen Teil seiner Gewinne in gemeinnützige Projekte fließen lässt. Inzwischen gibt es unter dem Dach der Sekem Holding mehrere Unternehmen. 2005 wurde in Bochum *Sekem Europe* gegründet. 2019 beschäftigte das Unternehmen über 2000 Mitarbeiterinnen und Mitarbeiter.

Sekem: Mitarbeiter treffen sich im »Großen Kreis« zum Austausch, 2011

Eine Anekdote am Rande: Walter und Koolhoven sind in einem Hotel in Kairo untergebracht. Es ist Ramadan. Das Personal empfiehlt den beiden, sich schon vor Sonnenuntergang am Buffet zu bedienen. Das erscheint den beiden unhöflich, sie warten. Dann aber kommen die ausgehungerten Ägypter und fallen über das Buffet her. »Da hatten wir unsere Lektion für die kommenden Tage gelernt«, schmunzelt Walter.

Wie waren die ersten Begegnungen von Abouleish Senior mit Ulrich Walter: »Ulrich war ein junger enthusiastischer Bio-Pionier, der sich von Anfang an Sekem verbunden fühlte und überzeugt ist, dass starke Partnerschaften Berge versetzen können«, so Helmy Abouleish. »Als sich mein Vater und er Mitte der 1980er Jahre kennenlernten, standen wir mit unseren Unternehmen am Anfang unserer Pionierarbeit, Ulrich in Deutschland und wir in Ägypten. Tiefes Vertrauen und eine große gemeinsame Vision von nachhaltiger Entwicklung verbinden uns bis heute innig.« Und wie hat die Kooperation mit Lebensbaum das Geschäft von Sekem beeinflusst? »Sekem wäre ohne Lebensbaum nicht, was es heute ist. Ulrich Walter hat Sekem insbesondere dabei unterstützt, Kräuter und Gewürze so zu verarbeiten, sodass wir hohe Qualität liefern können. Besonders ist aber, dass Ulrich seit jeher auch einen wichtigen Beitrag zu unserem Anliegen leistet, die kulturelle Entwicklung und Potenzialentfaltung unserer Mitarbeiter zu fördern. Er zeigt eine sonst eher seltene Großzügigkeit, ohne sich selbst zu profilieren. Mit seiner Hilfe konnten wir weitere 63 Hektar Wüste begrünen. In mehrmaligen Krisen stand Lebensbaum fest an unserer Seite. Egal mit welcher verrückten Idee wir bei ihm aufschlagen, er hört sich alles mit großem Interesse an und ist sogar meistens bereit, mit uns Neues auszuprobieren«, so Abouleish.

1988 zählt Lebensbaum acht Beschäftigte, und Ulrich Walter beschließt, eine Kundenzeitung herauszugeben, eine sogenannte »Posterzeitung« zum Aushängen in den Bioläden: »Wir waren die erste Biomarke für Kaffee, Tee und Gewürze. Wir wollten den Bioläden und Großhändlern die Möglichkeit geben, ihre Kunden über diese Produkte zu informieren.«

Natürlich verläuft in einem Unternehmerleben nicht alles nach dem Lehrbuch. Doch befragt nach seinen Krisen muss Ulrich Walter eine ganze Weile überlegen. »Krisen gehören doch zum Unternehmerdasein dazu«, sagt er. »Es gab zum Beispiel Lieferanten, die ins Straucheln

Lebensbaum-Sortiment in den 1980ern

gerieten, oft, weil sie keine Vorsorge getroffen hatten. Dann mussten auch wir sehen, wie wir unseren Warenbezug sichern konnten. Aber existenzgefährdend war das nie.« Abgesehen von der vorhin erzählten Geschichte mit den falsch deklarierten Flaschen und den Teebeuteln.

Die 1980er Jahre sind für die Firma Lebensbaum das Jahrzehnt, in dem das Unternehmen vor allem sein Lieferantennetzwerk aufbaut und dafür sorgt, dass es verlässlich qualitativ hochwertige Ware beziehen kann. Mit der ersten Bio-Messe, der Müsli ’83, bekommt Walter Kontakt zu den damals sogenannten Regionalverteilern. Er fragt sie einfach, ob sie die Produkte in ihr Angebot aufnehmen wollen. „Die Zustimmung war groß, zumal es ein derartiges Angebot zu der Zeit noch nicht gab. So wurden diese ›Großhändler‹ sukzessive zu unseren Kunden.«

2

Oktober 1988

Hier ist sie wieder:

Unsere zweite Posterzeitung mit Informativem und Aktuellem, diesmal mit dem Schwerpunktthema "Heilkräuter".

Ansonsten wie gehabt: zum Aushängen im Laden - bei Platzmangel Randspalten wegknicken oder abschneiden.

Wir wünschen allen Kunden einen warmen und sonnigen Frühherbst und beste Gesundheit für die kältere Jahreszeit.

Partner für Landwirtschaft und Handel

Seit nunmehr fünf Jahren geht LEBENSBAUM seinen eigenen Weg mit einem grundlegenden Konzept in Sachen kontrolliert biologischer Kräuteranbau. Aber auch der Anbau anderer Produkte wie z.B. Schwarztee und Kaffee liegt uns am Herzen. Der Gedanke entstand aus der Übernahme eines Naturkostladens und dem damit verbundenen Bemühen für eine natürliche gesundheitsbewußte Ernährung und Lebensweise.

Heute darf sich LEBENSBAUM mit seinem niederländischen Partnerbetrieb PIRAMIDE wohl als größter Organisator und Vermarkter von Gewürz- und Heilkräutern aus kontrolliertem biologischen Anbau bezeichnen.

Hierbei ist es ein besonderes Anliegen, die Organisation des Anbaus direkt mit den Landwirten zu planen und durchzuführen. Für uns und unsere Kunden wollen wir Transparenz schaffen und qualitativ hochwertige Waren bieten.

Somit ist nicht nur durch die biologischen Landbauorganisationen Kontrolle und Hilfe gewährleistet, sondern auch wir können kooperativ den Bauern Hilfestellung gewähren, beraten und Risiken mittragen.

Zu den Kunden des LEBENSBAUMS gehören nicht nur der Naturkostgroßhandel und die Naturkostfachgeschäfte, sondern auch Naturkost-,Naturprodukte- und Naturkosmetikhersteller.

Heilkräuter als frei verkäufliche Arzneimittel

Zur Abrundung des LEBENSBAUM-Kräuterangebots bieten wir jetzt zehn Heilkräuter als freiverkäufliche Arzneimittel unter der Bezeichnung DONUM NATURAE (Naturgabe)an:

Johanniskraut bei nervöser Unruhe, Melissenblätter bei Nervosität, Weißdornblätter bei Herzbeschwerden, Brennesselkraut zur Entwässerung, Schafgarbenkraut als Magen- und Darmtee, Thymian bei Erkältung, Salbeiblätter bei Entzündungen im Mund- und Rachenraum, Ringelblumenblüten zur Wundbehandlung, Baldrianwurzel bei Schlafstörungen, Spitzwegerichkraut bei Katarrhen.

biologische Heilkräuter

Nur Pflanzen und Früchte eines intakten naturgemäßen Anbaus können einer gesunden Ernährung dienen. Demzufolge sollten gerade Heilkräuter und Arzneipflanzen aus einem kontrolliertem biologischen Anbau und Handel stammen.

Seit Jahrtausenden spielen Kräuter für den Menschen eine große Rolle: zum Herstellen von Speisen und Getränken, zum Würzen und Verfeinern, für die Kosmetik und zum Färben. Die bedeutendste Aufgabe übernahmen die Kräuter aber in der Heilkunde und Medizin, was die vielen unerschöpflichen Werke quer durch alle kulturellen Entwicklungsstufen und Epochen der Menschheit belegen.

So alt wie die Menschen

Eines der wohl ältesten Heilpflanzenbücher dürfte um 3700 v.Chr. entstanden sein: der chinesische Kaiser Shin-nong beschrieb Heilpflanzen seiner Heimat und gelangte zu der Erkenntnis: "Die Kraft deines Körpers liegt in den Säften der Kräuter." Gerade die Volksmedizin bediente sich dieser natürlichen Heilquellen.

Genannt seien in diesem Zusammenhang auch Gelehrte wie Hippokrates, Paracelsus, Hildegard von Bingen, Samuel Hahnemann oder Sebastian Kneipp.

Durch Entwicklung der modernen Medizin und in Zusammenarbeit mit der chemischen Industrie wurden natürliche Heil- und Arzneimittel zurückgedrängt. Erst damit verbundene auch zweifelhafte "Erfolge", die Entwicklung eines neuerlichen Natur- und Gesundheitsbewußtseins und die Besinnung auf ganzheitliche Werte erzeugten ein neues Verständnis und Interesse an den Heilpflanzen.

Die Einheit von Mensch und Natur

Die Nachfrage nach Gesundheits- und Heilkräutertees steigt, jedoch stammen nur geringe Mengen aus kontrolliert biologischem Anbau; wenngleich bei vielen Pflanzen-Arzneiprodukten gern die Silbe "BIO" verwendet wird.

Viele Kunden und Anwender haben noch immer das Bild von skurrilen Kräutersammlern vor Augen, die in einsamen Wäldern sammeln und pflücken. Das ist Klischee!

Der herkömmliche Kräuteranbau wird wie die großflächige Agrarwirtschaft betrieben: mit allen Mitteln ihrer Kunst und der der chemischen Industrie.

Das bedeutet Raubbau an der Natur durch künstliche Düngung, Monokulturen und Pestizide, sowie Herbizide.

Im biologischen Kräuteranbau werden die individuellen Voraussetzungen für das Gedeihen und Wachsen der Pflanzen berücksichtigt: die unterschiedlichen Standort- und Bodenverhältnisse, die klimatisch und witterungsbedingten Unterschiede. Eine Vereinheitlichung und Standardisierung der Pflanzen und damit die Reduzierung individueller Vielfalt auch in diesem Bereich findet nicht statt.

Die Medizin der Zukunft

Die Arzneibücher schreiben gewisse Standards vor, an denen sich Bauern und Produzenten zu orientieren haben. Dabei sind oftmals nur formale Kriterien ausschlaggebend, ob ein Kraut auch als Heilkraut bezeichnet werden kann.

LEBENSBAUM:"Unsere Sichtweise läßt uns die Pflanze in ihrer Ganzheitlichkeit betrachten!" Die Vorschriften der Arzneibücher sind selbstverständlich bindend, erfüllen teilweise auch Funktionen des Verbraucher- und Gesundheitsschutzes.

Aber: "Uns genügen nicht die formalen Kriterien und damit die Reduzierung des Heilkrauts auf einen Inhaltsstoff. Erst das Zusammenspiel der Haupt- und Neben-Inhaltsstoffe entspricht dem spezifischen Charakter und der spezifischen Wirkung der Heilpflanze."

Homöopathen und Phytotherapeuten wissen vom Wirken selbst geringster Mengen von Substanzen im menschlichen Körper. Neben- und Ballaststoffe steuern dabei die Auf nahme der Hauptwirkstoffe.

Die Vielfalt der Inhaltsstoffe zeigt der Lavendel mit mehr als 170 bekannten Einzelstoffen. Nur die ätherischen Öle weisen bei mancher Pflanze mehr als 50 unschiedliche Einzelstoffe auf

Entsprechend dem kontrollierten biologischen Anbau und einer schonenden Weiterverarbeitung, werden die Kräuter in unserer Lagerhaltung behandelt: Die getrockneten Kräuter und die Lagerräume werden nicht chemisch behandelt. Die Verpackung erfolgt in umweltgerechten Materialien. Diese Vorgehensweise fordert jedoch auch ihren Tribut. Der Arbeitsaufwand und damit die Kosten sind höher. Ein reines Naturprodukt erfordert eine sorgfältige Behandlung.

"Die Natur wird nie den Menschen folgen, sondern die Menschen haben die Gesetze der Natur zu befolgen."
(Dioskurides)

z.B. Johanniskraut

Johanniskraut (Hypericum perforatum) hat im Volksmund viele Namen gefunden: Wundkraut, Blutkraut, Fieberkraut, Frauenkraut sind nur wenige, womit sich aber auch die vielseitige Anwendung in der Volksmedizin andeutet.

Leuchtend in einem tiefen goldgelb blüht mit Ende des Juni beginnend das Johanniskraut auf trockenen, sonnigen Wiesen, an Wegrändern, Bahndämmen und in lichten Wäldern. Es ist eine der schönsten Pflanzen des Sommers, die Licht und Sonne in sich zu fangen und zu bergen scheint.

Licht und Sonne eingefangen

Geerntet wird vom Johanniskraut der Blütengipfel mit Stengel und Kraut.

Diese Pflanze ist auch für den Heilpflanzenunkundigen leicht zu erkennen.Nicht nur an der gelben Blüte, sondern auch an dem zweikantigen Stengel und den getüpfelten eirunden Blättern;

Charakteristikum dieser Pflanze ist jedoch, daß die Blüten beim Zerreiben einen blutroten Farbstoff absondern. Dabei handelt es sich um das Hypericin, daß neben anderen (u.a.antibiotischen) Wirkstoffen enthalten ist.

Die Schulmedizin verwendet die getrocknete Droge als Teeaufguß zur Beruhigung bei nervöser Unruhe und zur Behandlung leichter Depressionen auch über einen längeren Zeitraum hinweg. Eine Gewöhnung oder gar Sucht wie bei vielen synthetischen Beruhigungsmitteln ist nicht gegeben.

Volksmedizin

In der Volksmedizin wird Johanniskraut angewendet als Wundmittel, bei Schlaflosigkeit, Kopfschmerz und geistiger Überanstrengung.

Ein weithin als Rotöl bekanntes Filtrat aus frischem Johanniskraut und bestem Olivenöl hat sich bewährt bei Brandwunden und Sonnenbrand, Muskelverletzungen, Blutergüssen. Eingesetzt wird es bei unreiner und trockener, schuppiger Haut. Zudem ist es ein hervorragendes Massageöl.

Hinweise

Bei der Anwendung oder kurmäßigem Gebrauch des Johanniskrauts in irgendeiner Form sollte beachtet werden, daß es die Haut sehr lichtempfindlich macht. Um Reizungen oder Entzündungen der Haut zu vermeiden, sollten während dieser Zeit Sonnenbäder im Freien oder unter dem Solarium vermieden werden.

Heilkräuteranwendungen sollten eventuell mit dem Hausarzt, einem Homöopathen oder einem Heilpraktiker abgesprochen werden.

Rückstandskontrolle - aber klar

Eingehende Prüfungen und Kontrollen haben unsere Rohwaren, Kräuter und Tees zu bestehen, sowohl als Warenmuster, die uns unsere Anbauer überlassen, als auch als Wareneingang und während der Be- und Verarbeitung.

Dabei müssen sie zunächst optisch und geschmacklich ihre Identität preisgeben. Muster und gezogene Proben werden im eigenen Labor und von unabhängigen Instituten untersucht. Und das sind die Analysen im einzelnen:

Radioaktivitätsuntersuchung

Fast jeder Wareneingang unserer Kräuter und Heilpflanzen wird von uns durch das Umweltlabor Fulda auf seine radioaktive Kontamination untersucht. Auch zwei Jahre nach Tschernobyl sind diese Untersuchungen immer noch wichtig aufgrund belasteter Böden und Anbaugebiete und dadurch, daß die Pflanzen die Radioaktivität unterschiedlich stark aufnehmen.

Gleichwohl können wir inzwischen feststellen, daß die Belastung der Kräuter im Allgemeinen unter 5 Bequerel liegt. (Ausführliches zu der Problematik in unserem Info-Nr. 2 "Radioaktivität")

Schadstoffanalysen

Neben den Messungen zur Radioaktivität finden regelmäßig Analysen bezüglich der Schadstoff- und Pestizidbelastungen statt. Diese erstrecken sich nicht nur auf unsere Kräuter aus kontrolliertem biologischem Anbau, die im Allgemeinen aus dem europäischen Raum stammen, sondern gerade auch auf unsere Schwarztees. Wir mißtrauen nicht unseren Lieferanten! Aber unsere Umwelt ist mehr oder weniger"durchsetzt" mit Schadstoffe (Organchlorverbindungen,Schwermetallen, Pflanzenschutzmittel). Auch hier arbeiten wir mit dem Umwelt Labor, Fulda zusammen und mit dem Labor Dr. Horst Jenssen, Bremen.

Heilkräuteranalysen

Heilkräuter werden gemäß den gesetzlichen Bestimmungen vorschriftsmäßig auf die geforderten Inhaltsstoffe untersucht (wobei meistens nur einer laut der verschiedenen Arzneibücher ausschlaggebend ist), sowie auf formale Vorschriften.

Wichtig sind sicherlich auch die Untersuchungen zur Keimzahl und auf Hefe- und Schimmelpilze hin; dabei sollte jedoch auch klar sein, daß es keine sterilen Kräuter geben kann. Keimfreiheit ist nirgends in unserem täglichen Leben gegeben (und die hyperhygienische Lebensweise vieler Mitbürger müssen sie mit dem Anstieg der Hauterkrankungen bezahlen).

Die konventionelle Kräuterverarbeitung fordert eine chemische Lagerhaltung durch Begasung der getrockneten Drogen z.B. mit Ethylenoxid, obwohl sich diese Chemikalie als erbgutverändernd und kanzerogen erwiesen hat. Wir halten derartige Forderungen auch und gerade für Heilkräuter für ein Paradoxon.

Die Untersuchungen der Heilkräuter finden in jedem Fall in unserem Labor statt, aber auch durch Institute wie die Gesellschaft für Umweltanalytik in Osnabrück und das Institut für Pharmazeutische Biologie und Phytochemie, Münster.

LEBENSBAUM

Posterzeitung 2 · LEBENSBAUM · Ulrich Walter oHG · D-2841 Rehden · Im Heidmoore 5 · 05446-307

Zweite Ausgabe der Lebensbaum Posterzeitung, 1988

Die 1990er Jahre

Die 1990er Jahre: Geopolitische Umbrüche, enttäuschte Hoffnungen, Geburt der EU, umweltpolitische Weichenstellungen, Bio per Gesetz und Ulrich Walter setzt auf Nachhaltigkeit

Politisch sind die 90er Jahre des letzten Jahrtausends vor allem geprägt vom Zerfall der Sowjetunion – und damit dem Ende des Kalten Krieges zwischen ihr und der anderen Supermacht USA – sowie der Wiedervereinigung Deutschlands. Viele Menschen hoffen stark, nun werde das Wettrüsten ein Ende haben, die Welt werde endlich friedlicher werden, und man könne die gigantischen Summen für die Rüstung und das neue politische Klima nutzen, um die entscheidenden globalen Themen in Angriff zu nehmen: Armut, Ungerechtigkeit und Umweltzerstörung bekämpfen, also eine nachhaltige Entwicklung durchsetzen. Die Deutschen allerdings sind nach der »Wende« erst einmal stark mit sich selbst beschäftigt.

Die Hoffnung vieler Menschen auf eine friedlichere Welt zerschlägt sich schnell, als 1990 der Irak das kleine Nachbarland Kuwait überfällt, annektiert und damit den Zweiten Golfkrieg vom Zaun bricht. Wenig später dann auch Krieg in Jugoslawien, an dem sich ab 1999 im Kosovo auf Beschluss der ersten rotgrünen Bundesregierung (die Wählerinnen beenden 1998 die 16-jährige Kanzlerschaft von Helmut Kohl) auch deutsche Soldaten beteiligen. In der Folge zerfällt Jugoslawien in vier unabhängige Teilrepubliken. Und dann der Völkermord in Ruanda bei dem 1994 durch die Armee initiiert bis zu einer Millionen Angehörige der Tutsi-Minderheit – so Schätzungen – innerhalb von rund 100 Tagen abgeschlachtet werden. Die Welt zeigt an vielen Stellen ein hässliches Gesicht.

Doch es gibt auch Gutes über dieses Jahrzehnt zu berichten: Mit dem Vertrag von Maastricht wird 1992 die Europäische Union gegründet. Sie löst die Europäische Wirtschaftsunion ab und ist von da an auch für nicht wirtschaftliche Bereiche zuständig. 1994 wird Nelson Mandela nach seiner Haftentlassung zum ersten schwarzen Präsidenten Südafrikas gewählt. 1995 schließt Israel mit der Palästinensischen Befreiungsfront PLO ein Friedensabkommen.

Besonders die neuen Informationstechnologien verändern Leben und Arbeiten. Neben Computern ziehen nun auch Internet, Mobiltelefone, E-Mails in Büros und ins ganze Leben ein und befördern gesellschaftliche Umbrüche: Kommunikation wird einfacher und universell. Noch sind PCs teuer und für Privatleute längst nicht überall erschwinglich und selbstverständlich, in ärmeren Ländern schon mal gar nicht. Doch Nichtregierungsorganisationen (NRO) nutzen sie und können Informationen nun blitzschnell um den Globus verbreiten. Wenn irgendwo auf der Welt Menschenrechte verletzt oder Umwelt zerstört wird: Die Nachrichten und vor allem wirkmächtigen Bilder verbreiten sich in Windeseile. Die NRO können sich jetzt leichter vernetzen und ihren Forderungen und Ideen Gehör verschaffen. Der Einfluss zivilgesellschaftlicher Organisationen auf die öffentliche Meinung nimmt zu. Peu à peu wird zudem ein gigantischer Wissensschatz für alle zugänglich. Zumindest theoretisch.

Boygroups, Girlie-Mode, Comedy, Schlager und Literarisches Quartett

Kulturell gesehen changiert diese Dekade zwischen Schlager und Techno, zwischen Eric Clapton und Metallica, zwischen Comedy und Literarischem Quartett, zwischen Girlie- und Grungemode. Das Fernsehen der 90er Jahre differenziert sich immer weiter in Spartenprogramme: Es gibt nun Sender für Kinder, für Musik, Kultur oder Sport. Und es gibt vor allem das Privat- und das Bezahlfernsehen. Die Deutschen lieben Comedy und Seifenopern, die sich nach dem Erfolg von

›Gute Zeiten, Schlechte Zeiten‹ immer mehr durchsetzen. Beliebte Serien sind u.a. ›Die Simpsons‹, ›Star Trek‹ oder ›Baywatch‹. In der Musik, die mit den TV-Kanälen MTV und später auch Viva stark von Videos geprägt wird, sind die Musikrichtungen stark differenziert. Es gibt Hip-Hop, R&B, Techno, House, Independent, Crossover, Grunge, Hardrock, Metal oder Alternative Rock und vieles mehr. Und die Boy- und Girlgroups – Backstreet Boys oder Spice Girls – sind vor allem bei jungen Mädchen sehr beliebt. In Deutschland gibt es mit Guildo Horn oder Dieter Thomas Kuhn plötzlich wieder eine Renaissance des Schlagers. Der Gegenpol: Die Loveparade zieht seit 1989 jährlich mehr Technofans nach Berlin, 1999 sind es gar 1,5 Millionen. Die Walters lieben Rock, Angela ist Beatles-Fan, Ulrich präferiert die Stones.

In der Literatur macht der amerikanische Autor Samuel P. Huntington Furore mit seinem politikwissenschaftlichen Buch ›Kampf der Kulturen‹, und Günter Grass sorgt mit seinem Roman zur deutschen Wiedervereinigung ›Ein weites Feld‹ für Diskussionen.

In der Mode bezeichnet der Begriff Girlie junge stereotypisch weiblich gekleidete Frauen, die sich zum Beispiel an den Spice Girls orientieren. Insgesamt wird die Mode wieder körperbetonter, aber auch die Baggy Pants der männlichen Skater oder die Techno- und Punkmode setzen sich durch. Auffällig auch gegen Ende der 1990er die gestylten Haare bei jungen Männern, bei Frauen sind gleichzeitig Strähnen mit mehreren Farben im Trend, oder eine einzelne blaue Strähne. Ja, und dann natürlich Tattoos und Piercings: Was bisher Seeleuten oder der Unterwelt vorbehalten war, wird nun salonfähig.

Jahrzehnt ohne gesellschaftspolitischen Pep?

Die 90er Jahre werden trotz der »Wende« gerne als ein gesellschaftspolitisch langweiliges, ja fast schon unpolitisches Jahrzehnt beschrieben. Das geht im Wesentlichen auf das Konto der sogenannten »Generation X«, in Deutschland auch gerne als Generation Golf bezeichnet, die einfach in aller Ruhe den Wohlstand genießen will, den ihre Eltern erarbeiten. Unkritisch, ja unpolitisch, hedonistisch und vergleichsweise auch egoistisch seien die zwischen 1965 und den frühen 80er Jahren Geborenen. Sie frönten dem Konsum und hätten als erste Generation ein starkes Markenbewusstsein ausgebildet (deshalb der VW Golf als Symbol). So heißt es vielfach. Ob es wirklich stimmt? Nicht alle wachsen im Wohlstand auf, doch viele als Schlüsselkinder nahezu unbeaufsichtigt. Die aufmüpfige 68er Generation scheint infolge der politischen Umbrüche nach 1989 tief verunsichert. Sie hatte von grundsätzlichen Veränderungen, zum Teil von neuen Gesellschaftsmodellen geträumt, doch nun zeigt sich der Kapitalismus stärker und unangefochtener als je zuvor, breitet sich global weiter aus und lässt kaum Raum für alternative gesellschaftliche Konzepte. Viele 68er ziehen sich aus dem politischen Geschehen zurück, von ihnen gehen also zu dieser Zeit wenig neue Impulse aus, die die Jüngeren beeinflussen könnten.

Und wie nimmt Ulrich Walter diese Zeit wahr? »Es gab eine gewisse Saturierung und die Tendenz, sein Leben zu strukturieren«, sagt er. »Bei den einen artete das eher in mehr und unkontrollierten Konsum aus, andere hingegen versuchten, ihren Weg und ihre individuelle Lebensgestaltung in die Hand zu nehmen. Insgesamt ging es aber nicht mehr so stark um gesamtgesellschaftliche Veränderungen und ja, die jüngere Generation war wohl weniger an gesellschaftlichen Veränderungen interessiert. Für mich selbst waren die 90er eine sehr aktive und spannende Zeit. Ebenso habe ich die gesamte Branche wahrgenommen.« Es ist der Übergang von der Pionier- in die Differenzierungsphase. Viele Menschen, darunter auch »68er«, sind persönlich im Umbruch und stellen sich die Frage nach ihrer zukünftigen Lebensgestaltung. Davon profitiert auch die Entwicklung von Bio. »In dieser Phase«, so Ulrich Walter weiter „hat die Bio-Branche es meines Erachtens jedoch versäumt, die junge und damit Nachfolgegeneration stärker einzubinden. Die Pioniere blieben eher unter sich. Man kannte sich und war mit sich selbst gut beschäftigt. Visionen zur weiteren Gestaltung der Bio-Bewegung gab es möglicherweise individuell, jedoch nicht als eine Branchenvision.

Modernisierter Umweltschutz, Atomkraft on hold

In der Amtszeit von Umweltminister Klaus Töpfer baut Deutschland seine Vorreiterrolle in der Umweltpolitik aus. Das gilt vor allem für das 1994 beschlossene Kreislaufwirtschafts- und Abfallgesetz, das international anerkannt wird. Der Umgang mit Verpackungen ist ein großes Thema in dieser Zeit: 1991 schon tritt die Verpackungsverordnung in Kraft, nach der Hersteller und Handel die Verantwortung für die Entsorgung von Verpackungen übernehmen sollen. Im Vorgriff darauf gründen 1990 Unternehmen der Lebensmittel- und Verpackungsbranche das Duale System Deutschland, die Gesellschaft für Abfallvermeidung und Sekundärrohstoffgewinnung und organisieren mit dem Grünen Punkt, als Kennzeichen für recycelbare Verpackungen, die Sammlung und Verwertung von Verkaufsverpackungen.

Auch mit der Klimaschutzpolitik setzt die Regierung internationale Maßstäbe, dasselbe gilt für Folgemaßnahmen wie die Einspeisevergütung 1990 für Strom aus Alternativenergien. Autos sollen sauberer werden: Seit 1993 werden in Deutschland nur noch Autos mit eingebautem 3-Wege-Katalysator zugelassen. Der Katalysator ist ein gutes Beispiel dafür, wie es oft mit Gesetzen für den Umweltschutz läuft: Erst lobbyiert die Industrie heftig dagegen, den Katalysator verbindlich einzuführen und macht Umweltminister Töpfer das Leben schwer. Dann, als sie merkt, dass man damit Geld verdienen kann, ist plötzlich alles gut.

Im Laufe der 90er Jahre werden außerdem eine Reihe von technologischen Ansätzen entwickelt, die jeweils auf eigene Weise zur ökologischen Modernisierung der Wertschöpfungsketten beitragen sollen: Recycling, Kreislaufwirtschaft, nachhaltiges Ressourcenmanagement, saubere Technologien (Wasser, Wind und Sonne statt fossile Brennstoffe). Schadstoffe, wie Lösemittel oder Schwermetalle, werden durch umweltfreundlichere Stoffe ersetzt, die Produkte ressourcenschonender und umweltgerechter gestaltet, man spricht jetzt auch von Öko-Design. Produkte werden nach dem Vorbild der Natur konzipiert (Bionik), und es gibt verbesserte nachgeschaltete Technologien. Um nur ein Beispiel zu nennen: Mehr und mehr werden nun Energiesparlampen eingesetzt, die aber erstens das Energieproblem nicht lösen und sich zweitens wegen Schadstoffen als schwierig in der Entsorgung herausstellen.

Zu den Neuerungen im Umweltschutz gehört auch das Eco-Management and Audit Scheme (EMAS), oft Öko-Audit genannt. Die Idee ist, dass Unternehmen den betrieblichen Umweltschutz genauso gut managen wie alles andere auch und sich dieses auditieren lassen. Auch hier ist der Widerstand vor allem in der deutschen Industrie groß, als die ersten Pläne Anfang der 90er Jahre bekannt werden. Dann wird das System in Europa eingeführt, und plötzlich wendet sich das Blatt. Jetzt ist es vor allem die deutsche Wirtschaft, die freiwillig ganz vorne mit dabei ist: Die meisten EMAS-zertifizierten Unternehmen gibt es in Deutschland, auch Lebensbaum gehört dazu.

Die 90er Jahre sind auch die Dekade von neuen UN-Konventionen, wie der zur biologischen Vielfalt (Convention on Biological Diversity, CBD). Auch die Bundesrepublik Deutschland unterzeichnet diese 1992 und verpflichtet sich damit, ihren Beitrag zum Erhalt der Arten und Lebensräume zu leisten.

Nach der Wende werden die beiden Atomkraftwerke der DDR aus rein ökonomischen Gründen (Rheinsberg) abgeschaltet, beziehungsweise erst gar nicht ans Netz genommen (Greifswald). Der Atomausstieg in den alten Bundesländern lässt jedoch noch einige Jahre auf sich warten, auch wenn die Chance dafür zu Beginn der Dekade größer ist: Die SPD hat sich nun größtenteils auf die Seite der Atomkraftgegner geschlagen, und mit den Grünen sitzt schon ein paar Jahre eine dezidierte Anti-Atomkraft-Partei im Parlament. Nachdem der Bau der Wiederaufarbeitungsanlage in Wackersdorf am Widerstand der Bevölkerung gescheitert ist, aber auch, weil sie der Betreiberin VEBA zu teuer wurde, verliert die außerparlamentarische Bewegung deutlich sichtbar an Kraft. Es gibt fast keine Demonstrationen mehr. Nur gegen das Endlager Schacht Konrad und die Castor-Transporte (Atommülltransporte abgebrannter Brennstäbe in Anlagen zur Wiederaufbereitung nach Frankreich und Großbritannien) wird jetzt noch protestiert. Mit der Vereinbarung zwischen rot-grüner Regierung und der Atomwirtschaft im Jahr 2000 zum Atom-Ausstieg sieht es so aus, als hätte die Anti-Atom-Bewegung gewonnen.

Dann wieder Schritte zurück

Für Umweltschützer sind die ersten Jahre der 90er – abgesehen vom schleppenden Atomausstieg – also eine recht gute Zeit. Vieles Wichtige wird angepackt. Spätestens mit der Regierungsneubildung nach der Bundestagswahl 1994, die die CDU-FDP-Koalition knapp bestätigt, kommt die deutsche Umweltpolitik allerdings mehr oder minder zum Stillstand. In einigen Bereichen gibt es gar ein Rollback: Die Bürgerbeteiligung bei Genehmigungsverfahren wird eingeschränkt; die Bundesrepublik schafft es nicht, eine formelle Strategie für nachhaltige Entwicklung im Sinne der von der UN-Konferenz in Rio de Janeiro 1992 beschlossenen Agenda 21 vorzulegen, sondern nur einen »Entwurf« des umweltpolitischen Schwerpunktprogramms. Jetzt wird offensichtlich, dass die fortschrittliche und ambitionierte Umweltpolitik von Klaus Töpfer dem Wirtschaftsflügel der CDU und dem damaligen Koalitionspartner FDP entschieden zu weit geht. Die Euphorie der Nach-Wende-Zeit (»Blühende Landschaften«) verfliegt recht schnell, und unter den Bedingungen der Globalisierung betrachten Industrie und viele in der Politik Umweltschutzmaßnahmen wieder als Hemmschuh für die wirtschaftliche Entwicklung. Töpfer muss sein Umweltministerium abgeben und ab 1994 als Bauminister den Umzug der Regierung von Bonn nach Berlin koordinieren. Der Umweltpolitiker Herbert Gruhl ist schon lange aus der CDU ausgetreten, Umweltkompetenz ist in der Regierungspartei rar.

Angela Merkel übernimmt das Umweltministerium. Während ihrer Amtszeit (1994–1998) gibt es zunehmend Widerstand gegen eine CO_2-/Energiesteuer sowie bei der Umsetzung von EU-Richtlinien (etwa der Flora-Fauna-Habitat-Richtlinie von 1992). Immer häufiger drohen der Bundesregierung Sanktionsmaßnahmen der EU, weil sie Umweltschutzregelungen nicht oder äußerst zögerlich umsetzt.

Eine Ursache dafür, dass Umweltpolitik in Deutschland nach 1994 wieder an Bedeutung verliert, liegt wahrscheinlich auch darin, dass die

Maßnahmen der »Ära Töpfer« deutlich sichtbare Verbesserungen zeigen: Die Qualität von Luft und Wasser wird besser, zumal besonders die massiven Anstrengungen in den neuen Bundesländern erfolgreich sind. Man fühlt sich also sicherer. Manche geben gar Entwarnung. Gleichzeitig befindet sich das Land in einer schweren Rezession mit vielen Arbeitslosen. Die Prioritäten verschieben sich nun zusehends. Umweltschutz rutscht in der Prioritätenliste ab, Wirtschafts- und Arbeitsmarktpolitik ist wieder »on top«.

Strukturwandel in der Landwirtschaft

Nach der »Wende« und nachdem die Eigentumsrechte an Grund und Boden neu geordnet sind – aufgrund von entschädigungslosen Enteignungen in der ehemaligen DDR mussten die Eigentumsverhältnisse nun geklärt werden –, gibt es in der Landwirtschaft der neuen Bundesländer einen starken Strukturwandel: Zunächst steigt die Zahl und der Flächenanteil der Einzelunternehmen und Personengesellschaften kräftig, ist später dann aber wieder rückläufig. Der Flächenanteil der juristischen Personen, sprich großen Unternehmen, geht jedoch zurück. Damit sinkt im Osten der Republik auch die Zahl der Arbeitsplätze in der Landwirtschaft, besonders der Lohnarbeitskräfte. Der Strukturwandel ist bis heute im gesamten Bundesgebiet zu beobachten: Gibt es 1991 noch rund 541 000 landwirtschaftliche Betriebe, so wird diese Zahl bis 2006 auf nur noch 353 300 sinken. Die Zahl der Erwerbstätigen in der Landwirtschaft sinkt im selben Zeitraum von 1,53 Millionen auf unter 900 000.

Noch ist aber der bäuerliche Familienbetrieb das agrarpolitische Leitbild in Deutschland. Allerdings beginnen die kleinen Betriebe unter dem zunehmenden Preisdruck auf Agrarerzeugnisse zu leiden, der vor allem ausgelöst wird, weil man sich vermehrt am Weltmarkt orientiert und weil der Handel mit immer neuen Preiskämpfen glänzt. Obendrein führt die Vergabe von Subventionen dazu, dass in der Regel größere Höfe begünstigt werden.

Die drei Landwirtschaftsminister dieses Jahrzehnts Ignatz Kiechle (bis 1993), Jochen Borchert (1993 bis 1998) und Karl-Heinz-Funke (1998 bis 2001) hinterlassen keine nennenswerten Spuren, zumindest nicht, was das Thema ökologische Landwirtschaft anbelangt.

Neue Akzente nach 1998

Im Herbst 1998 kommt die erste rot-grüne Bundesregierung ins Amt. Sie will umweltpolitisch neue Wege gehen. Sie setzt eine ökologische Steuerreform in Gang und beschließt noch im selben Jahr das Gesetz zum Vorrang Erneuerbarer Energien (EEG), beides als Teil eines Klimaschutzprogramms. Zudem will man schrittweise aus der Kernenergie aussteigen. Wie mit der Agenda 21 der UN gefordert, bringt die Regierung eine Nachhaltigkeitsstrategie auf den Weg. Dazu wird 2001 der Rat für Nachhaltige Entwicklung (RNE) eingesetzt und die Strategie 2002 beschlossen werden. Zu den darin genannten anspruchsvollen Zielen gehören beispielsweise, den täglichen Flächenverbrauch der Bundesrepublik von 131 Hektar (1998) auf 30 Hektar (2020) zu begrenzen oder den Anteil des ökologischen Landbaus bis 2020 auf 20 Prozent zu erhöhen. (Beide Ziele wurden inzwischen auf 2030 verschoben.) Außerdem führt die Regierung Schröder ein Verbandsklagerecht für Umweltverbände ein und weitet den Anteil der Naturschutzflächen erheblich aus.

In den 1990er Jahren, insbesondere unter der rot-grünen Bundesregierung, wird die Förderung der ökologischen Landwirtschaft ein wichtiges Ziel der deutschen Agrarpolitik. Als die grüne Politikerin Renate Künast 2001 das Landwirtschaftsministerium übernimmt, wird die »Agrarwende« hin zur ökologischen Landwirtschaft sogar Kernthema der Politik. Auch bei den Nichtregierungsorganisationen tut sich in den 90ern etwas: Sie gründen das »AgrarBündnis«, ein Zusammenschluss von Organisationen aus Landwirtschaft, Umwelt-, Natur- und Tierschutz sowie Verbraucher- und Entwicklungszusammenarbeit und der Kirchen. Das Bündnis gibt seit 1993 den »Kritischen Agrarbericht« raus. Damit dokumentiert es die agrarpolitische Debatte in Deutschland des jeweiligen Jahres auch vor dem Hintergrund der europäischen und weltweiten Entwicklung.

Bio gesetzlich geregelt – Licht und Schatten

Was tut sich in der Bio-Branche in diesem Jahrzehnt? Die politische Förderung des Ökolandbaus gibt der Branche natürlich erheblich Schwung. Die Bioläden professionalisieren sich weiter und positionieren sich neu. Nur wenige pflegen weiterhin das Image der 70er Jahre mit sehr alternativem Ambiente und esoterischem Touch. Die meisten verstehen sich nun als beratungsstarke Fachgeschäfte für ökologisch erzeugte Produkte und wollen das inzwischen angestaubte Müslifresser-Image loswerden. Klar, Müsli, Vollkornbrot und Tofu gibt es zwar weiterhin, doch sowohl Fleisch als auch zuckerhaltige Produkte gehören mehr und mehr zum Angebot – allerdings grundsätzlich aus biologischer Erzeugung. Ideologische Vorbehalte von Vegetarierinnen oder stark gesundheitsorientierten Kunden wie zum Beispiel von Anhängern der Vollwert- oder Rohkost, spielen nun kaum noch eine Rolle. »Früher wandte sich die Bio-Welt gegen eine satte Gesellschaft, agierte selbstloser, nun wird Bio schick, es gilt als gesünder und passt gut zu einem modernen Lebensstil. Damit stand nun auch der Egoismus mehr im Vordergrund«, erinnert sich Ulrich Walter.

1991 erlässt die Europäische Gemeinschaft die EG-Öko-Verordnung. Damit werden erstmals allgemeingültige Regeln aufgestellt, wie Bio-Lebensmittel produziert, kontrolliert, gekennzeichnet und importiert werden sollen. Der Bund Ökologische Lebensmittelwirtschaft (BÖLW) bezeichnet später die Verordnung als »Grundgesetz« für die Bio-Branche. Sie soll den fairen Wettbewerb unterstützen und den Verbraucherinnen und Verbrauchern garantieren, dass da, wo Bio draufsteht, auch Bio drin ist. Das EG-Bio-Recht gilt für pflanzliche und ab 1999 auch für tierische Lebens- sowie Futtermittel aus ökologischer Landwirtschaft. Der Bundesverband Naturkost und Naturwaren (BNN) ist an der Ausarbeitung der Verordnung beteiligt, erzählt Elke Röder, die bis zum Frühjahr 2020 Geschäftsführerin beim BNN ist. »Vieles Wichtige wurde umgesetzt. Die Verordnung ist praxisnah und setzt Maßstäbe bei der Qualitätssicherung.« Doch die neue Verordnung hat auch Schattenseiten. »Insbesondere nach der letzten Novellierung, die 2022 in Kraft treten soll, liegt die Messlatte nun sehr hoch, und einige können sich gut

Mitgliederversammlung des BNN, im Bild u.a.: zweite Reihe hockend, dritte von links Roswitha Weber und zweite von rechts Elke Röder, erste Reihe stehend ganz links Ulrich Walter, 1993 © BNN

profilieren, andere dagegen können nun nicht mehr mitmachen«, sagt Ulrich Walter und kritisiert, dies sei die Schuld von Bio-Verbänden, die hier in bester Absicht einen unguten Wettbewerb angekurbelt hätten. »Nach außen sieht es nicht so aus, aber unter der Decke wird hart gekämpft, und es gibt wenig Einigkeit.«

Das Problem liegt schon in den Anfängen der Bio-Verordnung, meint Ulrich Walter. In dem verständlichen Wunsch, sich deutlich von der konventionellen Lebensmittelproduktion zu unterscheiden, hatten die europäischen Bio-Verbände Vorschläge gemacht, die teilweise in der praktischen Umsetzung eher zur Behinderung wurden. Umgekehrt hatten sich die Lobbyisten der konventionellen Lebensmittelwirtschaft intensiv bemüht, die Messlatte für Bio möglichst hoch zu legen, damit es ihnen nicht zur Konkurrenz wird. »In dieser diffusen Gemengelage hat dann die Politik den für sich bequemsten Weg gewählt, alles immer unter dem Aspekt des Verbraucherschutzes, dem sich wohl kaum jemand traut zu widersprechen.«

Heute nicht mehr so recht davon überzeugt, dass es richtig war, »der EU und den Kontrollbehörden in den Bundesländern die Definitionshoheit über die ökologische Landwirtschaft zu überlassen«, ist Steffen

Reese, Geschäftsführer von Naturland. »Das bringt Vorteile, aber auch sehr viele Nachteile. Häufig geht es nicht mehr um fachliche Inhalte und um die Weiterentwicklung des ökologischen Landbaus, sondern um die politischen Interessen der Staaten. Aber auch wir waren damals froh, dass nun nicht mehr jeder einfach auf seine Produkte Bio draufschreiben durfte. Doch könnte man die Uhr zurückdrehen, sollte man es heute anders machen.« Dies sagt Reese auch vor dem Hintergrund, dass mit der letzten Novelle der Verordnung, die voraussichtlich 2022 in Kraft treten wird, die Produzenten nachweisen müssen, dass keinerlei Schadstoffe in ihren Produkten sind. Was quasi ein Ding der Unmöglichkeit ist, solange konventionelle und Bio-Landwirte eng nebeneinander wirtschaften (siehe auch Kapitel 2020er Jahre).

Was hätte man anstelle der EG-Öko-Verordnung in den 90ern stattdessen machen sollen? »Besser wäre gewesen, wenn der Öko-Landbau alleine in der Definition der Öko-Erzeuger geblieben wäre«, meint Reese. Der Ansatz hierzu habe in der Arbeit des Dachverbandes IFOAM bestanden, der mit dem eigenen Standard eine internationale Grundlage erarbeitet hatte. »Das hätte man anerkennen und vertiefen sollen.«

Während die EG mit ihrer Verordnung nun den gesetzlichen Standard festgelegt hat, gehen die privaten, von den Bäuerinnen und Bauern getragenen Anbauverbände darüber hinaus – teils weit. So verlangen diese beispielsweise, dass der gesamte Betrieb auf Bio umgestellt sein muss, beschränken die Menge zugelassener Zusatzstoffe in der Verarbeitung stärker oder schreiben noch schärfere Regeln für die Tierhaltung und -fütterung vor.

Titelbild des Spiegel Nummer 13, 1996, zum Rinderwahn

Apropos Tierhaltung: Bereits Anfang der 1990er Jahre werden im Kreis Segeberg in Schleswig-Holstein erste Verdachtsfälle von Rinderwahnsinn (BSE) bekannt. Die bis 1994 auf 24 angestiege-

Götz Rehn im ersten Alnatura-Laden, Mannheim, 1987
© Alnatura

nen Fälle werden jedoch nicht eingehend untersucht. Die damals dort tätige Tierärztin und Expertin für Fleischhygiene Margrit Herbst geht mit ihren Befunden an die Öffentlichkeit und wird fristlos entlassen. Zwischen 2001 und 2006 werden die Fallzahlen auf bis zu 125 im Jahr steigen. Ab dann kann man nichts mehr vertuschen, zumal die Medien diesen Lebensmittelskandal stark thematisieren. Für die Ökolandwirte ist der Skandal Wasser auf ihre Mühlen.

Professioneller und trotzdem noch sich selbst genug

Zur Professionalisierung der Bio-Branche gehört auch, dass ihre Messe nun von »Müsli« in »Biofach« umbenannt und mit steigenden Aussteller- und Besucherzahlen zunehmend anspruchsvoller gestaltet wird. Sie zieht durch verschiedene Städte Süddeutschlands und NRW, mehrfach findet sie in der Messe Frankfurt statt. Ab 1999 ist die Messe fest in Nürnberg etabliert.

Nachdem Alnatura bereits 1987 den ersten Bio-Supermarkt in Mannheim eröffnet, begeht 1993 Michael Radau in Münster denselben »Tabubruch«. Nicht alle in der Branche sind begeistert, Radau muss sich einiges anhören. »Doch etliche, die ja schimpften, gingen später einen ganz ähnlichen Weg wie ich.« Die Schleuse ist nun endgültig geöffnet.

Bio ist gesetzlich geregelt, und so zeichnet sich verstärkt ein interessanter Markt ab, den auch die großen Handelsketten bearbeiten, indem sie Bio ins Sortiment aufnehmen. Jetzt begreifen sie den Bio-Fachhandel zunehmend als Konkurrenz und verhalten sich ihm gegenüber auch so. Das bekommt auch Radau zu spüren: »Bis dahin war es kein Problem gewesen, Standorte für neue Geschäfte zu bekommen, doch ab Mitte der 90er Jahre wurde es schwieriger, da die Großen auf Bestandschutz pochten.« Der Trend geht weiter zu größeren Flächen und Filialisierung.

Übrigens: Es gibt durchaus auch Pioniere bei den konventionellen Handelshäusern, die sich dafür einsetzen, Bio-Produkte zu vermarkten. dm und tegut geben in Kooperation mit Alnatura Bio-Produkten schon Mitte der 80er eine Chance, stellen die Produkte in die Regale. Rewe fängt ebenfalls recht früh damit an. Bis heute aber sind die Gräben zwischen den Vertriebswegen tief, wenn auch hin und wieder Brücken gebaut werden (siehe Kapitel 2000er Jahre).

In den 90er Jahren geht die Bio-Branche zwar viele Schritte, um weiter an Größe, Bedeutung und Einfluss zu gewinnen, doch noch immer »war der Blick vor allem nach innen gerichtet«, sagt Thomas Dosch, ehemals langjähriger Präsident von Bioland. »Wir wollten vieles besser machen, als es in der konventionellen Landwirtschaft üblich war, aber in die Auseinandersetzung gingen wir möglichst nicht. Die Anfeindungen waren kräftezehrend, und so vermieden wir die Konfrontation so gut es ging.« Also auch die Bio-Branche scheint sich, wie viele andere gesellschaftliche Gruppen, wohl zu fühlen in ihrer Nische. Man bewegt sich zu sehr in der eigenen Echokammer, der Hall dort ist angenehm und vertraut. Doch es ist der Missklang, der einen zwingt, die Dinge mal von einer anderen Seite zu sehen. Aus heutiger Sicht ist das wahrscheinlich ein Fehler, der nur ganz langsam korrigiert wird. Auch zu Beginn der 2020er Jahre halten sich Akteure der Branche in der Außendarstellung stark zurück. »Unsere Branche gibt sich immer noch nicht richtig zu erkennen«, bemängelt Roswitha Weber, Chefin des Unternehmens Biogarten. »Wir müssen noch viel mehr nach außen gehen und zeigen, wer wir sind und wofür wir stehen.«

1997 wagt der Anbauverband Demeter den Schritt auf internationales Parkett und gründet Demeter International. Naturland geht diesen Weg schon Ende der 80er Jahre. Ebenfalls 1997 wird die internationale

Fairtrade Labelling Organizations International (FLO) mit Sitz in Bonn gegründet, die internationale Dachorganisation für fairen Handel. Das rückt das Thema Fairer Handel verstärkt auf die Agenda – auch der Bio-Branche.

Neu: Lieferdienste

Auch in den 90ern gibt es neue Geschäftsideen. So gründet zum Beispiel in Reichelsheim, Hessen, Thomas Wolff den Bio-Lieferdienst Querbeet und beliefert Kunden im Rhein-Main-Gebiet vor allem mit den Produkten des eigenen Hofs. Daneben ist Querbeet auf den Wochenmärkten in der Region vertreten. »Arbeiten im Biosektor garantiert einem Start-up-Unternehmen nicht unbedingt den kometenhaften Aufstieg, aber für mich persönlich hat sich hier der Sinn meines Lebens mit meinem täglichen Tun auf ideale Weise verbunden«, sagt Wolff,* der damals seinen Job als Speditionskaufmann aufgibt, um Bio-Unternehmer zu werden, 25 Jahre später. Dieser Satz des heute mit 65 Mitarbeiterinnen und Mitarbeitern und einem Jahresumsatz von fünf Millionen Euro sehr erfolgreichen Geschäftsmannes hätte auch aus dem Mund von Ulrich Walter stammen können. Ulrich Walter, Roswitha Weber, Thomas Wolff und viele andere, die Bio-Unternehmen gründeten, haben nicht als Erstes nach den möglichen Gewinnen gefragt. Sie wollten tun, wovon sie überzeugt waren. Was richtig und wichtig ist, für die Umwelt, für die Gesellschaft und für sie selbst. Und diejenigen, die es schaffen, ihren heißen Idealismus auf produktive Art und Weise mit kühlem Geschäftssinn zu verbinden, werden auch ökonomisch erfolgreich. Bio-Lieferdienste gibt es inzwischen überall in der Republik.

Neue Bundesländer schließen auf

In den neuen Bundesländern können die Protagonisten des ökologischen Landbaus, die sich im Verein GÄA versammelt haben, durchstarten. Der Verein hat jetzt Geld, um Stellen für qualifizierte Mitarbeite-

* FAZ, 22. Februar 2018, www.faz.net/aktuell/karriere-hochschule/buero-co/nachhaltig-fuehren-faire-unternehmen-faire-chefs-15451157-p2.html, abgerufen am 9. Juni 2020

rinnen und Mitarbeiter zu finanzieren. Zwölf Betriebe beginnen damit, Ökolandwirtschaft zu betreiben und die Produkte zu vermarkten. Das ist die Geburtsstunde des Bio-Landbaus in Ostdeutschland. Kornelia Blumenschein ist damals eine derjenigen, die diese Entwicklung aktiv vorantreiben. Sie beschreibt die Situation so: »Damals gab es nichts. Ich habe als Vermarktungskoodinatorin bei GÄA angefangen und dann am Telefon gesessen. Dann habe ich Stück für Stück eine Kuh an Altersheime und ähnliche Einrichtungen verkauft, das kann man sich heute gar nicht mehr vorstellen.« Mit GÄA einen eigenen Verband zu haben war für die neuen Länder wichtig, denn um überhaupt Ansätze im Osten für den Ökolandbau zu finden, muss man die Situation in der Landwirtschaft vor Ort sehr gut kennen. Und die unterscheidet sich damals deutlich von der im Westen.

Nachdem vormals staatseigene landwirtschaftliche Flächen wieder an ihre ursprünglichen Besitzer übertragen worden sind, gibt es für viele, die bisher als Lohnarbeiter in der Landwirtschaft gearbeitet hatten, die Chance, eigenes Land zu bewirtschaften. Manche nutzen das für den Ökolandbau. Doch nicht immer gleich erfolgreich. Viele bauen zunächst nur Getreide an und kommen damit nicht so recht auf einen grünen Zweig. 1992 dann kauft eine westdeutsche Bio-Firma eine Keksfabrik in Sachsen und stellt die Produktion auf Bio um. Damit können einige 100 Tonnen Bio-Getreide direkt vor Ort verarbeitet werden. Immerhin. »Doch heute«, so Kornelia Blumenschein, »sehe ich in den ostdeutschen Bundesländern bunte Betriebe, die auch perfekt Kartoffeln und Gemüse anbauen.« Die Vertriebsstrukturen in den neuen Bundesländern sind heute, 2020, vergleichbar mit denen in Westdeutschland und es gibt Landesverbände von GÄA.

Bios streiten gerne unter sich

Blumenschein erinnert sich auch an ein Gespräch mit dem damaligen Landwirtschaftsminister von Sachsen, der sagte: »Frau Blumenschein, wir wollen den Ökolandbau, wir unterstützen Sie, aber bitte lassen Sie keinen Ökokrieg zu.« »Das habe ich mir immer gemerkt«, sagt sie. »Und dabei ist das Ziel nicht einfach in der Branche, also es ist nicht nur Harmonie, das habe ich dann später gelernt. Es ist eine unheimlich individuelle Branche – so soll es ja auch sein, davon lebt die ja auch – und da gibt es Kämpfe.«*

Die Situation in der Bio-Branche, deren Protagonisten ja zu einem großen Teil aus der alten Friedens-, Frauen- und Umweltbewegung kommen, ist vergleichbar mit der in vielen links-grün, sozial und ökologisch orientierten Organisationen. Man streitet sich gerne, viel und leidenschaftlich untereinander, sucht immer die »Verräter« im eigenen Lager, statt sich mit der eigentlichen Konkurrenz auseinanderzusetzen, die Unterschiede zwischen konventioneller Land- und Ernährungswirtschaft auf den Punkt zu bringen sowie den eigenen Beitrag für eine nachhaltige Landwirtschaft unmissverständlich zu klären und zu erklären. Der Streit geht vor allem immer darum, wer sich wie weit von den Prinzipien der Gründerzeiten entfernt. Welche Zugeständnisse darf man mit dem Angebot an Produkten an die kulturellen Veränderungen der Gesellschaft und die damit verbundenen Käuferwünsche machen? Wie groß darf man werden, sind Bio-Supermärkte o.k. oder nicht?

Ulrich Walter will nun mehr als Bio

Ulrich Walter ist mit seinem Unternehmen nun auch Mitglied im 1988 gegründeten Bundesverband Naturkost Naturwaren (BNN) sowie bei IFOAM, da er ja stark international tätig ist. 1993 lässt er Lebensbaum sofort nach der neuen EG-Öko-Verordnung zertifizieren.

Walter hat die sozialen Aspekte seines Handelns im Blick: Er achtet auf die Interessen seiner Beschäftigten ebenso wie auf die seiner Lieferanten oder Geschäftspartner. Nun kommt er mit dem Konzept der Nachhaltigkeit in Berührung. »Anfang der 90er hörte ich auf einem Kongress in Baltimore erstmals von Sustainability und begann mich genauer damit zu beschäftigen. Ich wollte verstehen, was damit überhaupt gemeint ist, ob es zu meinen persönlichen Auffassungen passt und, wenn ja, was das für mein Geschäft praktisch bedeuten könnte. Bis

* Helma Heldberg: Die Müsli-Macher, 2008, S. 124

Ulrich Walter im damals einzigen Büroraum von Lebensbaum, 1990

daraus dann ein Gesamtbild entstand, dauerte es jedoch eine Weile«, erzählt Walter.

Später tritt er dann bei B. A. U. M. ein, dem 1984 gegründeten Bundesdeutschen Arbeitskreis für Umweltbewusstes Management, ein Verein, der damals, wie der Name schon sagt, stark auf Umweltmanagement konzentriert und heute ein Netzwerk für nachhaltiges Wirtschaften ist. Walter will hier von anderen Unternehmen lernen, ist jedoch auch etwas enttäuscht, denn die meisten dort denken, es gehe primär um technische Lösungen: »Ich aber war der Meinung, es gehe um viel mehr, um einen grundsätzlichen gesellschaftlichen Wandel. Trotzdem musste ich für mich selbst erst einmal in eine Lernkurve, sodass sich aus vielen Puzzleteilen allmählich ein Bild zusammensetzte. So geht es mir eigentlich noch immer. Zunächst spüre ich, dass es um etwas geht, dann sehe ich schemenhaft einzelne Teile wie durch eine Milchglasscheibe. Zunehmend werden die Teile sichtbarer und es entsteht ein Bild. Ich habe oft gesagt, dass ist wie eine Art Schwangerschaft.«

Der Vorsitzende von B. A. U. M., Maximilian Gege, stellt Walter die simple Frage: ›Wie arbeitest Du? Was ist Deine Vision?‹ »Darüber habe ich nachgedacht und beantwortete mir die Frage, indem ich mir vornahm, die Arbeit meines Unternehmens in jeder Hinsicht noch konsequenter nach den Prinzipien der Nachhaltigkeit auszurichten.« Als erstes Unternehmen der Branche unterzieht sich Lebensbaum nun einem Umwelt- und Qualitätsaudit. Managementsysteme erfordern stark formalisierte Prozesse. Viele andere wollen so was zu der Zeit noch nicht. Das riecht für sie zu sehr nach konventioneller Ökonomie. Ulrich Walter aber weiß: »Wir Deutsche brauchen doch immer einen offiziellen Stempel, sonst glauben wir den Aussagen der Produzenten nicht so recht. Deshalb sind auch für uns Qualitätssiegel wichtig.« Dennoch geht Walter einen anderen als den damals üblichen Weg: Er will für die ISO 9001 keinen aufwendigen schriftlichen Bericht, keine Regale voll mit Dokumenten, er will sein Managementhandbuch online haben. Es dauert länger, bis er einen Auditor findet, der sich auf das noch ungewöhnliche Verfahren einlassen will. Und auch die Industrie- und Handelskammer spielt zunächst nicht so recht mit. Doch schlussendlich gelingt das Projekt. Über zwei Jahrzehnte später wird bei Lebensbaum mittels einer Management-Software sichergestellt, dass sämtliche Änderungen bei den Mitarbeitern als E-Mail auf dem PC erscheinen, damit alle zeitnah auf dem aktuellen Stand sind. Auch in dieser Hinsicht ist Ulrich Walter offenbar ein Pionier seiner Zeit und innerhalb der Bio-Branche. Als erstes Bio-Unternehmen lässt er 1997 Lebensbaum nach dem europäischen Umweltmanagementsystem EMAS zertifizieren. Später wird das Qualitätsmanagement nach ISO 9001 durch das Qualitätsmanagementsystem IFS ersetzt, dass der Handel stärker favorisiert. In dessen »Rahmen durchlaufen die Lebensbaum-Produkte über alle Stufen einen festgelegten Prüfplan. Alle chemischen und mikrobiologischen Analysen werden von bekannten, akkreditierten Laboren durchgeführt«, heißt es von Lebensbaum. Aufwendig sollen die Managementsysteme auf keinen Fall sein, aber sie sollen vollständige Transparenz über die Lieferkette liefern »vom Feld bis zum fertigen Produkt, das bildet die Grundlage unserer Qualitätsarbeit. Unsere Anforderungen an unsere Lieferanten gehen weit über gesetzliche Vorgaben hinaus«, so Walter. Lebensbaum ermuntert nämlich seine Lieferanten zusätzlich zum ökologischen Anbau, auch soziale und ökologische Projekte zu initiieren

Rosi Fritz im »Gläsernen Gedächtnis«, dem Rückstellmusterlager von Lebensbaum, 2004

oder zu unterstützen, wie zum Beispiel Maßnahmen zur Wiederaufforstung oder für die Bildung von Kindern.

Nachhaltig wirtschaften in allen Bereichen

Nachhaltig wirtschaften, das heißt für Lebensbaum, hochwertige Produkte, ökologisch konsequente Herstellung, anständiger und fairer Umgang mit allen Beteiligten in der Wertschöpfungskette, Prozesse so effizient und transparent wie möglich gestaltet.

Kurz: alles so gut wie irgend möglich zu machen. Das gilt auch für die Hygiene. Friedhelm Hinsenhofen und seine Frau Angelika übernehmen in den 90er Jahren eine Gebäudereinigung in Barnstorf bei Diepholz, und als es darum geht, Lebensbaum als Kunden zu gewinnen, sagen ihnen ihre Mitarbeiter: »Die sind so kompliziert«, sind wenig begeistert und raten ab. Soll heißen: Lebensbaum hat extrem hohe Ansprüche an die Hygiene. »Ich aber sagte: Ist doch gut, denn wenn wir Lebensbaum können, können wir alles andere auch«, erklärt Friedhelm Hinsenhofen und nimmt den Auftrag an. »Ulrich Walter gab sich nur mit den höchsten Hygienestandards zufrieden. Was er wollte, ging deutlich über das gesetzlich Vorgeschriebene hinaus, und so mussten wir viel investieren, um dem gerecht werden zu können. Er war sehr sicherheitsorientiert und wollte Vorreiter in seiner Branche sein.« Denn

Von links: Ulrich Walter, Angelika und Friedhelm Hinsenhofen mit Sohn Christian

Walter weiß: In der Lebensmittelbranche ist es das A und O, dass die Produkte absolut einwandfrei sind. Eine Verunreinigung kann einem Unternehmen Kopf und Kragen kosten. Und besonders bei den Bio-Betrieben schauen alle ganz genau hin. Da gibt es nicht wenige, die sich hämisch freuen, wenn gerade hier etwas schiefgeht. Das gehört zu den Ungerechtigkeiten und Gemeinheiten dieser Welt: Wer den Kopf nach oben streckt und sagt, dass sie oder er es besser machen will als andere, der steht dann bei einer Verfehlung viel heftiger unter Beschuss als alle anderen, die nicht so ehrgeizig sind. Wie sang der ostdeutsche Liedermacher Gerhard Gundermann so schön: »… und wer den Kopf zu weit oben hat, der find' seine Ruhe nicht.«

Auch die Gebäudereinigung der Hinsenhofens ist ein Unternehmen, das sich sehr mit Umweltschutz und Corporate Social Responsibility (CSR), also dem sozial verantwortlichen Wirtschaften, auseinandersetzt. Auf diesem Gebiet – und auch sonst – verstehen sich das Unternehmerehepaar und Ulrich Walter sehr gut. »Von Ulrich Walter haben wir sehr viel gelernt. Er agiert nüchtern und stringent, ist ein knallharter Kaufmann. Er hat uns immer wieder ermutigt, auf unserem Weg zu bleiben, nicht nachzulassen, auch wenn es mal schwierig wurde. Lebensbaum ist ein Leuchtturm in der Branche und war immer unser Mentor und Vorbild«, so Friedhelm Hinsenhofen heute.

So gut wie möglich heißt für Walter auch ohne Gentechnik. »Gentechnik lehnen wir konsequent ab. Sie bedeutet einen nicht umkehrbaren Eingriff des Menschen in natürliche Kreisläufe und bedroht die Vielfalt der Arten. Nicht zuletzt untergräbt Gentechnik gewachsene bäuerliche Strukturen und bringt so viele Landwirte in wirtschaftliche Abhängigkeit von einzelnen Firmen. Das ist mit unseren Werten nicht vereinbar«, so lautet das Credo des Unternehmens.

»Ein Eingriff in die Natur durch vollständige Veränderung der Gene ist irreversibel und kann daher nicht kontrolliert werden«, sagt Ulrich Walter. »In fast allen Fällen geht es ums Geschäft, und zwar um das weniger Konzerne. Warum, um Himmels willen, soll die Menschheit sich von multinationalen Konzernen abhängig machen? Dem Argument, nur so könne die wachsende Erdbevölkerung langfristig ernährt werden, kann man vieles entgegenstellen. So gibt es Studien, die aussagen, dass intensivste Formen der Landwirtschaft auf Dauer zu geringerer Produktion führen, weil die Böden ermüden. Außerdem fehlt es bei vielen Landwirten an guter Ausbildung – und nicht zu vergessen, die enorme Vernichtung von Lebensmitteln. Etwa 70 Prozent aller Landwirte auf der Welt sind Kleinbauern. Sie können sich die totale Abhängigkeit von Agrarkonzernen, die das patentierte Saatgut und den dafür benötigten Chemiecocktail liefern, nicht leisten. Steigen sie dennoch ein und eine Ernte geht vollständig verloren, sind sie pleite. In Indien zum Beispiel bringen sich jährlich viele Kleinbauern aus eben diesen Gründen um.« Dies ist ein Thema, bei dem der sonst so ruhige und zurückhaltende Walter richtig emotional werden kann, denn er kennt die Realität und die Probleme der Landwirte in den Anbauländern nur zu gut.

Menschenrechte – hier heißt es Augenmaß bewahren

Ulrich Walter importiert alle seine Rohwaren aus nachhaltigen Lieferketten, das ist ein nicht immer einfach zu definierendes Thema. Nehmen wir das Beispiel Kinderarbeit, oft heftig und kontrovers diskutiert: Natürlich ist es nicht akzeptabel, wenn Kinder, statt in die Schule zu gehen oder spielen zu können, in Minen schuften, Steine klopfen oder

Abfüllung loser Tee Anfang der 1990er

auf Kokosbäume klettern müssen. Doch manchmal wird das schlichte Verbot von Kinderarbeit der Lebensrealität vor Ort einfach nicht gerecht. Ein Beispiel: Auf Kaffeeplantagen arbeiten oft Saisonarbeiter während der Ernte. Viele Plantagenbesitzer lassen aus Kostengründen nur die Männer kommen, damit sie deren Familien nicht mitverpflegen müssen. Das aber ist ganz schlecht für die sozialen und familiären Strukturen. Auf den Plantagen, mit denen Ulrich Walter zusammenarbeitet, wird das anders gehandhabt, die Familien können dort zusammen leben. Dies wiederum bedeutet aber, dass auch die Kinder, um nicht allein zu sein, mit auf dem Feld sind und auch mal den Eltern helfen, wenn sie dafür alt genug sind. Ist das nun Kinderarbeit, die man unterbinden muss? Oder eine soziale und kulturelle Gegebenheit, die es zu achten gilt? Die Ernte findet in Zeiten der Schulferien statt. Die Eltern können ihre Kinder während der Zeit in den Kindergarten oder die Obhut der Schule geben, die dafür extra offengehalten wird. Letztendlich entscheiden sie das aber selbst. »Das Beispiel zeigt, wie komplex die sozialen Zusammenhänge sind und dass man das sehr differenziert betrachten muss«, so Walter.

Die Finca Irlanda in Mexiko wird sich Jahre später freiwillig einem staatlichen Programm unterziehen, das sich gegen gewerbliche Kinderarbeit richtet und das es seit einigen Jahren in Mexiko gibt. Mehrmals wird ihr das Zertifikat »Frei von Kinderarbeit« erteilt werden. Eine zur Finca gehörende Stiftung, die mit den Behörden kooperiert, überwacht, dass alles eingehalten wird.

Den Bioladen, mit dem alles anfing, betreiben die Walters noch bis 1993 in Diepholz. Die Nachfolger sind damit allerdings nicht so lange erfolgreich, obwohl Angela Walter sich bereit erklärt, weiterhin mit Rat und Tat zur Seite zu stehen. Heute gibt es ihn nicht mehr. Im selben Jahr zieht das bisher in Rehden und Umgebung auf mehrere Standorte verteilte Unternehmen in Diepholz unter einem Dach zusammen. Um der steigenden Nachfrage Herr zu werden, schafft Ulrich Walter 1997 die erste vollautomatische Verpackungsanlage an. »Mitarbeiter, die gerne

Anlieferung der ersten vollautomatischen Abfüllanlage für Gewürze, 1997.
Die Anlage war bis 2018 noch bei Lebensbaum in Gebrauch.

mit Technik umgehen, hatten ihre Freude daran«, erinnert er sich. Ende des Jahrzehnts arbeiten bei Lebensbaum schon 35 Beschäftigte.

Die 2000er Jahre

Die 2000er Jahre: 9/11 und die Folgen, Klimaschutz wird großes Thema, Deutschland versucht eine Agrarwende, Bio wächst mit Zugeständnissen und Ulrich Walter sammelt Preise

Das neue Jahrtausend beginnt mit einem der gravierendsten und folgenreichsten Ereignisse der neueren Geschichte: mit den Anschlägen des Terrornetzwerkes Al Qaida am 11. September 2001 auf das World Trade Center und das Pentagon in den USA. Rund 3000 Menschen kommen dabei ums Leben. Ulrich Walter sitzt gerade im Auto, als im Radio die Meldung kommt. »Ich kam von unserer damaligen Werbeagentur. Wir hatten ein schwieriges Gespräch, weil sich Lebensbaum von der Agentur trennen wollte. Ich war noch ganz in Gedanken und ließ die Meldung vom Attentat nicht gleich an mich heran. Dann aber begriff ich. Und war zutiefst geschockt über so viel Brutalität. Ich musste erst mal anhalten. Meine Gedanken waren total verwirrt, so wie ich es zuvor noch nicht erlebt hatte. Alle Hoffnung, unsere Welt nachhaltiger gestalten zu können schien dahin. Wie sollte man danach wieder zur Normalität zurückkehren können? So schoss es mir durch den Kopf. Ein sehr beklemmendes Gefühl, an das ich selbst heute immer noch mal wieder zurückdenke. Ein ganz besonderes Erlebnis hatte ich bald danach auf einem Flug nach Mexiko. Der Flieger flog direkt über das riesige Loch, dass die Terroristen als nie vergessende Wunde geschlagen hatten. Ich war sehr erstaunt, dass ein solcher Überflug überhaupt gestattet wurde. Es war aber wichtig für mich, um wirklich zu verstehen. Meine arabischen Freunde waren übrigens ebenso schockiert wie ich sowie die meisten Menschen der zivilisierten Welt. Sie sahen eine

Welle der Aggression auf sich zukommen. Keineswegs hat diese Art des Terrorismus etwas mit dem Islam zu tun, und auch der Koran gibt dafür keine Rechtfertigung.«

Auch ich, die Autorin, denke damals voll Sorge, die Welt werde nicht im gemeinsamen Bemühen um Nachhaltigkeit zusammenwachsen, sondern sich weiter polarisieren. Leider behalte ich recht. In der Tat wird Außenpolitik, insbesondere in den USA, noch mehr von militärischen Maßstäben bestimmt: Aggression wird mit Aggression beantwortet, Stabilität verliert an Gewicht. Die USA führen Krieg in Afghanistan, um den Anführer von Al Qaida, Osama Bin Laden, zu fassen. 2003 dann der Krieg im Irak gegen Saddam Hussein, gefährliche und gewalttätige Spannungen zwischen der muslimischen und der westlichen Welt bestimmen die kommenden Jahre.

In diesem Jahrzehnt steigt China zu den führenden Industrienationen auf und wird zu einem Konkurrenten für die bisherigen ökonomischen Schwergewichte USA und Europa. Auch Indien wird langsam vom Westen als Wirtschaftsmacht ernst genommen. Das wirtschaftliche Wachstum des riesigen Chinas zeigt sich der Welt vor allem in dessen immenser Nachfrage nach Rohstoffen und im Export von unendlich vielen Billigstprodukten. Bald wird man von Land Grabbing sprechen, weil sich unter anderem China vor allem auf dem afrikanischen Kontinent den Zugang zu Rohstoffen sichert, in dem es ganze Landstriche aufkauft.

Das kollektive Gedächtnis prägt der erste außergewöhnliche Sommer 2003 mit einem lange anhaltenden Hitzestress in Europa: wochenlang Temperaturen von meist über 35 Grad und über 20 000 hitzebedingte Tote. Ein für viele bestürzendes Erlebnis, das eine deutliche Ahnung aufkommen lässt, was Klimawandel real bedeutet. Verstörend auch 2004 der Tsunami, ein Erdbeben im Indischen Ozean, das riesige Wellenberge über Indonesien und Thailand hereinbrechen lässt. Mehr als 300 000 Menschen kommen ums Leben, schätzt man. Ihre genaue Zahl kann nie ermittelt werden.

Jahrzehntelang mussten sich die Klimawissenschaftler vorhalten lassen, sie predigen das Unglück, ohne dass es wirklich auftaucht. Das ändert sich jetzt. Weil es weltweit immer häufiger zu teilweise verheerenden Unwettern kommt, rücken Klimawandel und Klimapolitik in der zweiten Hälfte dieses Jahrzehnts höher auf der Prioritätenliste der politischen Agenden. Europa bleibt energiepolitisch gespalten. In Deutschland nehmen die erneuerbaren Energien aus Sonne, Wind und Biomasse Fahrt auf. Finnland baut ein Atomkraftwerk, Großbritannien beginnt auch damit. Ungarn und andere Staaten liebäugeln mit russischer Atomtechnik.

Was ist politisch und ökonomisch noch wichtig in diesem Jahrzehnt? Die Vereinten Nationen beschließen die Millennium Development Goals, die Entwicklungsziele, die leider nie richtig fliegen lernen.

2006 veröffentlicht Nicholas Stern, ehemaliger Chefökonom der Weltbank, seinen Klimareport. Die Botschaft: Nichts tun ist teurer als ambitionierter Klimaschutz. Danach sind Weltklimakonferenzen nicht mehr der Ort von billigen Ergebenheitsadressen und diplomatischen Spielchen. Stern hat den Schalter auf ›ernst‹ gelegt. Klimaökonomie rückt einen Rang höher, bis dann alles wieder anders wird. Die US-amerikanische Immobilien-Spekulationsblase platzt und löst eine weltweite Wirtschaftskrise aus. Was der Bush-Regierung die Kriege finanzierte, wird nun auch zum Problem der deutschen Wirtschaft. Klimaschutz muss wieder abtreten. Die Klimakonferenz in Kopenhagen 2009 ist ein Flop.

Europa führt 2002 den Euro als Gemeinschaftswährung ein, seit 2007 leben global mehr Menschen in den Städten als auf dem Land, und 2007/2008 kommt es zu einer weltweiten Wirtschaftskrise.

Globalisierung wird zum Reizthema

Mit der Globalisierung gibt es immer mehr Geldreichtum in der Welt, Geld, für das renditeträchtige Anlagen gesucht werden. Statt in die reale Ökonomie zu investieren, entdecken viele, dass man immense Summen Geld mit Geld verdienen kann, häufig in hochriskanten, spekulativen Geschäften. Die Regierungen schauen dem Treiben tatenlos zu oder unterstützen es gar, weil es ihrem neoliberalen Credo entspricht. Die Finanzmärkte führen ein Eigenleben. Die Idee, dass die Finanzwirtschaft der Realwirtschaft zu dienen habe, ist tot. Stattdessen führen die Investmentbanker das Regiment. In der Konsequenz dieses gierigen und unverantwortlichen Irrsinns platzt in den USA Ende des Jahres 2007 eine Immobilienblase. Eine weltweite Bankenkrise ist die Folge, in der unter anderem die US-amerikanische Investmentbank Lehman Brothers zu Boden geht. Auch andere Volkswirtschaften sind davon betroffen. Damit nicht noch mehr Banken Pleite machen, beschließen etliche Länder ihre Geldinstitute durch staatliche Eingriffe mit Krediten zu versorgen. Mit den »Rettungsschirmen« verschulden sich die Staaten in Europa. Der Staatenbund wird angreifbar, die Spekulanten schlagen an der schwächsten Stelle zu: in Griechenland. Das führt zur »Eurokrise«.

Globalisierung ist das große Schlagwort dieses Jahrzehnts, an ihr scheiden sich die Geister. Im Netzwerk von Attac (Association pour la taxation des transactions financières et pour l'action citoyenne, 1998 in Frankreich gegründet) versammeln sich nun auch die deutschen Globalisierungskritiker. Sie bekommen im Laufe der Jahre immer mehr Unterstützung, bis hinein in konservative Kreise. Attac setzt sich vor allem für eine sogenannte »Finanzmarkttransaktionssteuer« für börsliche und außerbörsliche Finanzgeschäfte ein, mit der das Gebaren der Finanzwirtschaft im Zaum gehalten werden soll. Aber erst 2019 werden sich zehn EU-Länder darauf verständigen, 2021 eine solche Steuer einzuführen – allerdings nur auf den Kauf und Verkauf von Aktien. Anders als oft behauptet, wenden sich die Globalisierungskritikerinnen nicht gegen globale ökonomische Strukturen schlechthin, sondern gegen nicht nachhaltige Auswüchse.

2008 wird der Demokrat Barak Obama als erster Afroamerikaner zum Präsidenten der USA gewählt. Mit ihm verbinden sich weltweit große Hoffnungen auf Frieden, Demokratie und Toleranz. Ein Jahr später treten der Vertrag von Lissabon und die Charta der Grundrechte der Europäischen Union in Kraft; mit diesen Regelwerken wird die EU weiter gefestigt.

Digitalisierung beeinflusst die junge Generation

Kulturell tut sich so einiges in dieser Dekade: Die digitalen Medien sind nun aus dem beruflichen und privaten Alltag nicht mehr wegzudenken: Flächendeckend setzt sich das Internet auch im privaten Bereich durch und wird nun auch immer mehr über Mobilfunk genutzt, denn das Handy wird ebenfalls zum Massenprodukt und entwickelt sich mit dem Smartphone zum kleinen Computer; Tablets bereichern die Produktpalette der Informationstechnologien, Apps werden erfunden.

Zunächst besonders bei jungen Leuten werden die sogenannten »Sozialen Netzwerke« wie Facebook, Twitter oder in Deutschland StudiVZ populär und bestimmen künftig in großem Maße die Kommunikationskultur der Gesellschaft insgesamt. Zunehmend beginnen sich »Blogs« online als Journalismus- und -Meinungsmedien durchzusetzen. YouTube wird die populärste Video-Plattform der Welt, beeinflusst die Musikwelt. Anfang 2001 wird die Online-Enzyklopädie Wikipedia gegründet, die nun die gedruckten Lexika ablöst* und den Menschen überall Zugang zum Wissen der Welt verschafft. Unternehmen legen sich Websites zu und kommunizieren übers Internet.

Generation Y, so nennen die Soziologen die zwischen 1980 und 1999 Geborenen, oder auch »Millennials«. Sie sind, wenig verwunderlich, im hohen Maße internet- und technikaffin (Digital Natives – Ureinwohner der digitalen Welt) und arbeiten lieber im Team als in starren Hierarchien. Arbeit sei für sie wichtig, so liest man in Studien über diese Generation, stehe aber nicht über allem, das heißt, sie forderten eine Balance zwischen Arbeit, Familie und Freizeit und gewichteten Freude an und Sinn in der Arbeit wichtiger als Status und Prestige. Unabhängigkeit und Selbstbestimmung sind ihnen wichtige Werte. Damit verkörpert diese Generation einen gesellschaftlichen Wertewandel, der nun auch in die Arbeitswelt getragen wird. Da die jungen Leute dieses Jahrzehnts demografisch schwach vertreten sind, aber auf dem Arbeitsmarkt stark nachgefragt, verschafft ihnen das eine starke Position, um ihre Forde-

* www.wikipedia.org/wiki/2000er, abgerufen am 27. Mai 2020

rungen bei Unternehmen durchzusetzen. Sie wissen genau, was sie von einem Arbeitgeber erwarten.

Auch bei Lebensbaum spürt man das, eher im positiven Sinne. »Im ländlichen Raum gibt es nicht viele Unternehmen, die etwas Interessantes bieten. Lebensbaum gehört aber dazu«, meint Ulrich Walter. »Somit hatten wir nie Probleme, junge Menschen für uns zu gewinnen. Allerdings haben wir auch sehr stark auf eigene Ausbildung gesetzt und konnten somit junge Menschen an uns binden. Dass wir ohnehin andere Anreize boten als sonst üblich, war sicher zusätzlich motivierend.« Die Jungen wollen mitreden und Verantwortung übernehmen. Für den ländlichen Raum ist es jedoch problematisch, wenn sie nach dem Studium nicht wieder zurückkehren. Die Vorstellungen, was ein Unternehmen bieten muss, sind bei jungen Menschen deutlicher ausgeprägt.

Die Jungen investieren viel in ihre Bildung, um sich ihren Platz in der Gesellschaft zu organisieren. Politisch, so die Expertinnen, sei die Generation Y durchaus interessiert und auch engagiert, allerdings kaum bereit, sich längerfristig an Organisationen zu binden. Sie entscheiden spontan, was und wann sie etwas tun wollen. Das kann heute dieses und morgen jenes Thema sein. Politik definiere diese Generation eher über die Fragen von Konsum, Ethik und Lebensstil.*

Engagement wird erratisch, das Fernsehen voyeuristisch

Bei den Nichtregierungsorganisationen (NROs) im Umwelt- und Nachhaltigkeitsbereich entstehen neue, die sich im hohen Maße die Möglichkeiten des Internets zunutze machen und ganze Kampagnen auf diesem Weg führen, wie zum Beispiel die Aktivistennetzwerke Campact oder Avaaz. Politisches Engagement wird nun oft per Mausklick organisiert – zum Beispiel, wenn Unterschriften für Aufrufe oder Petitionen gesammelt werden. Damit wird das Engagement aber auch erratischer, weniger verbindlich, weniger zuverlässig. Hier zeigt sich die Weigerung der Generation Y, sich bindend festzulegen. Traditionelle Organisatio-

* Hurrelmann, Klaus/Albrecht, Erik: Die heimlichen Revolutionäre – Wie die Generation Y unsere Welt verändert, Weinheim 2014

nen aber brauchen Ehrenamtliche, auf die sie zumindest eine überschaubare Zeit lang zählen können.* Das ist eine Herausforderung, auf die sie neue Antworten finden müssen. Campact und Co. sind erfolgreich in ihren Kampagnen, die sie in Kooperation mit den »alten« Nichtregierungsorganisationen auch »analog« auf die Straße tragen.

Im Fernsehen gibt es immer häufiger Formate wie Casting-Shows (Deutschland sucht den Superstar, Germanys Next Top Model), Doku-Soaps, Reality TV (Big Brother, Dschungel Camp) und Quizsendungen. Koch-Sendungen erfreuen sich außerdem großer Beliebtheit – während die Deutschen gleichzeitig immer mehr »außer Haus« essen gehen, nach Hause liefern lassen oder auf Fertiggerichte zurückgreifen. Es gibt eine seltsame Lust, anderen dabei zuzusehen, wie sie ihre privatesten und emotionalsten Dinge preisgeben und sich vor laufender Kamera blamieren. Offenbar fühlt man sich beim Fremdschämen überlegen.

Im Kino feiern die Superhelden Batman, Spiderman & Co eine Renaissance. Musik kann man jetzt über Napster und andere Dienstleister – mal legal, mal illegal – problemlos aus dem Internet herunterladen oder direkt dort anhören. Man beginnt nun sehr unterschiedliche Musikrichtungen zu hören. Justin Timberlake, Katie Perry, Eminem, The Killers. Stars wie Amy Winehouse machen auch den Jazz populärer. Die deutschsprachigen Künstlerinnen und Künstler haben in dieser Zeit ebenfalls eine Chance: Herbert Grönemeyer füllt nun Stadien, und auch die Toten Hosen, Die Ärzte oder Silbermond sind erfolgreich, ebenso die Fantastischen Vier. Neu dazu kommen Wir sind Helden oder Tokio Hotel.

In der Mode sind immer noch Sneakers in, Jugendliche tragen Mützen, Baseball Caps, weite Hosen gern unterhalb der Hüfte (zumindest die Jungs) und Kapuzenpullis (Hoodies). Mädchen tragen Röhrenjeans, bauchfreie Trägertops. Ballonhosen erleben ein Comeback, und die sogenannte Schwarze Szene kleidet sich, wie der Name schon sagt, komplett in schwarz und schminkt sich auch auffällig weiß und schwarz.

* Heike Leitschuh: Neue Organisationen, Aktivierung der Zivilgesellschaft, in: Jahrbuch Ökologie 2012, Hrsg.: Altner/Leitschuh/Michelsen/Simonis/von Weizsäcker

Auf den Style kommt es an. Er zählt offenbar mehr als Haltung, Wissen und Überzeugung. Die 2000er Jahre sähen die Saat, aus der wenig später die Identitätspolitik erwachsen sollte, bei der weniger das Allgemeinwohl als mehr die Interessen einzelner Gruppen im Mittelpunkt stehen.

Und dann gibt es 2006 das »Sommermärchen«: Bei der Fußballweltmeisterschaft spielt das deutsche Team unter der Leitung von Jürgen Klinsmann mit sympathischen Fußballern einen erfrischend jungen Stil. Es erreicht einen guten dritten Platz und wird »Weltmeister der Herzen«. Zum ersten Mal verfolgen Zigtausende die Spiele nicht am heimischen Fernseher, sondern auf öffentlichen Plätzen vor Großleinwänden oder in Kneipen beim »Public Viewing«. Der Kampfgeist des deutschen Teams beflügelt die ganze Nation, lässt die Deutschen für kurze Zeit zu einer Gemeinschaft zusammenwachsen, beflügelt Optimismus und Selbstwirksamkeit. Und zum ersten Mal weht durch das Land ein Meer von Nationalfähnchen. Sehr ungewöhnlich für Deutschland.

Klimaschutz endlich im Fokus, Einstieg in Ökosteuern

In der 2000er-Dekade kommt endlich Fahrt in den Klimaschutz: Die rot-grüne Bundesregierung, die bis 2005 im Amt ist, nimmt sich neben der Naturschutz- und Abfallpolitik vor dem Hintergrund der sich ausweitenden Klimadebatte vor allem die Energiepolitik vor und kann hier umweltpolitische Fortschritte vorweisen. Mit dem Erneuerbare-Energien-Gesetz (EEG) von 2000 und 2004, macht Rot-Grün den Tenor des Energie-Einspeisegesetzes des Kohl-Kabinetts zur unüberhörbaren Stimme, Erneuerbare Energien (Wind, Photovoltaik, Biomasse, Geothermie …) werden nun viel stärker ausgebaut. Das Gesetz stützt sich zudem auf eine breite Allianz von Umwelt- und Wirtschaftsverbänden. § 1 des EEG sieht zunächst vor, den Anteil erneuerbarer Energien an der Stromerzeugung bis zum Jahr 2010 auf 12,5 Prozent zu bringen; bereits 2007 wird dieses Ziel mit mehr als 14 Prozent übertroffen. Die alternativen Energien boomen. Mit dem erfolgreichen EEG scheint das Ziel, die Treibhausgase bis 2012 gegenüber 1990 um 21 Prozent zu senken, erreichbar. Das Energie-Einspeisegesetz wird international kopiert, etliche Länder übernehmen das Instrument der obligatorischen Einspeisevergütung für Strom aus erneuerbaren Energien. Angela Merkel, ab 2005 Bundeskanzlerin einer Großen Koalition von CDU und SPD, macht bei internationalen Konferenzen zum Klimaschutz eine gute Figur und erwirbt sich den Titel der »Klimakanzlerin« – eine Zeit lang.

Den Umweltverbänden reichen die deutschen Bemühungen jedoch bei Weitem nicht, sie fordern härtere Ziele, die sich an den wissenschaftlichen Empfehlungen orientieren.

Durchaus erfolgreich ist die rot-grüne Bundesregierung auch auf einem anderen Feld der Umweltpolitik: Sie will die »ökologische Modernisierung« der Industrie vorantreiben. Mittels Innovationen sollen die Produktivität von Energie und Material deutlich erhöht und zugleich Arbeitsplätze geschaffen werden. Das Mittel der Wahl ist eine ökologische Steuerreform. Schon seit Langem gibt es Fachleute, die sich leidenschaftlich für eine solche Reform einsetzen, die den Verbrauch von Ressourcen verteuern, Arbeit dagegen günstiger machen soll. Das Konzept wurde schon in der 1980er Jahren vom schweizerischen Ökonomen Hans Christoph Binswanger entwickelt und fand schnell in Deutschland prominente Unterstützer. Die Bundesregierung erlässt 1999 ein Gesetz zum Einstieg in die ökologische Steuerreform, mit dem als neue Verbrauchsteuer eine Stromsteuer eingeführt wird. Strom aus regenerativen Energien ist davon weitgehend befreit. Bis 2003 wird die Steuer in kleinen Schritten mehrmals erhöht. Weitere gestaffelte Erhöhungen folgen. Im Rahmen der ökologischen Steuerreform wird auch die Mineralölsteuer nach ökologischen Kriterien gestaffelt. Allerdings gibt es etliche Ausnahmen für energieintensive Industrien. Die Luftfahrt, die eh schon eine geringere Umsatzsteuer bezahlt, wird komplett von der Ökosteuer auf Kerosin befreit. Außerdem verzichtet die Regierung bewusst auf eine gezielte Lenkungswirkung der Reform, was die Ökosteuer zum Spielball der Haushaltspolitik macht. Die eigentliche Innovation: Die Verteuerung von Energie und Reduzierung der Arbeitskosten zu verbinden, ist nicht gescheitert, es wird nie in Angriff genommen.

Atomausstieg auf der Agenda

Besonders bedeutsam ist der Beschluss von Rot-Grün, aus der Atomwirtschaft auszusteigen. Im Juni 2000 vereinbart das die Regierung mit den Energieversorgungsunternehmen; sie sichert den sogenannten »Atomkonsens« 2002 rechtlich ab, indem sie das Atomgesetz novelliert. Als Erstes wird daraufhin 2003 das Kernkraftwerk im niedersächsischen Stade vom Netz genommen, 2005 folgt das in Obrigheim, Baden-Württemberg. 2010 jedoch beschließt die Regierung Merkel Laufzeitenverlängerungen von bis zu zehn Jahren. Das nennen die Kritikerinnen und Kritiker »Ausstieg aus dem Ausstieg«.

Nach ihrer Wiederwahl im Herbst 2002 steht die rot-grüne Koalition allerdings so stark unter dem Druck einer mehrjährigen wirtschaftlichen Stagnation, dass sie außer dem Atomausstieg bis zur Neuwahl 2005 kaum noch neue umweltpolitische Akzente setzt. Mehrere Umweltvorhaben scheitern an Widerständen oder werden abgeschwächt: So verhindern die Bundesländer und die Wirtschaft ein Umweltgesetzbuch, dem VW-Konzern gelingt es sogar, die EU-Altauto-Richtlinie über eine direkte Intervention bei Bundeskanzler Schröder zu kippen. Die Novellierung des Gesetzes zum Schutz gegen Fluglärm von 1971 scheitert im ersten Anlauf. Bei der ökologischen Steuerreform und beim Emissionshandel können die kohlebasierte Stromwirtschaft und die energieintensiven Industrien deutliche Vorteile für sich durchsetzen. Und dennoch: In diesen Jahren erringt die deutsche Umweltindustrie die führende Position auf dem Weltmarkt, was womöglich eher die Schwäche der anderen zeigt als die eigene Stärke.

Für den Lebensmitteleinzelhandel bedeutsam: Umweltminister Jürgen Trittin führt das Pfand auf Dosenverpackungen ein. Sein Vorvorgänger, Klaus Töpfer, hatte dafür die Basis geschaffen. Bei dem Versuch, die Kreislaufwirtschaft einzuführen herrscht aber eher Stillstand. „Für die »Bios« war Kreislaufwirtschaft von Anfang an ein Thema«, sagt Ulrich Walter. »Einwegverpackung bei Getränken zum Beispiel wurden maximal aus Glas akzeptiert. Recycling und Wiederverwertung sowie die Art der Verpackung waren stets Themen. Insofern kann man sagen, dass die Entscheidung von Trittin indirekt auch der Bio-Branche geholfen hat.«

Die neue Regierung von CDU und SPD behält nach 2005 wichtige Umweltmaßnahmen bei. Sowohl der 2002 beschlossene Ausstieg aus der Atomenergie als auch die 1999 eingeführte Öko-Steuer bleiben zunächst unangetastet. Das neue Fluglärmgesetz tritt in Kraft, das vorher umstrittene Umweltgesetzbuch ist nun möglich und wird erst später scheitern. Auch die Klimapolitik der Regierung von SDP und Grünen, die die Wirtschaftsverbände zuvor massiv kritisiert haben, wird einschließlich ihres Ziels, die Klimagase bis 2020 um 40 Prozent zu senken, fortgeführt. Insgesamt ist Bundeskanzlerin Merkel, die seit 2005 im Amt ist, entschlossen, die internationale Vorreiterrolle Deutschlands im Klima- und Umweltschutz beizubehalten.* Das Bild dafür ist der Mega-Strandkorb des G8-Gipfels von Heiligendamm 2007, bei dem die acht Staats- und Regierungschefs in einem Korb sitzen.

Erst 2007 kommt die Bundesregierung ihrer Verpflichtung nach, die UN-Konvention zur biologischen Vielfalt mit einer nationalen Strategie umzusetzen. Sie enthält 330 Ziele und rund 430 Maßnahmen, die bis 2020 umgesetzt und mit denen der Verlust der Artenvielfalt aufgehalten werden sollen. Die Realität aber zeigt: Die Ampel steht hier eindeutig auf Rot. Immer mehr Arten sind bedroht.

Agrarwende: Mutig angepackt, nicht vollendet

In der Landwirtschaftspolitik werden Anfang der 2000er Jahre neue Akzente gesetzt. Im Januar 2001 übernimmt die Grünen-Politikerin Renate Künast das Amt der Ministerin für Ernährung, Landwirtschaft und Forsten, das sie bis zum Ende der Koalition 2005 innehat. Ihr Vorgänger im Amt, Karl-Heinz Funke (SPD) tritt wegen des BSE-Skandals zurück. Künast regt an, das Ministerium um den Aufgabenbereich Verbraucherschutz zu erweitern. Es heißt fortan bis 2005 Ministerium für Verbraucherschutz, Ernährung und Landwirtschaft. Sie setzt die soge-

* Bundeszentrale für politische Bildung, www.bpb.de/gesellschaft/umwelt/dossier-umwelt/61136/geschichte?p=1, abgerufen am 21. Mai 2020

nannte »Agrarwende« durch, ein Reformpaket, das zum Ziel hat, den Verbraucherschutz zu stärken, die ökologische Landwirtschaft zu fördern sowie den Tierschutz auszuweiten – also einen Paradigmenwechsel hin zu Nachhaltigkeit in Produktion, Handel und Konsum einzuleiten. Ein großes Vorhaben!

Bisher spielt die Landwirtschaft in der politischen Rangordnung der Bundespolitik keine allzu große Rolle, was sich auch darin spiegelt, dass die Landwirtschaftsminister politisch eher blass sind. Infolge des BSE-Skandals (»Rinderwahnsinn«) Anfang der 2000er Jahre ändert sich die Rolle der Landwirtschaftspolitik ziemlich abrupt. Jetzt zeigt sich, dass es dringend nötig ist, vor allem bei der Massentierhaltung etwas zu ändern, strukturelle Reformen werden jetzt möglich. Doch es geht nicht nur um die Tierhaltung: Die bekannten, aber bisher vernachlässigten ökologischen und sozialen Probleme, die mit der konventionellen Landbewirtschaftung einhergehen, stehen nun im Fokus. Konkret: der hohe Energieaufwand bei der Herstellung von Mineraldüngern (vor allem Stickstoffdünger) und Pestiziden sowie deren negative Auswirkungen auf die Böden (Bodenerosion, Bodendegradation und Bodenversauerung) und das Grundwasser. Kritisch sind auch die Emissionen von Treibhausgasen wie CO_2, Methan oder Lachgas, die den Klimawandel beschleunigen. Enge Fruchtfolgen, Monokulturen, Rodung von Hecken und Blühstreifen beeinträchtigen die Artenvielfalt. Es dauert allerdings noch einige Zeit, bis Letzteres tatsächlich wahr- und ernst genommen wird durch das Bienensterben und den Rückgang der Insekten in den 2010er Jahren.

Die bis dato auf diesem Gebiet wenig einflussreichen agrarkritischen Stimmen werden jetzt gehört. Renate Künast besucht als erste Landwirtschaftsministerin die Biofach Messe. »Da gab es große Aufregung in der Branche«, erinnert sich Künast. »Zur Einleitung meiner Rede begrüßte ich sehr ausführlich, wie sich das so gehört, alle VIPs. Da wurden manche im Saal schon unruhig. Am Schluss sagte ich dann ›Und liebe Mitstreiterinnen und Mitstreiter‹, da brach großer Jubel im Saal aus. Das werde ich nie vergessen.« In der Tat haben die Bio-Branche und die Aktivisten einer ökologischen Land- und Ernährungswirtschaft nun eine starke Fürsprecherin in der Regierung. Künast bringt das vom Rat für Nachhaltige Entwicklung vorgeschlagene Ziel durch das Kabinett, 20 Prozent der Agrarflächen bis 2020 ökologisch zu bewirtschaften.

Ein geschlossenes System mit einer geschlossenen Idee

Doch natürlich hat Renate Künast es enorm schwer. Der Bauernverband lehnt nicht nur den Begriff Agrarwende ab, sondern stellt sich oft grundsätzlich quer. Auf Bauerntagen wird die Ministerin scharf angegriffen und ausgebuht. Sie trifft auf Strukturen, die über Jahrzehnte gewachsen sind und sich stark verfestigt haben. »Ich wollte den Richtungswechsel, das verstanden sie als Kampfansage. Und das war es ja auch, allerdings gegen die Strukturen, nicht gegen die Landwirte«, sagt Renate Künast. Die Ideologie in der Landwirtschaft ist zu der Zeit ›wachse oder weiche‹, das haben alle verinnerlicht. Alle Beteiligten denken nur in großen Strukturen. Der Deutsche Bauernverband, der Raiffeisenverband, die Centrale Marketinggesellschaft der Deutschen Agrarwirtschaft (CMA), die Chemie-Industrie, sie ziehen alle am selben Strang: Sie wollen hohe Erträge, viel Export und schwören auf chemische und synthetische Dünger und Pestizide. »Es war ein geschlossenes System, das einer geschlossenen Idee folgte«, so die Ex-Ministerin. Und da kommt nun eine Grüne, eine Frau und erzählt den Herren, so könne es nicht weitergehen. Skandal.

Das geschlossene System zeigte sich auch personell. »Als ich am Anfang zu einer Sitzung bei Raiffeisen kam, dachte ich, ›Du warst hier noch nie, und trotzdem kommt dir alles so bekannt vor.‹ Denn man traf immer wieder auf dieselben Leute.« Diese Strukturen in der Landwirtschaft sind eben enorm stark, auch bei den personellen Ressourcen. Dagegen kommt ein Bundesverband der ökologischen Lebensmittelwirtschaft (BÖLW) einfach nicht an. Deshalb kämpft Renate Künast auch ums Geld. Als es um ihr Bundesprogramm Ökologischer Landbau geht, schlägt eine Gruppe von Fachleuten, die sie um einen Entwurf für ein »Bundesprogramm Ökologischer Landbau« gebeten hat, eine Förderung von drei bis vier Millionen Euro vor.

»Die waren so schüchtern und froh, dass sie überhaupt was kriegen. Ich sagte ›nein, ich will mindestens 20 Millionen!‹«, erzählt Künast. Die Agrargelder fließen alle noch ins alte System. Es gibt kein Geld für Grünland, kein Geld für Weideland, aber ganz viel Geld für Maismonokulturen. Die grüne Ministerin will das ändern.

Ministerin Künast verlangt Änderungen von allen Marktteilnehmern: Die Verbraucherinnen und Verbraucher sollen sich anhand von Labels besser orientieren und so Einfluss auf die Produktion der Lebensmittel nehmen können und dies auch tun. Die Landwirtschaft soll wieder mehr auf Klasse statt allein auf Masse setzen, ebenso wie die Lebensmittelindustrie und der Handel. Sie will mehr direkte und regionale Vermarktung. Vor dem Hintergrund der BSE-Seuche und den Tierfrischmehlskandalen soll die Futtermittelindustrie die Qualität der Futtermittel sichern. Die Politik soll sich für eine ökologischere Landbewirtschaftung, eine artgerechtere Tierhaltung sowie für Arbeitsplätze im ländlichen Raum einsetzen.

Macht und Geld

Doch auch Künasts Ministerium ist größtenteils geprägt von alten Strukturen. Als es um das deutsche Bio-Siegel geht, das die Ministerin 2002 einführt, gibt es Widerstand im eigenen Haus. Man meint, die Erarbeitung des Siegels müsse EU-weit ausgeschrieben werden – um die Sache auf die lange Bank zu schieben und in der Hoffnung, dass sich die Ministerin ohnehin nicht so lange halten werde. Kurzerhand zeichnet Künast das Siegel mit ein paar Mitarbeitern selbst: sechseckig, die Wabe, mit dem Häkchen als ›i‹. »Irgendwann musst Du sagen ›Das will ich!‹«, so Künast. Es geht um Macht, es geht um Geld, es geht darum, wer mitreden kann, wenn die Ressourcen verteilt werden. So setzt die Ministerin zum Beispiel gegenüber dem damaligen Bauernverbandschef Gerd Sonnleitner durch, dass der Landfrauenverband einen Sitz im Aufsichtsgremium der Landwirtschaftlichen Rentenbank bekommt. Sie will die Frauen in der Landwirtschaft durch diesen Einfluss unterstützen, denn sehr häufig sind sie es, die Neues wagen wollen, zum Beispiel eine Ferienwohnung auf dem Hof einrichten. Dafür brauchen sie Kredite. Die Frauen hat sie auch im Blick als sie für das neue Bio-Siegel wirbt: Die erste Anzeige dazu schaltet ihr Ministerium in der Frauen-Zeitschrift Brigitte.

Deusches Bio-Siegel seit 2002

Mit dem Standard des Bio-Siegels sind einige in der Bio-Branche nicht einverstanden. Die Anbauverbände mit den höchsten Ansprüchen wollen mehr durchsetzen, doch Renate Künast will den EU-Binnenmarkt berücksichtigen und Bio-Importe aus Drittländern nicht erschweren. Daher orientiert sie sich am EU-Niveau.

Landwirtschaftsbetriebe, die auf Bio umstellen wollen, bekommen nun eine Beratung. Dafür gibt es die »Demonstrationsbetriebe«, also solche, die bereits nach Bio-Standards arbeiten und die den Interessenten zeigen, wie es gehen kann. Aber auch in Schulen und Kindergärten sollen diese Landwirte gehen und den Ökolandbau erklären. Sie kriegen Geld für die Extraleistung. Es gibt auch Schulungen für Bio-Verkäufer.

Das Ziel 20 Prozent Bio bis 2012 wird nicht erreicht, tatsächlich geschafft werden nur 6,2 Prozent. Renate Künast: »Ich wusste, wie schwer es werden würde, doch hätte ich nicht den hohen Prozentsatz genannt, hätte niemand die Neuausrichtung ernst genommen.«

Auch in der Fleischwirtschaft ändert sie manches: Die Geflügelproduktion soll auf Boden- und Freilandhaltung umgestellt werden; es gibt ein Bundesprogramm zur Förderung tiergerechter Haltungsformen. Zwei Jahre früher als in der EU verbietet Künast bereits 2007 die Käfighaltung bei Legehennen, leider mit dem Effekt, dass Deutschland erheblich mehr Eier aus Ländern mit weniger strengen Vorschriften importiert. Werden 2005 noch 75 Prozent der verkauften Eier in Deutschland produziert, sind es 2010 nur noch 50 Prozent. Dafür aber mehr bäuerliche Betriebe statt Großinvestoren. Renate Künast ärgert sich noch heute, dass das Bundeswirtschaftsministerium die Verlagerung der alten Ställe zum Beispiel nach Belarus durch Hermesbürgschaften, Exportkreditversicherungen der Bundesrepublik Deutschland, absichert. So entsteht Konkurrenz am hiesigen Markt.

Anders sieht es beim Fleisch aus. Hier wird Deutschland zu einem Nettoexporteur, das heißt, es wird hier mehr Fleisch produziert, als im Land nachgefragt wird. Dennoch: Eier werden jetzt nach einem vierstufigen System gekennzeichnet. Das wird ein Erfolg, denn nun haben die Verbraucherinnen und Verbraucher die Wahl zwischen Eiern aus tierquälerischer Haltung und solchen aus akzeptablen Bedingungen. Bio-Eier werden stark nachgefragt. Es gibt allerdings jede Menge Lebensmittel, in denen Eier verarbeitet sind. Hier gibt es keine Kennzeichnung und damit auch keine positiven Effekte.

Eines können in diesem Jahrzehnt weder Renate Künast noch ihre Nachfolger, Horst Seehofer und Ilse Aigner, verhindern: Das Sterben der Höfe. Ihre Zahl sinkt beständig, während gleichzeitig die Flächen pro Hof wachsen und immer mehr Großbetriebe entstehen. Ein Trend, der anhält.

Das Fazit der Ära Künast? Mit der Agrarwende wird die Politik stärker an den Bedürfnissen der Verbraucher ausgerichtet, vom »vorsorgenden Verbraucherschutz« ist jetzt die Rede. »Das allein war sehr mutig von Frau Künast, denn Jahrzehnte ging es nur um Landwirtschaft und Forsten«, findet Franz-Theo Gottwald von der Schweisfurth-Stiftung für nachhaltige Land- und Lebensmittelwirtschaft. »Sie hatte eine Herkulesaufgabe zu bewältigen, und die ist sie sehr systematisch angegangen, auch mit einem Programm zur Organisationsentwicklung im Ministerium. Da hat sich vieles zum Besseren verändert.« Bei der Haltung von Hennen sei sie erfolgreich gewesen, so Gottwald, und sie habe auch wichtige nachgeordnete Behörden aufgebaut, wie das Bundesinstitut für Risikobewertung (BfR) sowie das Bundesamt für Verbraucherschutz und Lebensmittelsicherheit. »Das war ein Durchbruch. Was sie geschafft hat, ist heute noch wirksam«.

Auch kulturell tut sich in der Gesellschaft etwas. Mehr und mehr Menschen begreifen ihre Konsumentscheidungen als eine Frage der Moral – Nachhaltigkeit und Ansprüche an die Qualität werden in den Augen vieler wichtiger.

Allerdings wird eine Chance in dieser Zeit vertan: der Umbau der Fleischwirtschaft zumindest bei den Rindern. BSE hat ein Fenster dafür geöffnet, das nicht genutzt wird.

Bio wächst weiter, macht Zugeständnisse und greift auch mal daneben

Was tut sich in diesem Jahrzehnt in der Bio-Szene? Künasts Politik gibt der Branche Rückenwind. Die Bioläden – im Jahr 2000 sind es bundesweit rund 2200 – erweitern ihr Angebot an Produkten und gehen noch mehr auf die Bedürfnisse der Kundschaft ein. Auch wenn diese nicht immer im engen Einklang mit den Zielen der Nachhaltigkeit stehen. So finden sich nun zum Beispiel öfter Waren in den Regalen, die nicht so recht zur Jahreszeit passen und/oder von weit her importiert werden. Saisonal und regional sind zwar vielen Verbrauchern wichtige Aspekte, doch Weintrauben und Tomaten wollen sie trotzdem auch im Winter kaufen können. Immerhin, so hoffen viele, ist in dieser Branche wenigstens der Handel einigermaßen »fair«, sodass in Übersee auch ein paar gute Arbeitsplätze entstehen. Auch die sogenannten Convenience-Produkte, Fertiggerichte, die beispielsweise nur noch erhitzt werden müssen, finden sich jetzt häufiger in den Bioläden. Sind das Zugeständnisse an ein Wachstum, bei dem eben nicht mehr nur »Hardcore-Ökos« Bio einkaufen wollen?

Muss auch Lebensbaum Kompromisse an den Mainstream machen? Insofern ja, als dass es immer weniger losen Tee gibt und die Firma bei den Gewürzen Angebote macht, die »Gelingsicherheit« bieten, also fertige Würzmischungen, am besten gleich mit Rezepten und Einkaufslisten. »Grundsätzlich haben wir uns aber stets Grenzen gesetzt,« so Ulrich Walter. »So haben wir nie Aromen zugesetzt und auch auf Zusatz- und Füllstoffe verzichtet. Das ›Pur-Prinzip‹ ist nach wie vor eines unserer Merkmale. Wir verwenden hochwertige und an sich aromatische Zutaten. Diese wollen wir nicht durch Zusätze verfälschen und damit einen Geschmack suggerieren, den es so nicht gibt, beziehungsweise schwach aromatische, sprich weniger hochwertige und damit preiswertere Zutaten zusätzlich aufpeppen.«

Mitunter wird es der Zugeständnisse bei anderen Unternehmen dann doch etwas zu viel: Um schneller voranzukommen, größer expandieren zu können, lässt sich die Basic AG, eine 1997 in München u.a. von Georg Schweisfurth gegründete Bio-Supermarktkette, mit dem »Feind« ein: der Schwarz-Gruppe. Die Betreiberin der Lidl-Märkte geht 2007 eine Minderheitsbeteiligung an der Basic AG ein. Das sorgt für enorm viel Aufregung in der Branche, aber auch bei den Kundinnen von Basic und im Unternehmen selbst. So sieht sich die Geschäftsführung gezwungen, die Beteiligung wenige Monate später schon wieder rückgängig zu machen. Basic muss auch sein Ziel für die Neueröffnung von Märkten nach unten korrigieren. Aufgrund von finanziellen Schwierigkeiten im Folgejahr schafft das Unternehmen nur zwei bis fünf Neueröffnungen jährlich und entlässt zirka 70 Mitarbeiter. 2010 kann es wieder schwarze Zahlen schreiben, 2018 wird Basic 34 Läden mit einem Umsatz von 131 Millionen Euro jährlich betreiben und ist damit hinter Denn's, Alnatura und der Bio Company die viertgrößte Bio-Supermarktkette in Deutschland.

»Wird das Ideologiefundament von einzelnen Akteuren verlassen (...) gerät die Branche in Aufregung, drohen doch durch derartige ›Ausreißer‹ und folgende Profilunschärfen auch handfeste wirtschaftliche Verluste für die gesamte Branche. Hier schließt sich der Kreis von Ideologie und Wirtschaftsinteressen«, so schreibt es Vera Ludwig treffend in einer von ihr 2006 vorgelegten Magisterarbeit über »Die deutsche ökologische Bewegung«. Sie bezieht sich dabei auf Basic und Logocos (mit der Marken Logona und Santé). Das Kosmetikunternehmen wird 2018 vom L'Oréal-Konzern übernommen.

»Die Bio-Handelssparte«, so das Fazit von Ludwig, »hat sich insgesamt offenbar (...) in eine recht einheitliche Richtung entwickelt, in der Wirtschaftlichkeit und Kundenorientierung die Kernthemen bilden. Die Ideologie scheint inzwischen eher die Rolle des Profilgebers einzunehmen: Zwar will man anders sein als ›die Anderen‹, gleichzeitig will man aber von diesem ›Anderssein‹ auch profitieren. Dies bedeutet nicht, dass sämtliche Grundsätze dem wirtschaftlichen Erfolg geopfert werden. Die Zeiten, wo die Verwirklichung der Ideologie deutlich über finanziellen Belangen stand, scheinen jedoch endgültig vorbei zu sein; eher geht beides nun ›Hand in Hand‹.«

Oder wie es Ulrich Walter in einem Film ausdrückt, den das ZDF 2004 über sein Unternehmen dreht: »In den Anfangsjahren wollten wir uns vor allem selbst verwirklichen. Heute ist Bio normaler geworden. Bio ist erwachsen geworden.«

Die Läden verstehen sich nun auch als Fachhandel mit fachkundiger Beratung, das heißt, das Personal muss entsprechend gut geschult sein. Bio-Supermärkte und -läden eröffnen, die auch eine Käse- und Fleischtheke sowie eine Öko-Bäckerei integrieren. Außerdem gehört für viele jetzt ein Lieferservice zum Angebot, und sie bieten ihren Kunden bereits zusammengestellte Gemüsekisten inklusive Rezeptvorschlägen an.

2006 wagt sich mit Rewe einer der großen Lebensmittelhändler auf das Terrain der Bio-Supermärkte vor und eröffnet in Düsseldorf den ersten »Vierlinden-Naturmarkt«. Drei weitere folgen bis 2011. Sie werden danach aber auf ein anderes Konzept umgestellt oder geschlossen. Rewe wird stattdessen das Biomarkt-Konzept »Temma« einführen, bei dem der Verkauf von Bio-Lebensmitteln mit Gastronomie verbunden ist. 2017 endet für Rewe aber auch dieses Experiment. Sieben der neun Läden werden geschlossen, zwei unter neuer Regie weitergeführt. Warum hat das nicht geklappt? Will man keine Konkurrenz im eigenen Unternehmen und passt es nicht in die Konzernkultur? Steht der Vorstand nicht wirklich dahinter? Die falschen Standorte? Man weiß es nicht.

Künasts Politik schmeckt nicht allen

2002 haben nun auch die »Bios« ihren ersten Lebensmittelskandal: In Biogetreide wird das Unkrautvernichtungsmittel Nitrofen gefunden, das eigentlich schon seit 1988 in der gesamten Landwirtschaft verboten ist, weil es als krebserregend und erbgutschädigend angesehen wird. Gleich nach der Wende, ab 1990, gilt das Verbot auch für das Gebiet der ehemaligen DDR, wo sich noch Restbestände befinden. Diese sind nun über Futtermittel, das in einer alten Lagerhalle verunreinigt wird, vor allem in Bio-Betriebe gelangt. »Dass auch uns so etwas passieren konnte, war für viele in unserer Branche ein Schock«, sagt Thomas Dosch, damals Präsident des Bioland-Verbandes und maßgeblich mit der Aufklärung des Falles befasst. »Leider gab es auch Kolleginnen und Kollegen, die die Sache nicht so recht ernst nehmen wollten, obwohl der Skandal für die Medien ein riesiges Thema war. Für manche war es ein willkommener Anlass, den Ökolandbau in seiner Vorbildfunktion vom Thron zu stoßen. Wir haben damals gelernt, dass gut gemeint noch lange nicht gut gemacht ist.« Ab sofort arbeitet die Branche unter Hochdruck an der Qualitätssicherung. Bioland zum Beispiel professionalisiert seine Beziehungen zu den Verarbeitern entlang der gesamten Wertschöpfungskette. Die Kontrollsysteme werden jetzt ausgebaut, insgesamt wird umfassender und strenger kontrolliert. Was Ulrich Walter mit Lebensbaum vorausschauend schon in den 90er Jahren begann, vollzieht nun die ganze Branche nach. »Es gab sogar Bio-Landwirte, die sich beschwerten, wenn sich die Kontrolleure ihrer Meinung nach nicht lange genug auf dem Hof aufhielten, denn sie wollten gründlich kontrolliert werden, um auf der sicheren Seite zu sein«, so Dosch. Die Landwirtschaftsministerin Renate Künast legt ebenfalls großen Wert darauf, dass die Bio-Branche alles tut, um tadellose Produkte auf den Markt zu bringen. »Sie verknüpfte die Integrität des Ökolandbaus mit ihrer eigenen Glaubwürdigkeit und damit ihrem politischen Schicksal«, so Dosch.

Allerdings schmeckt es nicht allen, dass sich die Politik jetzt mit großem Engagement in die Belange der Bio-Branche einmischt, beispielsweise ist das neue Bio-Siegel umstritten. Einerseits schafft es mehr Klarheit und Transparenz und befördert so den Absatz von Bio-Lebensmitteln, anderseits begrenzt es den Wettbewerb der Verbände. Denn das Bio-Siegel steht zunächst in Konkurrenz zu den eigenen Siegeln der Verbände. »Dennoch war es für die meistens Hersteller und Händler eine Hilfe, weil es sehr stark vom Ministerium gepusht wurde. So wurde es sehr schnell bekannt«, meint Ulrich Walter. Viele in der Branche halten EU-Bio jedoch nur für einen Mindeststandard und befürchten, dass es nun für andere Firmen leichter werde, auf den Markt Fuß zu fassen und es somit mehr Konkurrenz gebe. »Ich selbst habe das Siegel sehr begrüßt, selbst wenn wir die Verbandsware stets vorgezogen haben. Das Siegel stand und steht für einen gesetzlich garantierten Standard. Den mussten wir nun den kritischen Kunden nicht mehr erklären. Wir konnten uns darauf konzentrieren, das Höherwertige der Verbandsware herauszustellen. Da damals die großen Supermarktketten noch keinen Zugang zu den Verbandsmarken hatten, konnte sich der Fachhandel, der ausschließlich Bio-Produkte anbietet, darüber profilieren. Deshalb war dieser Teil des Handels ja auch empört, dass, ausgehend von Naturland in 2009, die Verbandsmarken zunehmend auch dem Gesamtmarkt zur Verfügung gestellt wurden. Für die Entwicklung und Ausweitung der biologischen Landwirtschaft sicher von Vorteil. Allerdings sieht sich dieser Teil der Landwirtschaft auch den Mechanismen des Marktes ausgesetzt, als da sind: hoher Wettbewerbs- und damit Preisdruck, Anonymisierung der Herkunft über Eigenmarken der Händler. Das Bio-Angebot nimmt in diesen großen Ketten zwar zu, ist jedoch im Vergleich zum übrigen Angebot eher marginal. Deshalb kann der Handel mit Mischkalkulationen arbeiten und so den Kunden suggerieren, dass Bio preiswerter sein kann. In den 2000er Jahren dominieren noch die Eigenmarken des LEH, der bio-affine Kunden ansprechen will, damit sie nicht in den Bio-Fachhandel abwandern. Damit war der Verdrängungswettbewerb eröffnet.«

Von LOHAS und Scuppies

Für die Branche relevant ist auch, dass in diesem Jahrzehnt am Horizont ein neuer Konsumtyp ausgemacht wird: die LOHAS (Lifestyle **o**f **H**ealth **a**nd **S**ustainability), zu dem die Konsumforscherinnen bis zu 20 Prozent der Bevölkerung zählen. Hier handelt es sich meist um Menschen mit in der Regel überdurchschnittlichem Einkommen, denen Nachhaltigkeit kein Dogma ist, die sie aber gut in ihr persönliches Profil einbauen, soweit es sie nicht stört. Übers Wochenende nach Barcelona fliegen und dort in ein Biohotel einchecken geht für sie gut. Ein schöner neuer Begriff ist auch: LOVOS. Das sind diejenigen, die freiwillig und bewusst einen einfachen Lebensstil mit möglichst geringem Konsumniveau pflegen (Lifestyle **o**f **Vo**luntary **S**implicity) und das, obwohl sie sich in der Regel mehr leisten können. Flankiert werden diese Gruppen von den »Neo-Ökos«, den »Utopisten« oder »Scuppies« (Socially Conscious Upwardly-mobile People, sozial bewusst aufstrebende Menschen). Wie hoch der Anteil dieser durchaus bioaffinen Konsumentengruppen tatsächlich ist und was wirklich neu und anders an ihrem Verhalten ist, oder ob es sich nur um schöne neue Titel für Altbekanntes handelt, bleibt fraglich. Jedenfalls arbeitet das Marketing auch anderer Branchen fleißig, um diese Art von Verbrauchern zu adressieren. Neue Produkte kommen für diese Klientel auf den Markt. So zum Beispiel wird das Erfrischungsgetränk Bionade, das In-Getränk dieser Zeit. Slow-Food, eine Organisation, die sich für handwerklich und qualitativ hochwertige Lebensmittel und genussvolles Essen stark macht, erhält Zulauf. Utopia, eine Internetplattform, die den nachhaltigen Konsum stärken will, entsteht. Ihnen allen ist gemein, dass sie über das Vehikel des Konsums und Lebensstils auch politisch einflussreich sein wollen, um mehr Nachhaltigkeit durchzusetzen. Sie schaffen ein Klima, das auch der Bio-Branche nützlich ist. In diesem Jahrzehnt wächst der Umsatz der Branche jährlich durchschnittlich um 10,4 Prozent von 289,7 Millionen Euro in 2000 auf 931,2 Millionen Euro 2010.

Die vegane Lebensweise wird immer attraktiver, nun entstehen Geschäfte und Restaurants, die ausschließlich vegane Lebensmittel und Speisen anbieten. Bis 2020 wächst die Zahl der Menschen in Deutschland über 14 Jahre, die ihre Ernährung als vegan bezeichnen, auf 1,3 Million. Auch dies ist ein Trend mit zwei Gesichtern. So ehrenwert der Verzicht auf tierische Produkte auch ist, so wenig sind die Ersatzprodukte automatisch nachhaltig. Etliche vegane Speisen und Getränke werden unter erheblichem industriellem Aufwand hergestellt und sind somit energieintensiv, beziehungsweise enthalten Rohstoffe, die in den Anbauländern unter nicht nachhaltigen Bedingungen angepflanzt werden, gerne auch mit Gentechnik. Das zeigt einmal mehr: Vegan kann ganz und gar nicht nachhaltig sein, aber auch Bio oder Fair Trade muss es nicht sein, wenn der ganzheitliche Blick fehlt.

Neue Organisation BÖLW und BNN mit Kodex

2002 wird der Bund Ökologische Lebensmittelwirtschaft e. V. (BÖLW) als deutscher Spitzenverband der landwirtschaftlichen Erzeuger, Verarbeiter und Händler von ökologischen Lebensmittel mit Sitz in Berlin gegründet. Er ist die Nachfolgeorganisation der AGÖL (Arbeitsgemeinschaft Ökologischer Landbau), die nur die Anbauverbände versammelte. Der BÖLW versteht sich hingegen als Dachverband für die Erzeuger, Verarbeiter und Händler, die nun enger zusammenrücken. Er soll die Interessen der gesamten ökologischen Lebensmittelwirtschaft vertreten. Der BÖLW ist auch Mitglied in der internationalen Organisation IFOAM und nationaler ideeller Träger der Messe Biofach. In 2020 wird der BÖLW 14 Verbände und 24 weitere Organisationen und Unternehmen als Mitglieder haben. Anstoß für die Veränderungen in der Verbandsstruktur ist 2002 vor allem, dass die beiden großen Anbauverbände Bioland und Demeter die AGÖL verlassen, da sie eine stärkere Ausrichtung der Arbeit auf die Berliner Politik wollen. Bioland hat zu der Zeit schon ein Büro in Berlin eröffnet. »Die AGÖL aber«, so berichtet Thomas Dosch, ehemaliger Chef von Bioland, »war vor allem ein interner Diskussionskreis der Verbände. Sie hat dabei wertvolle Entwicklungsarbeit unterstützt, den Sprung in die große Politik über die Richtlinienarbeit hinaus aber nicht geschafft.« Mit dem BÖLW gibt es nun einen Verband, der die gesamte Bio-Branche von den Landwirten bis zum Handel umfasst und sich breit zu gesellschaftspolitischen Themen positioniert, die auch die Ökobranche bewegen.

Der Bundesverband Naturkost Naturwaren (BNN) verabschiedet 2008 einen Kodex, in dem er seine Werte und Regeln für die Branche zusammenfasst. Darin festgelegt ist nun auch ein weitgehender Verzicht auf Aromen. Auch diskutieren die BNN-Mitglieder über die Rolle von Nachhaltigkeit für die Bio-Branche. »Es ging um Energie, Abfall, Verpackungen. Unsere Mitglieder sollten sich diesen Themen stellen, und niemand sollte mehr Atomstrom nutzen«, berichtet Elke Röder, die langjährige Geschäftsführerin des BNN. Auch die internationalen Lieferketten werden nun genauer in den Blick genommen. »Wir wollten mit innovativen Partnern zusammenarbeiten, egal ob Kleinbauernorganisationen oder große Teegärten, die sozialen Bedingungen vor Ort kamen nun überall auf die Tagesordnung.« 2007/2008 fasst die Mitgliederversammlung den »Fachhandelsbeschluss«, in dem sie Mitgliedschaftskriterien definiert und die Orientierung der Mitglieder auf den Bio-Fachmarkt vereinbart.

Lebensbaum will grünen Strom und muss selbst dafür sorgen

Für Lebensbaum bringt die erste Dekade des neuen Jahrtausends eine ganze Reihe von Veränderungen. Zu Beginn der 2000er Jahre beschäftigt das Unternehmen 56 Mitarbeiterinnen und Mitarbeiter, wächst weiter, macht Umsätze von bis zu 14 Millionen Euro und braucht ein eigenes Produktions- und Verwaltungsgebäude. Dieses baut man 2001 in einem Gewerbegebiet von Diepholz. Es kostet rund sechs Millionen Euro. Das Unternehmen möchte, nachdem Klimaschutz nun ganz oben auf der Agenda steht, konsequent klimafreundlich wirtschaften und fragt die lokalen Stadtwerke nach Strom aus regenerativen Quellen. »Da ernteten wir erstaunte Blicke. Im Energie-Portfolio war Strom aus Sonne, Wind und Wasser nicht erhältlich und auch nicht vorgesehen. Doch aus dem anfänglichen Erstaunen wurde schnell ein gemeinsames Projekt«, erzählt Ulrich Walter. So startet er 2002 mit den Diepholzer Stadtwerken Huntetal ein Pilotprojekt für Strom aus Erneuerbaren Energien, den nicht nur Lebensbaum, sondern auch andere Unternehmen und Privathaushalte in der Region nutzen können. Zunächst müssen sich die Stadtwerke dafür zertifizieren lassen, da sie zuvor keinen Ökostrom lieferten. Die Vereinbarung lautet, dass der Mehrpreis, den Lebensbaum für grüne Energie zahlt, in ein gemeinsames Projekt fließt, um die Nutzung regenerativer Energie einem breiteren Publikum nahe zu bringen, zum Beispiel um ökologische Stromanlagen auf öffentlichen Gebäuden zu finanzieren. Die erste Photovoltaikanlage wird dann 2007 an der Diepholzer Berufsschule errichtet; sie hat 32 Quadratmeter und liefert 5000 Kwh Strom im Jahr. Bei diesem Projekt geht es jedoch nicht vorrangig um die Stromerzeugung, sondern darum, der Schule ein Praxisbeispiel zur Verfügung zu stellen, an dem sowohl Kaufleute als auch Techniker lernen können. Zu dieser Zeit ist diese Technik den meisten

Handwerksbetrieben noch nicht vertraut. Jahre später ist sie Alltag. »Das Solarpanel, das sich mit der Sonne dreht, wurde so aufgestellt, dass es für alle sichtbar ist, sowohl für die Schülerinnen und Schüler des Schulzentrums als auch für die Besucher des Theaters im selben Gebäudekomplex«, so Walter.

Die Qualität der Produkte zu sichern, bleibt ein zentrales Anliegen. Vom Qualitätsmanagement nach ISO 9001, das Lebensbaum 1997 einführt, wurde schon berichtet. Nun aber findet Ulrich Walter einen anderen Standard, der deutlicher auf die Belange der Lebensmittelbranche zugeschnitten ist: den International Food Standard (IFS). Ab 2005 lässt er das Unternehmen danach zertifizieren. Und trotzdem werden hin und wieder Schadstoffe in Produkten gefunden, denn es gibt immer wieder neue Erkenntnisse über gesundheitsschädliche Stoffe, und die Messmethoden werden immer genauer. »Wir können beim besten Willen nicht alles wissen, es gibt immer mal wieder Überraschungen. Aber wir reagieren schnell, sobald etwas gefunden wird. Und dann schließen wir die Lücken. Immer besser werden, das war und ist unser Ziel«, sagt Walter.

Betriebsrat, Boni, Bistro

Einen Betriebsrat gibt es bei Lebensbaum schon seit den 90ern, allerdings dauert es ein paar Wahlperioden, bis der so richtig funktioniert. »Als wir von Jahr zu Jahr mehr Beschäftigte hatten, regte ich an, eine Interessensvertretung zu wählen«, so Walter. An sich seltsam, dass ein Chef seine Beschäftigten zu diesem Schritt auffordert. Entsprechend schleppend läuft die Sache auch an. Die Mitarbeiter haben anfangs wenig Interesse an diesem Gremium, denn noch hat die Firma eine Größe, bei der sie direkt und unkompliziert die Geschäftsführung ansprechen können, wenn es Probleme gibt. Außerdem finden sie offenbar wenig, das sie fordern können. Bezahlung und Arbeitsbedingungen sind gut. Es gibt – wann immer die wirtschaftliche Lage das zulässt – außertariflich Urlaubs- und Weihnachtsgeld, einen hoch rabattierten Personaleinkauf und dann ab Mitte der 2010er Jahre die Möglichkeit günstig Fahrräder zu erwerben – ein Projekt mit einem Diepholzer Fahrradhändler. Wenn jemand, aus welchen Gründen auch immer, in wirtschaftlichen Problemen steckt, unterstützt ihn die Firma mit einem Kredit zu niedrigen Zinsen. »Die Voraussetzung ist nur, dass er oder sie die Karten offen auf den Tisch legt. Es waren aber bisher nur wenige Fälle«, sagt Walter.

Boni für Einzelne gibt es nicht, aber wenn am Jahresende das Betriebsergebnis besser ist als budgetiert, dann bekommen alle einen Teil davon ab. Schließlich haben auch alle zum Erfolg beigetragen. Das geschieht aber nicht so häufig, eher gibt es regelmäßige Gehaltsanpassungen, die oberhalb der durchschnittlichen Tariferhöhungen in vergleichbaren Branchen liegen. »Wir haben gesehen, dass den Beschäftigten die Arbeitsbedingungen, also die Arbeitszeiten, das Ambiente, in dem sie arbeiten, das Betriebsklima, die Qualität der Führungskräfte, viele Ausbildungsplätze etc., wichtiger sind als Bonuszahlungen. Wir haben immer viel getan, um die Mitarbeiterinnen und Mitarbeiter zu motivieren. Denn ohne eine motivierte Belegschaft kann ein Unternehmen nicht dauerhaft erfolgreich sein.«

Den heute – nicht nur in Corona-Zeiten – vermehrt genutzten Möglichkeiten zu Hause zu arbeiten, steht man bei Lebensbaum kritisch gegenüber, denn die direkte Kommunikation unter den Kolleginnen und Kollegen sei einfach nicht ersetzbar. Dennoch gibt es, da wo es geht und entsprechend der Familiensituation, die Möglichkeit, im heimischen Büro zu arbeiten.

Geschäftsleitung und Mitarbeiterinnen sprechen auch über Möglichkeiten von Gewinnbeteiligungen für die Beschäftigten. Man entscheidet dann – vor allem vor dem Hintergrund des Wachstums – das Geld im Unternehmen zu belassen, um nicht womöglich von Banken abhängig zu werden. Als dann die Zinsen weiter sinken, sollen die Beschäftigten Geld im Unternehmen zu Zinsen anlegen können, die deutlich über den marktüblichen liegen. »Experten rieten uns das auch für Externe zu öffnen, was wir taten. Nach etlichen Jahren stagnierte das Projekt und wir waren auch nicht mehr bereit, Externen hohe Zinsen zu zahlen und so dem Unternehmen Geld zu entziehen. So haben wir das Ganze schrittweise, aber erst 2017, beendet«, erzählt Walter.

Auf der Habenseite für die Mitarbeiter steht seit 2003 das Bio-Bistro, das Angela Walter aufbaut. Eine Mitarbeiterin von Lebensbaum, die

Mitarbeiter Uwe Meyer: Der erste glückliche Gast des neuen Lebensbaum Bistros, 2005

Angela Walter richtet den ersten Teller am Eröffnungstag des Lebensbaum Bistros an, 2005

bisher als Produktionshelferin tätig ist, fungiert nun als Köchin – weil sie gut kochen kann und Spaß daran hat. Die Vorgaben sind streng: Es dürfen ausschließlich Zutaten in Bio-Qualität verarbeitet werden. »Zum Teil kaufte die Köchin diese am Anfang morgens selbst ein«, erzählt Angela Walter. Die Beschäftigten nehmen das Angebot erst nur zögerlich an, anfangs werden nur 14 Essen am Tag verkauft, denn »die Kolleginnen und Kollegen hielten noch an ihren Gewohnheiten fest und aßen ihr von zu Hause mitgebrachtes Essen. Auch, dass es nicht jeden Tag Fleisch gab, schreckt erst mal ab. Doch nach und nach spricht sich rum, dass im Bistro lecker gekocht wird und so kommen immer mehr.« In 2020 werden fünfmal die Woche 70 bis 80 Essen am Tag gekocht. Einmal die Woche gibt es Fleisch, einmal Fisch, sonst vegetarische Gerichte. Die Kosten für die Beschäftigten sind gering, das Unternehmen subventioniert das Bistro.

Nach den drei Adjektiven gefragt, mit denen sie das Unternehmen Lebensbaum beschreiben will, sagt Rosi Fritz ohne lange nachzudenken: »Seriös, zuverlässig, bodenständig.« Sie arbeitet schon seit 2004 in der Firma und leitet das Qualitätsmanagement. Besonders wichtig ist ihr das gute Betriebsklima, man gehe respektvoll miteinander um. Die Vorgesetzten verhielten sich wertschätzend gegenüber den Beschäftigten, und dieser Stil setze sich dann auch in der Belegschaft insgesamt fort. Wer da nicht reinpasse, so Rosi Fritz, der müsse halt gehen. Bei Konflikten spreche man ruhig miteinander. Da sei sie aus anderen Unternehmen ganz anderes gewohnt, wo ständig rumgebrüllt wurde. Und transparent gehe es zu, »alle können die Entscheidungen der Geschäftsleitung nachvollziehen.« Auch wenn man mal einen Beschluss nicht unbedingt gutheiße, so werde er zumindest gut erklärt und vorbereitet. Allerdings: »Manche Entscheidungen sind dann doch etwas kurzlebig und werden schnell wieder revidiert. Dieses Hü und Hott gefällt mir nicht. Da fehlt mir mitunter die Kontinuität.« Sie hofft, dass dies in Zukunft anders wird. Achim Mayr, bis Ende 2019 in der Geschäftsführung, bestätigt, dass das Unternehmen immer mal wieder Entscheidungen revidiere. »Das verursacht dann leider mitunter mehr Arbeit. Doch wenn wir neue Erkenntnisse haben, müssen wir uns auch neu justieren.« Er schätzt die Flexibilität des Unternehmens.

Und wie ist Ulrich Walter so als Chef? Auch hier hat sie wieder drei Charakteristika parat: »Schnörkellos, klar, eindeutig. Mit dieser Art lässt es sich gut arbeiten.« Sie findet ihn jedoch auch etwas zu ungeduldig. »Er wollte immer, dass alles ganz schnell geht, heute beschlossen, morgen umgesetzt, und hat dann oft nicht verstanden, dass nicht alles so fix machbar war.« Mit seiner hohen Erwartungshaltung habe er Mitarbeiterinnen und Mitarbeiter gestresst. „Man hat sich dann gefragt, ›Oh Gott, bin ich nicht gut genug, weil ich nicht schaffe, was sich der Chef so vorstellt?‹. Ulrich Walter hat immer das höchste Niveau gefordert, vor allem bei der Qualität und der Sauberkeit.« Das wiederum findet sie gut. Offenbar gehen aber beim Punkt Erwartungen die Wahrnehmungen stark auseinander: Ein anderer Mitarbeiter sagte mal zu Ulrich Walter: »Du bist ein untypischer Chef. Du sagst eher, das werden wir wahrscheinlich nicht so schnell schaffen, wie wir uns das vorstellen. Ich kenne Chefs, die sagen, es geht noch mehr.«

Preise, Preise, Preise

Die 2000er Jahre sind auch die Jahre, in denen Lebensbaum eine ganze Reihe von Preisen für seine Unternehmensführung und sein Engage-

Renate Künast und Ulrich Walter bei der Auszeichnung von Lebensbaum mit dem Innovationspreis, 2003

ment einheimst. Es vergeht kaum ein Jahr ohne Preisverleihung. 2002 gibt es den ›Oscar für den Mittelstand‹ der Oskar-Patzelt-Stiftung für das Engagement in der Region und die besondere Kundennähe von Lebensbaum. Außerdem beeindruckte die Jury, dass Lebensbaum »Haltung mit wirtschaftlichem Erfolg« zu verbinden wisse. 2003 folgt der Innovationspreis in der Kategorie »Kulturelles & Soziales« des Bundesministeriums für Verbraucherschutz, Ernährung und Landwirtschaft für das Gesamtunternehmenskonzept, das Ökologie und soziales Engagement in der Wertschöpfungskette miteinander vereint. 2004 gibt es den Umweltpreis der ökologisch orientierten Unternehmensvereinigung B. A. U. M. In seiner Laudatio nennt der Politiker und Wissenschaftler Ernst-Ulrich von Weizsäcker zwei Gründe, warum Lebensbaum den Preis verdient habe: erstens wegen des Pilotprojekts zur Verwendung regenerativer Energien aus der Region und zweitens wegen des Lebensbaum Partner-Systems, also der Art und Weise, wie das Unternehmen

INNOVATIONSPREIS 2003

Auszeichnung

im Innovationsfeld Kulturelles und Soziales für

Ulrich Walter GmbH /
LEBENSBAUM, Diepholz

für die Entwicklung eines neuartigen Lieferantenbewertungssystems, bei dem Aspekte wie Arbeitsbedingungen und Umweltleistungen im Vordergrund stehen

Urkunde Innovationspreis 2003

Ulrich Walter und Tierfilm-Legende Heinz Sielmann bei der Verleihung des B.A.U.M. Umweltpreis. Beide waren Preisträger in dem Jahr, Ulrich Walter stellvertretend für Lebensbaum, 2004

systematisch mit seinen Lieferanten zusammenarbeitet: auf Augenhöhe, unterstützend, mit langfristigen, fairen und verlässlichen Bedingungen und nie nur die ökonomischen Interessen im Blick, sondern nachhaltig denkend und handelnd.

2005 kann sich Ulrich Walter das Gütesiegel »Ethics in Business«, eine Initiative der compamedia GmbH, unter anderem unterstützt vom Deutsche CSR-Forum, an die Wand heften und 2006 den Bremer Umweltpreis Nordwest. Auch die Stadt Diepholz würdigt die Arbeit des Unternehmens, indem sie ihm den Agendapreis für besondere Leistungen in Sachen regionaler Klimaschutz verleiht. Die Stadt freut sich, ein

Der damalige niedersächsische Ministerpräsident Christian Wulff, Mitte, besichtigt die Lebensbaum Produktion mit Ulrich Walter, 2007

Ulrich Walter,
Marie Luise Marjan
(Schauspielerin),
Maximilian Gege
(B.A.U.M. e.V.)

so erfolgreiches und engagiertes Unternehmen zu haben. »Lebensbaum tat und tut viel für die Stadt und die Region«, wird 2020 der Bürgermeister Florian Marré sagen. Das Unternehmen unterstützt viele Projekte finanziell und personell, wie den Kulturring, das über die Landesgrenzen bekannte Appletree Garden Festival, später dann auch den Handball oder das Diepholzer Moor. »Und wenn die Bio-Brotboxen für die Schulanfänger vorbereitet werden, dann packt Ulrich Walter selbst mit an.«

2008 gibt es dann noch mal einen Preis von B.A.U.M. e.V. in der Kategorie Büro und Umwelt. Lebensbaum ist nun ein Unternehmen, auf das man auch außerhalb der engeren Umwelt- und Nachhaltigkeitsszene aufmerksam wird. Immer mal wieder kommt hoher Besuch: Der damalige Ministerpräsident von Niedersachsen, Sigmar Gabriel oder der Bundespräsident Christian Wulff und auch die Schauspielerin Marie Luise Marjan gehört zu denjenigen, die sich für die Bioproduktion interessieren.

Nachhaltigkeitsmanagement und Stiftung

Die erste Dekade im neuen Jahrtausend ist die, in der sich viele Unternehmen entscheiden, einen Nachhaltigkeitsbericht zu schreiben. Noch ist das alles freiwillig, aber für große und international operierende Unternehmen wird es immer selbstverständlicher, einen solchen Bericht vorweisen zu können, in dem sie ihre Bemühungen um ein sozial und

Lebensbaum Nachhaltigkeitsberichte 2013, 2016, 2019

ökologisch verträgliches Geschäftsgebaren darstellen, oder sagen wir besser: Die Partner im Markt erwarten es immer häufiger, allen voran Investoren. Es wird also zunehmend erforderlich, Nachhaltigkeitsberichte zu schreiben.

Auch Lebensbaum entschließt sich 2006, einen Nachhaltigkeitsbericht zu verfassen, obwohl es sich als Unternehmen mit einem eigentlich per Gründungsidee schon nachhaltigen Geschäftsmodell davon nicht unbedingt größere Vorteile versprechen kann. Doch seit Mitte der 1990er Jahre befasst sich das Unternehmen mit der Frage, wie es sein Verständnis und seine Maßnahmen zu nachhaltigem Wirtschaften besser strukturieren und auch nach außen sichtbar machen kann. »Viele mittelständische Unternehmen dachten zur der Zeit, dass das doch alles zu viel Aufwand sei und würde keinen Mehrwert bringen«, erinnert sich Ulrich Walter. »Wir aber wollten zeigen, dass ein strukturiertes Nachhaltigkeitsmanagement und eine dazugehörige Berichterstattung durchaus auch für einen kleinen Mittelständler machbar und sinnvoll sind. Allerdings wollten wir keinen Bericht, der in einem Regal verstaubt, sondern der auch für ein weniger informiertes Publikum sowie für unsere Kunden und andere Stakeholder interessant und gut verständlich ist.« Ab 2013 wurde das umgesetzt. In Workshops mit dem Institut für Markt, Umwelt, Gesellschaft (IMUG) in Hannover bereitet sich Lebensbaum vor und entwickelte Konzept und Vorgehen für die Berichterstattung.

Ulrich und Angela Walter vor der Lebensbaum Stele im Diepholzer Schloßpark. Der dortige Stelenpfad ist ein Outdoor-Heimatmuseum zur Diepholzer Stadtgeschichte. Lebensbaum belegt das Thema Nachhaltige Industrie, 2009
© Mediengruppe Kreiszeitung/Eberhard Jansen

Die Resonanz ist dann eher verhalten, wie das den meisten Unternehmen mit ihren Nachhaltigkeitsberichten geht. Es gehört zum guten Ton, ist State of the Art, es wird registriert, wenn Unternehmen keine Berichte schreiben, doch die wenigsten Stakeholder machen sich wirklich die Mühe, das Veröffentlichte genauer anzuschauen. Wobei: Finanzanalysten und Investoren nutzen die Berichte über die Zeit immer intensiver, um Unternehmensrisiken auch im Bereich der Nachhaltigkeit besser einschätzen zu können. »Es gab wenig direktes Feedback. Für viele der Adressaten war es eher eine Bestätigung für den Eindruck oder die Erwartung, die sie ohnehin an uns richteten. Insofern hat es sicher auch unserem Image gedient«, resümiert Ulrich Walter.

2006 ist Lebensbaum das erste Bio-Unternehmen, das einen Nachhaltigkeitsbericht vorweisen kann, es ist eines von nur ganz wenigen Unternehmen im Bezirk der IHK Hannover-Hildesheim und eines von nur ein paar Tausend in ganz Deutschland. In den Folgejahren gibt es immer mehr Unternehmen, die berichten, jedoch wird es noch eine ganze Weile dauern, bis sich auch andere Bio-Unternehmen um dieses Thema kümmern.

In diesem Jahrzehnt gründet die Familie Walter auch die Lebensbaum-Stiftung. »Ich habe es immer gehasst, wenn Unternehmen wohltätige Dinge tun und sich dann damit schmücken, es gar auf das Konto ihrer Nachhaltigkeitsleistung verbuchen«, erklärt Ulrich Walter. In der Tat: Viele Unternehmen halten die Maßnahmen, die in ihrem Kernge-

Ulrich Walter bastelt mit Schulkindern in der Grundschule der Finca Irlanda, Mexiko, 2009

schäft nötig sind, um nachhaltig zu wirtschaften, nicht auseinander von dem Geld, das sie für soziale oder kulturelle Projekte ausgeben. In der Nachhaltigkeit kommt es aber darauf an, die Geschäftsprozesse systematisch zu verbessern, es geht also um die Frage, wie das Geld verdient, und nicht, wie es ausgegeben wird. Deshalb haben auch die Walters ihre karitativen Maßnahmen aus dem Unternehmen ausgelagert. Der Kapitalstock stammt aus dem Geld der Familie, und das Unternehmen spendet jedes Jahr einen namhaften Betrag. Die Stiftung finanziert zum Beispiel eine Schule auf der Finca Irlanda in Mexiko und in einem Slum im indischen Chennai ein Projekt, damit Kinder und Jugendliche wieder in die Schule gehen können. Bei der Flutkatastrophe nach dem Tsunami in Südasien (2004) mobilisiert Walter andere Bio-Unternehmen in Deutschland, und gemeinsam spenden sie für den Wiederaufbau von Dörfern. Seit einigen Jahren fungiert die Stiftung als einer der Träger für einen Forschungspreis für Bio-Lebensmittel, den Forschungspreis Biolebensmittelwirtschaft (ab 2020 BioThesis), in Kooperation mit drei weiteren Trägern, der Münchener Schweisfurth Stiftung, der Biofach Messe und der AöL (Arbeitsgemeinschaft ökologische Lebensmittelwirtschaft).

Organic Village: durch Spenden finanzierter Wohnraum für durch den Tsunami 2004 obdachlos gewordene Familien in Kerala, Indien, 2005

Stiftung in Mexiko, weitere Nachhaltigkeitsprojekte

Auch in Mexico gibt es seit 2002 eine Stiftung, bei der Ulrich Walter im Vorstand ist. Denn er merkt bald, dass manche seiner Partner finanziell überfordert sind, sich auch um Bildungsmaßnahmen oder Wiederaufforstung zu kümmern. Die Kaffeeplantage, Finca Irlanda, spendet so viel Geld, wie es ihr möglich ist. Die anderen Mittel stammen aus privaten Mitteln von Lebensbaum, der Kaffeerösterei Niehoff, die seit 1983 für Lebensbaum den Kaffee röstet, sowie privaten Geldern der beiden Unternehmer und von weiteren Spendern. So fließen in fünf Jahren rund 600 000 € unter anderem in den Betrieb und die Infrastruktur einer Schule sowie weiterer Einrichtungen. Die Stiftung wird 2017 reorganisiert, der Vorstand neu besetzt und erhält zusätzliche Aufgaben, wie zum Beispiel das soziale und kulturelle Leben in der Gemeinschaft mit zu gestalten. Dazu werden auch Grundstücke und Einrichtungen der Finca auf die Stiftung überschrieben.

Um weitere blinde Flecken auf der Nachhaltigkeitsagenda zu beseitigen, knöpfen sich Ulrich Walter und seine Leute 2008 den Versand vor. Alle Päckchen, Pakete und Briefe verschickt das Unternehmen von da an klimaneutral mit dem GoGreen-Service der Deutschen Post. Und der Versand der Waren? Da Lebensbaum nur Großkunden beliefert,

Neubau der neuen Lebensbaum Produktionshalle, 2009

Götz Rehn und Paul Söbbeke bei der Lebensbaum Jubiläumsfeier, 2009

Einweihung und Tag der offenen Tür

Angela Walter beim Entzünden einer traditionellen indischen Lampe beim 30jährigen Jubiläum von Lebensbaum, 2009

Musik in der Lagerhalle am Tag der offenen Tür anlässlich des 30. Geburtstags von Lebensbaum, 2009

läuft das über Speditionen. Die meisten Kunden organisieren das selbst und lassen abholen. »In den meisten Fällen sind es volle LKW-Ladungen, doch da gibt es sicher Luft nach oben. Allerdings liegt das nicht allein in unserer Hand«, meint Walter.

Dann wird es schon wieder zu eng im erst 2001 neu gebauten Firmengebäude, und so braucht das Unternehmen 2007 auch ein Logistikzentrum, die BiologX. Das mit umweltfreundlichen Materialien erbaute und klimafreundliche Gebäude wird wie das Hauptgebäude von 2002 gut gedämmt. 2009 muss schon eine zweite Produktionshalle her, um die weiter steigende Nachfrage befriedigen zu können. 2013 wird noch mal eine Halle gebaut. Jetzt aber ist der Platz voll ausgeschöpft, mehr geht an dieser Stelle nicht mehr. Leider kann Lebensbaum nicht in die Höhe bauen – was wesentlich nachhaltiger wäre, als weitere Flächen zu versiegeln – denn aufgrund des nahe gelegenen Flugplatzes und Militärgeländes ist die Gebäudehöhe limitiert. Und wenn Lebensbaum weiter expandieren will? Dafür mietet das Unternehmen später in einer benachbarten Spedition an, und es stehen auch weitere Flächen zur Bebauung zur Verfügung. Dann wird leider weiter Boden versiegelt.

Im selben Jahr geht Lebensbaum einen weiteren Schritt hin zu einem klimaneutralen Unternehmen: Eine Geothermieanlage wird eingeweiht. Nun heizt das Unternehmen mit Erdwärme und macht sich unabhängig von fossiler Energie, die weder nachhaltig ist und auf Dauer auch immer knapper und damit teurer wird.

2009 feiert Lebensbaum mit seinen nun 100 Mitarbeitern sein 30jähriges Bestehen mit dem Tag der offenen Tür.

Logistikzentrum BiologX, 2007

Die 2010er Jahre

Die 2010er Jahre: Populisten gefährden die Demokratien, ein Jahrzehnt so heiß wie nie, mit den SDG kommt Hoffnung in die Welt, die Bios sind auf Erfolgskurs, aber nicht weit genug, und Ulrich Walter regelt die Nachfolge

Zu Beginn dieses Jahrzehnts kämpft Europa mit einer Krise der Staatsschulden: Vor allem Griechenland, Spanien und Italien haben starke Haushaltsdefizite und hohe Arbeitslosigkeit. Die EU will diese Länder mit Krediten vor der Zahlungsunfähigkeit bewahren, verlangt dafür aber erhebliche Gegenleistungen: Sie sollen sparen, die stärker als anderswo übliche Steuervermeidung ihrer Industrien und Haushalte bekämpfen und ihre Sozialsysteme zurückfahren Über den letzten Punkt und seine gravierenden Folgen für die ärmere Bevölkerung entbrennt ein langer Streit. In der Folge entwickelt sich ausgehend von den USA auch in Europa eine neue Protestbewegung: Occupy. Es sind vor allem junge Menschen, die sich gegen soziale Ungleichheit und Spekulationsgeschäfte von Banken sowie den einseitig profitorientierten Lobbyismus von Wirtschaft und Finanzwelt engagieren.

In Deutschland eskalieren 2010 die Auseinandersetzungen um »Stuttgart 21«, das Großprojekt von Baden-Württembergischer Landesregierung und Deutscher Bahn, bei dem vor allem aus dem Kopfbahnhof Stuttgart – wie die gesamte Stadt in einem Talkessel gelegen – ein Durchgangsbahnhof werden soll. Völlig unerwartet für die DB und die Politik formiert sich eine große Protestbewegung. Menschen, die nicht einsehen wollen, dass man für einen zweifelhaften verkehrspolitischen Nutzen Teile des Stadtparks opfern, die Mineralwasservorkommen gefährden und Milliarden ausgeben muss, engagieren sich. Die geplanten Kosten werden im weiteren Verlauf von zunächst 2,5 auf rund 10 Milliarden Euro steigen. Stuttgart 21 wird zum Symbol für die Schwierigkeiten, Großprojekte umsetzen zu wollen. Bei einer Volksabstimmung 2011 spricht sich allerdings eine Mehrheit von knapp 60 Prozent der Bürgerinnen und Bürger Baden-Württembergs für das Projekt aus. Je weiter die Menschen vom Ort des Geschehens entfernt sind, desto gelassener scheinen sie den Konsequenzen gegenüber.

In Tunesien verbrennt sich im Dezember 2010 ein Gemüsehändler aus Protest gegen die Regierung und löst damit Massenunruhen aus, die auch andere Länder des Nahen Ostens erfassen: Im Arabischen Frühling brennt fast der ganze Nahe Osten. Staatsoberhäupter müssen zurücktreten, Militärregime übernehmen, Libyen kommt nicht mehr zur Ruhe, und in Syrien beginnt ein verheerender Bürgerkrieg, der bis heute andauert. In dem politischen Gewirr aus Ölinteressen, inner-islamischen Konflikten und US-Interventionen breitet sich die Terrororganisation Islamischer Staat aus. Sie mordet, foltert, verschleppt, versklavt, misshandelt und vergewaltigt. Das Vorgehen der Organisation versetzt Menschen, Regionen, ja ganze Länder in Angst und Schrecken. Immer mehr Menschen bleibt nur noch die Flucht nach Europa.

Im Zuge dessen entschließt sich Kanzlerin Angela Merkel, die 2013 wiedergewählt wird und eine zweite Große Koalition von CDU/CSU und SDP anführt, im September 2015 zu einem drastischen Schritt: Der ungarische Ministerpräsident Viktor Orbán blockiert mit seiner chauvinistischen Politik den Weg der Fluchtkolonnen, will sie aber auch nicht aufnehmen, quält sie auf Bahnhöfen und in unwirtlichen Lagern und zeigt dabei keinerlei Empathie oder Humanität. Orbán erpresst Europa. Merkel holt daraufhin Zehntausende syrische und afghanische Kriegsflüchtlinge nach Deutschland. Es sollen Hunderttausende werden. Heftige Diskussionen in der EU, aber auch in Deutschland sind die Folge. Dies ist nun auch die Stunde der Rechtspopulisten und Rassisten, die bei den Bundestagswahlen 2017 mit der Alternative für Deutschland (AfD) 12,6 Prozent der Stimmen erhalten und in den Bundestag einziehen. Sie sind damit die größte Oppositionsfraktion. Es ist aber auch die

Stunde der Solidarität: Die deutsche Bevölkerung zeigt gegenüber den Geflüchteten eine ausgesprochen große und lange anhaltende Hilfsbereitschaft. Der Slogan »Refugees Welcome« (Flüchtlinge sind willkommen) wird zum Sinnbild für viele, die einen Ausweg aus einem jahrzehntelangen neoliberal hartherzigen gesellschaftlichen Klima suchen. Spontan manifestiert sich die offene Gesellschaft. Doch auch dieses Fenster beginnt sich bald wieder zu schließen, nachdem sich zeigt, wie wenig andere Länder, wie Österreich oder eben Ungarn, bereit sind, den Weg mitzugehen, den Gestrandeten zu helfen und nach grundsätzlichen Lösungen zu suchen. Im Zuge der europäischen Auseinandersetzungen und dem Erstarken der Rechtspopulisten kühlt sich das politische Klima auch in Deutschland wieder ab.

In etlichen anderen europäischen Ländern erstarken ebenfalls rechtspopulistische Kräfte. In den USA wird am 8. November 2016 der Unternehmer und Reality-TV-Star Donald Trump zum Präsidenten gewählt. In der Wahl-Nacht vom 8. auf den 9. November wird Deutschland zum wichtigsten Ankerland für die Demokratie – ohne eigenes Zutun und nur, weil Trump sich durch antidemokratisches, nationalistisches, minderheiten-, frauen- und wissenschaftsfeindliches Verhalten hervortut. Großbritannien kippt mit dem Wunsch, die EU zu verlassen, in den »Brexit«-Rausch. In Brasilien wird 2019 Jair Bolsonaro, ein ähnlicher Typ wie Trump, Präsident und liefert den brasilianischen Regenwald den Interessen der Agrar- und Fleischlobby aus: In erschreckend schnellem Tempo wird nun abgeholzt und abgebrannt.

Leider sind die 2010er Jahre auch Jahre mit vielen Terroranschlägen überall auf der Welt und insbesondere im Irak. In Europa trifft es Moskau, Madrid, London, Paris, Nizza, Brüssel, Manchester, Kopenhagen, Oslo, Stockholm, Straßburg und St. Petersburg. Im Dezember 2016 kommt der Terror mit dem Anschlag auf dem Breitscheidplatz auch nach Berlin, sodass in der Folge im ganzen Land Weihnachtsmärkte und ähnliche Veranstaltungen durch bewaffnete Sicherheitskräfte und massive Blockaden aus Beton oder Fahrzeugen geschützt werden. Islamistisch, nationalistisch, religiös aber auch rechtsradikal und rassistisch motivierte Gewalttaten häufen sich.

Klimawandel und globale Nachhaltigkeitsziele

Es ist auch das Jahrzehnt, das bisher als das heißeste seit den Wetteraufzeichnungen gilt. Laut der Weltorganisation für Meteorologie ist es geprägt von einer »außerordentlichen Hitze, Gletscherschmelze und einem weltweiten Anstieg des Meeresspiegels«. Dazu die Klimawissenschaftlerin Kate Marvel zum Jahreswechsel 2019/2020: »Dies ist das Jahrzehnt, in dem wir wussten, dass wir Recht hatten. Es begann mit dem wärmsten Jahr seit Beginn der Aufzeichnungen; mindestens fünf Mal wurde dieser Rekord danach gebrochen. Kohlendioxid in der Atmosphäre erreichte ein noch nie dagewesenes Niveau, seit Menschen Hominini waren. Es gab Dürren und Überschwemmungen und brutale Hitzewellen. Korallenriffe wurden weiß und gaben auf. Australien ist der Dürre unterworfen. Der Amazonas brennt.« *

In der Tat: Die Waldbrände 2019 im Amazonas-Regenwald bestürzen die ganze Welt und sind Thema beim G7-Gipfel im französischen Biarritz. Die G7-Staaten bieten Brasilien Hilfe bei der Löschung der Brände an, was Präsident Bolsonaro jedoch ausschlägt. Im selben Jahr kommt es zu wochenlangen verheerenden Buschbränden in Australien, denen geschätzt eine Milliarde Tiere zum Opfer fallen. Fast machtlos scheint der Mensch dem Inferno ausgeliefert. Auch in Schweden brennen 2018 die Wälder – wie seit 100 Jahren nicht mehr. Im August 2016 meldet die NASA, das Eis in der Arktis sei so stark getaut, dass Schiffe die Nordwestpassage, die den Atlantischen mit dem Pazifischen Ozean verbindet, durchfahren können. Die Gletscher schmelzen unaufhaltsam. Alles Anzeichen für eine deutliche Erwärmung des Klimas.

Schon 2013 aber zeigen sich die Folgen des Klimawandels: Es kommt in Mitteleuropa zu heftigen Überschwemmungen, vor allem Österreich und Tschechien sind stark betroffen. Auf den Philippinen wütet im selben Jahr ein Taifun, dem 6000 Menschen zum Opfer fallen.

Doch es gibt auch Lichtblicke in diesem Jahrzehnt der negativen Superlative: Die Ozonschicht erholt sich wieder, da die Fluorkohlenwas-

* Kate Marvel: This Was the Decade We Knew We Were Right. Scientific America, 30. Dezember 2019

serstoffe (FCKW), die als Treib- und Kältemittel eingesetzt wurden, weltweit seit 2000 weitestgehend verboten sind. 2015 ist auch das Jahr, in dem sich – nach mehreren desaströs gescheiterten Konferenzen – die Weltgemeinschaft nun endlich auf einen klaren Fahrplan für den Klimaschutz einigen kann: Mit dem Pariser Klimaabkommen verpflichten sich 197 Staaten dazu, die Erderwärmung nicht über 2 °C steigen zu lassen, besser aber seien 1,5 Grad. Wieder keimt berechtigte Hoffnung, dass die schlimmsten Folgen des Klimawandels noch verhindert werden können. Doch schon 2017 kündigt US-Präsident Donald Trump an, aus dem Abkommen wieder auszusteigen... Ständig hat man das Gefühl, zwei Schritte vor und gleich wieder mindestens eineinhalb zurückzugehen.

»Die Konferenzen mit den mageren Ergebnissen zeigen natürlich auch, wie komplex die Materie ist und dass die reine Einsicht noch nicht zu Handlungen führt«, meint Ulrich Walter dazu. »Die aktuelle Interessenlage der Nationen – kurzfristiges Denken und Handeln, kulturelle Unterschiede, unterschiedlicher Bildungsstand usw. – wird hier deutlich. Für Menschen, die sich bereits seit Jahren um konkrete Änderungen bemühen, ist das jedes Mal ein Schlag ins Kontor und eher frustrierend als ermutigend. Ich habe mich schon manchmal gefragt, weshalb strengen wir uns eigentlich so an und fordern unsere Partner, ebenso zu handeln, wenn das doch im Gesamtkontext eher wie ein Fliegenschiss auf der Weltkarte wirkt? Am Ende aber halte ich mich doch stets an den Satz: ›Wenn wir es nicht tun, wer denn dann?‹ Es braucht gute Beispiele, die ich gerne Leuchttürme nenne, um andere anzuregen. Leuchttürme weisen der Schifffahrt ihren Weg. So können gute und erfolgreiche Beispiele ebenso den Weg weisen«, davon ist Walter überzeugt und macht weiter.

In dieser Situation, da nichts recht vorangeht, meldet sich die Jugend zu Wort: 2018 löst die zu der Zeit 15-jährige Greta Thunberg, eine Schülerin aus Schweden, mit ihrem »Schulstreik für das Klima«, den sie zunächst ganz alleine durchführt, eine weltweite Jugendbewegung aus: Fridays-For-Future. Fortan demonstrieren jeden Freitag weltweit Schülerinnen und Schüler für konsequenten Klimaschutz und dringen auch

Globale Nachhaltigkeitsziele der Vereinten Nationen (SDG)

ins politische Berlin durch. Zahlreiche Unterstützerorganisationen gründen sich, unter anderem Scientists For Future, Entrepreneurs For Future, Parents for Future. Greta Thunberg wird weltweit bekannt und zur Hoffnungsträgerin der jungen Generation. Sie wird zum Weltwirtschaftsforum in Davos, Schweiz, eingeladen und hält 2019 bei der UN eine bewegende Rede. Neben Fridays-For-Future entsteht auch die Organisation Extinction Rebellion, die mit radikaleren Aktionsformen zu denselben Zielen auftritt.

Ein weiterer Hoffnungsanker in dieser Dekade: Die UN verkünden 2015 die Sustainable Development Goals (SDG), die globalen Nachhaltigkeitsziele, die die wenig bis nicht erfolgreichen Millenium Development Goals (MDG) aus dem Jahr 2000 ersetzen. Über 20 Jahre nach der legendären UN-Konferenz über Umwelt und Entwicklung in Rio de Janeiro, Brasilien, braucht es dringend eine neue Initiative für Nachhaltigkeit, die wieder Leben in die Sache bringt. Wie es zu den SDG kommt, die bereits viele Länder und Unternehmen in ihre nationale und Firmenpolitik integriert haben, ist ein Lehrstück der besonderen Art und zeigt, wie tiefgreifende Veränderungen selbst in nahezu aussichtslosen Situationen möglich sind. Es ist eine Frau in der männerdominierten Diplomatenwelt, Paula Caballero, aus dem krisengeschüttelten Land Kolumbien, die Geschichte schreibt: Mit einer klaren Vision im Kopf und im Herzen, beharrlicher Überzeugungskraft und dem Mut, die vorgegebenen diplomatisch einengenden Wege zu umschiffen, gelingt es ihr und ihren Mitstreitern, dass die Vereinten Nationen 17 große Ziele mit 169 Unterzielen für globale Nachhaltigkeit verabschieden.

Ziele, die die Regierungen, Institutionen und Teile der Wirtschaft in den Folgejahren tatsächlich ernst nehmen. Eine Sternstunde für die Nachhaltigkeit.

Lebensbaum nimmt die SDG zum Anlass, seine Nachhaltigkeitsstrategie entlang der für das Unternehmen wesentlichen Ziele zu strukturieren und danach zu berichten.

In die 2010er Jahre fällt auch die UN-Dekade zum Schutz der Biologischen Vielfalt. Die Mitgliedsstaaten sind aufgerufen, Projekte und Maßnahmen zu starten, um den dramatischen Verlust von Arten aufzuhalten. Deutschland hatte bereits 2007 seine Nationale Strategie zur biologischen Vielfalt (NBS) aufgesetzt und sie – nachdem diese nicht wirksam wurde – 2015 um das Handlungsprogramm Naturschutz-Offensive 2020 ergänzt. Die Strategie enthält 25 Tier- und 15 Pflanzenarten, um die man sich vor allem kümmern will, sowie 30 räumliche Schwerpunkte. Gefördert werden Projekte, die zum Schutz von Arten oder Lebensräumen beitragen oder das gesellschaftliche Bewusstsein für die biologische Vielfalt stärken. Konkret erhalten zum Beispiel Landwirte oder Grundbesitzer Ausgleichszahlungen für sogenannte Ökosystemleistungen, wenn sie also Maßnahmen treffen, die dem Artenschutz und der Umwelt allgemein dienen.

Für die Bio-Landwirtschaft jedoch ist Artenschutz ein integriertes Thema. Sie geht schonend mit den Ressourcen um und achtet auf Vielfalt. »Wir haben unsere Anbaupartner stets angehalten, diesem Prinzip zu folgen«, so Ulrich Walter. »Wo Bäume sind, sind auch Vögel. Und Vögel fressen Insekten und kontrollieren somit auf natürliche Art die Insektenpopulation. Somit sind sie eine natürliche Schädlingskontrolle. Anstatt Herbizide einzusetzen, wird Unkraut mit Bodendeckerpflanzen in Schach gehalten, die, zwischen die Reihen der Kulturpflanzen gesät, auch noch Erosionsschutz für den Boden bieten. Die Erde bleibt, wird nicht weggeweht oder abgeschwemmt. Das alles bedeutet natürlich auch einen höheren Aufwand. Auf der Plantage unseres ältesten Kaffeelieferanten wurden zusätzlich 25 Hektar Fläche als Reservat abgegrenzt. Dort können sich Pflanzen und Tiere entwickeln und haben Schutz. Die Vielfalt der Pflanzen, das biologische Gleichgewicht, verhindert auch, dass sich Krankheiten schnell ausbreiten. Alles in allem ist Bio-Landwirtschaft der Garant für eine intaktere Flora und Fauna. Allerdings greift auch sie in das natürliche Geschehen ein, jedoch wesentlich sanfter.«

Fukushima und der deutsche Atomausstieg

Das Jahrzehnt beginnt mit einer gewaltigen Explosion: Die Havarie der Bohrinsel Deepwater Horizon, die vor der Küste der Vereinigen Staaten eine der schlimmsten Ölkatastrophen auslöst. 87 Tage lang strömen rund 800 Millionen Liter Roh-Öl in den Golf von Mexiko. Gegen den Ölkonzern BP, der die Plattform betreiben lässt, werden schwere Vorwürfe erhoben. Unglaublich, aber wahr: Transocean, die Eigentümerfirma der Ölplattform, ist der Meinung, dass 2010 das Jahr mit der geringsten Zahl an Unfällen ist und belohnt ihre Führungskräfte Anfang 2011 dafür mit hohen Prämien. Allein der CEO erhält Aktien im Wert von über vier Millionen Dollar. Eines von vielen Beispielen dafür, wie weit sich Teile der reichen Eliten von der gesellschaftlichen Realität entfernt haben. Mit der Katastrophe aber erfährt die Welt, dass die Industrie jede Menge nicht mehr kontrollierbarer Ölhavarien hinterlässt und zeigt: Die niedrigen Benzinpreise an der Zapfsäule sind ein Skandal.

Die Welt der Atomkraft verändert der 11. März 2011: Durch die Folgen eines schweren Erdbebens kommt es zu einer nuklearen Katastrophe im Atomkraftwerk von Fukushima in Japan. Nach einer Kernschmelze in zwei Reaktorblöcken treten große Mengen radioaktiven Materials aus und kontaminieren Luft, Böden, Wasser und Nahrungsmittel in der Umgebung. Zigtausende Menschen müssen das Gebiet verlassen, teilweise dauerhaft. Hunderttausende zurückgelassene Tiere verhungern.

Gerade noch hatte die Regierung Merkel die Laufzeiten für die deutschen Atomkraftwerke um bis zu 14 Jahre verlängert. Doch unter dem Eindruck von Fukushima erlässt Angela Merkel ein dreimonatiges Atom-Moratorium für die sieben ältesten deutschen Atomkraftwerke sowie für den »Pannenreaktor« Krümmel südöstlich von Hamburg, für den zwischen 2005 und 2013 acht Störfälle berichtet werden. Kurz darauf setzt sie eine »Ethik-Kommission Sichere Energieversorgung« ein, die vom über Parteigrenzen hinweg anerkannten Umweltpolitiker Klaus Töpfer sowie Matthias Kleiner, damals Präsident der Deutschen Forschungsgesellschaft (DFG), geleitet wird. Nur acht Wochen haben die Mitglieder Zeit, sich zu einigen, wie die Energieversorgung in Deutschland künftig aussehen soll. Es sind harte Verhandlungen zwischen Menschen, die in ihren Haltungen kaum unterschiedlicher sein könnten: Da sind diejenigen, die ihr ganzes bisheriges Leben fest davon überzeugt sind, dass die Atomkraft einen wichtigen Platz in der Energieversorgung einnehmen kann und muss und dass ihre Risiken beherrschbar sind. Und dann sind da die anderen Expertinnen und Experten, die schon seit Jahrzehnten vor den Gefahren der Kernenergie warnen und ebenfalls mit wissenschaftlichen, wirtschaftlichen und gesellschaftspolitischen Argumenten gerüstet sind. Bei beiden Seiten spielen jedoch nicht nur Sachargumente eine Rolle, für viele steht ein Lebenswerk auf dem Spiel. Entsprechend emotional geht es mitunter zu, entsprechend feinfühlig müssen die Diskussionen geleitet werden. Doch nicht zu leugnen ist: Fukushima hat gezeigt, dass eine Nuklearkatastrophe selbst in einem Hightech-Land wie Japan passieren kann. Dann kann es auch in Deutschland geschehen. Das dämmert nun den meisten. Am Ende gelingt das schier Unmögliche: Die Kommission schlägt der Regierung einen geordneten Ausstieg aus der Kernenergie vor. »Unsere Diskussionen waren komplett ergebnisoffen, und die Kommission war sehr hochrangig besetzt, auch auf Seiten der Wirtschaft,« erzählt Klaus Töpfer. »Unstrittig war, dass neun Milliarden Menschen und mehr sich nicht allein auf fossile Energien und Atomkraft stützen können. Am Ende sahen dann auch die Vertreter der Wirtschaft, dass mit dem Umstieg auf Erneuerbare und dem Ausstieg aus der Kernenergie auch große wirtschaftliche Chancen eröffnet werden. Wir hatten in der

Kommission eine parteiübergreifend gute Zusammenarbeit, und die Vertreter der Wissenschaft haben uns im Prozess hervorragend unterstützt. Doch ohne die Hilfe von Günther Bachmann, dem damaligen Generalsekretär des Rats für Nachhaltige Entwicklung, der immer wieder aufs Neue Konsensvorschläge erarbeitete, hätten wir das alles nicht geschafft.«

Konsequenterer Einstieg in Erneuerbare Energien

Dieser Atomausstieg 2011 unterscheidet sich grundlegend von dem aus dem Jahr 2000. Hatte sich die rot-grüne Regierung damals im engen Zirkel mit den Betreibern geeinigt, gibt es 2011 kein einziges bilaterales Gespräch mit den Energieversorgern. Während der Bundestag den Ausstieg 2000 nur mit einfacher Mehrheit beschließt, schafft man 2011 mit einem fraktionsübergreifenden Konsens eine feste Verbindlichkeit und damit ein robustes Ergebnis: Der Bundestag beschließt das »13. Gesetz zur Änderung des Atomgesetzes« in namentlicher Abstimmung und mit großer Mehrheit.* Damit nähert sich die Ära Atomkraft tatsächlich ihrem Ende und die Wende hin zu Erneuerbaren Energien wird beschleunigt.

Mitte 2011 verlieren acht deutsche Kernkraftwerke ihre Betriebserlaubnis. 2015 wird das Kernkraftwerk Grafenrheinfeld (Unterfranken) vom Netz genommen, 2017 folgt Block B von Gundremmingen (Schwaben) und 2019 Philippsburg 2 bei Karlsruhe. Die letzten Kernkraftwerke müssen Ende 2022 abgeschaltet werden.

Tatsächlich werden die 2010er Jahre auch eine Dekade, bei der die Energiegewinnung vor allem aus Sonne und Wind massiv ausgebaut wird. 2019 liegt der Anteil der erneuerbaren Energien am Bruttostromverbrauch bei 42,1 Prozent, der Anteil am Wärmeverbrauch bei 14,5 Prozent. Im Verkehrssektor ist leider kaum Bewegung erkennbar, hier dümpelt der Anteil bei 5,6 Prozent. Zwar sind mittlerweile Elektroautos mit größerer Reichweite erhältlich, doch sie können sich am

---

* Günther Bachmann: Die Stunde der Politik, Ein Essay über Nachhaltigkeit, Utopien und Gestaltungsspielräume, München 2020

Markt nicht richtig durchsetzen. Und es gibt Zweifel, ob sie überhaupt eine dauerhafte Lösung für nachhaltige Mobilität sind: Für die Batterien werden Seltene Erden benötigt, die Stromversorgung aus regenerativen Quellen ist je nach Ladeort nicht sichergestellt. Obendrein bleibt die Frage, ob und wie die ressourcenintensive Automobilität insgesamt reduziert werden kann. Eine Fragestellung, die in den Verkehrsministerien wenig diskutiert wird. Bei den Antriebstechnologien jedoch tut sich was: Ab 2014 gibt es seriell gefertigte Wasserstoff-Brennzellenfahrzeuge. Anders als bei den Autos sind die Deutschen bei Fährrädern begierig nach Elektro – ebenfalls ein janusköpfiger Trend, was die Nachhaltigkeit und vor allem dem Strombedarf angeht. Viele besitzen nun zwei Fahrräder, eines mit, eines ohne Elektroantrieb und fahren nun lieber elektrisch, obwohl sie körperlich fit genug sind.

Insgesamt machen die Erneuerbaren Energien am Brutto-Endenergieverbrauch über alle Sektoren hinweg am Ende der Dekade 17,1 Prozent aus. Das entspricht fast dem zehn Jahre zuvor aufgestellten Ziel der Bundesregierung von 18 Prozent für 2020. Mit mehr Engagement wäre sicher mehr drin gewesen.

Ja, und dann gibt es noch einen Ausstieg in diesem Jahrzehnt: den aus der Kohle. Lange hatten Umweltschützer darum gestritten, dass sich Deutschland aus den fossilen Brennstoffen verabschieden soll. Um das Ziel des Pariser Klimaabkommens einzuhalten, müssen weltweit und schnellstmöglich die Kohlekraftwerke abgeschaltet werden. Daher kommt es immer wieder zu Demonstrationen und Auseinandersetzungen in Kohleabbaugebieten, wie der Lausitz in Ostdeutschland oder dem Hambacher Forst in NRW. 2018 setzt die Regierung wieder eine Kommission ein, die einen Lösungsvorschlag erarbeiten soll: die »Kommission für Wachstum, Strukturwandel und Beschäftigung«. Ihr Ergebnis liegt Anfang 2019 vor: Bis spätestens 2038 soll das letzte Kohlekraftwerk vom Netz gehen, besser noch 2035. Ein entsprechendes Gesetz folgt 2020. Der Hambacher Forst zwischen Köln und Aachen wird zum Symbol. Von dem ehemals 4100 Hektar großen Wald stehen gegenwärtig noch 500 Hektar in drei getrennten Restflächen. Werden sie Bestand haben? Darf sich der Hambacher Forst in die Reihe der ökologischen Erinnerungs- und Widerstandsorte wie Whyl oder Gorleben einreihen?

Berichterstattung, Insektensterben, Plastik, Umweltverbände, Dieselgate

Von 2017 an sind Unternehmen ab einer bestimmten Größe und Bedeutung laut EU dazu verpflichtet, über soziale, ökologische und ökonomische Themen zu berichten, sprich: eine Nachhaltigkeitsberichterstattung vorzunehmen. Unternehmen, die international tätig sind, berichten in der Regel nach den Richtlinien der Global Reporting Initiative (GRI), die ein ausgefeiltes Regelwerk erarbeitet hat. In Deutschland gibt es zudem den Deutschen Nachhaltigkeitskodex (DNK), den der Rat für Nachhaltigkeit (RNE) entwickelt hat, um die Berichterstattung leichter, aber auch politisch wirksamer zu machen. Wie schon GRI soll auch der DNK Unternehmen auf relativ einfache Weise untereinander vergleichbar machen. Auch Lebensbaum erfüllt den DNK und berichtet bis 2018. 2019 nicht mehr. Der Grund: Man sieht das Projekt ambivalent. Einerseits sei es eine sinnvolle und gewünschte Kommunikationsmöglichkeit in Richtung der Bundesregierung und zum Rat für Nachhaltige Entwicklung, andererseits: »Wir haben nie verstanden, warum ein Unternehmen, das umfassend nach dem neusten GRI-Standard berichtet, der sehr viel weitergehender ist, dann trotzdem nochmal den DNK ausfüllen muss. 2013 wurde die Berichterstattung nach GRI noch voll vom DKN anerkannt, danach nicht mehr. Wir haben jahrelang quasi doppelt berichtet, jedoch den Mehraufwand zunehmend hinterfragt«, erklärt Ulrich Walter. Ob man sich weiterhin beteiligen möchte, wird in 2020 geprüft.

Die Folgen einer nicht nachhaltigen Landwirtschaft zeigen sich jetzt deutlich: Die Bienen sterben und nicht nur sie, auch Insekten insgesamt: 2017 berichten Forscher über einen Rückgang von bis zu 80 Prozent in Deutschland. Die Bürgerinnen und Bürger erleben es selbst: Die Windschutzscheiben der Autos, früher nach einer längeren Fahrt schwarz von toten Insekten, bleiben nun sauber. In Bayern startet Anfang 2019 ein Volksbegehren zur Artenvielfalt »Rettet die Bienen«, das insgesamt fast 1,75 Millionen Menschen unterzeichnen. Es wird das erfolgreichste Volksbegehren in der Geschichte Bayerns und schlägt Wellen weit über Bayern hinaus. Nicht nur der gefährliche Verlust von Arten ist es, der die Menschen mobilisiert, es ist auch das Gefühl immer mehr Heimat an eine industrielle Landwirtschaft und an den Bauwahn zu verlieren.

Die 2010er Jahre sind auch die Dekade, in der das Thema Plastik ganz oben auf die Agenda gerät. Viele Millionen Tonnen Kunststoffe sind inzwischen in die Meere gelangt, bilden teils große Müllteppiche, wie das »Great Pacific Garbage Patch« im Pazifik, das gut viermal so groß wie Deutschland ist, und es werden immer mehr. In Deutschland werden Plastiktüten in den Geschäften verboten, verstärkt wird über Recycling und andere Maßnahmen zur Vermeidung von Plastikabfällen diskutiert, wie eine Kunststoffsteuer. Wie stark der individuelle Faktor mitunter auf Entscheidungen von Verbänden wirkt, erzählt in diesem Kontext Michael Radau, Vorstandsvorsitzender der BioSuperMarkt AG: »Im Vorstand des Handelsverband Deutschland habe ich das Thema Plastiktüten angesprochen. Die Kollegen reagierten zunächst nicht begeistert, doch dann berichtete einer von ihnen, ein passionierter Segler, wie viel Plastikmüll er im Meer bei seinem letzten Segelturn im Atlantik gesehen habe und dass er es unbedingt unterstütze, wenn der HDE mithelfe Plastikmüll einzudämmen. Letztendlich war der HDE bereit für eine freiwillige Selbstverpflichtung, und diese wurde dann auch sehr erfolgreich umgesetzt.«

Plastik ist natürlich auch Thema bei Lebensbaum, besonders Verpackungen sind ein Dauerbrenner. Gerade Lebensmittelverpackungen müssen ja ganz viele unterschiedliche Anforderungen erfüllen, die sich teilweise auch widersprechen: Es gibt hohe Hygiene- und andere gesetzliche Standards, die Verpackungen sollen die Produkte schützen, es gibt Erwartungen der Verbraucher und des Handels an die Handhabung, und nicht zuletzt soll das Ganze auch nachhaltig sein. »Das ist meist die Quadratur des Kreises und beschäftigt uns ständig«, stöhnt Walter. »Wir hatten immer die Devise ›nur so viel Verpackung wie nötig und so wenig Verpackung wie möglich‹.« Lebensbaum beobachtet fortlaufend, was sich in der Forschung und auf dem Verpackungsmarkt so tut und experimentiert immer wieder mit neuen Methoden. Vieles wird umgesetzt: Teebeutel aus Material von Faserbananen, Faden aus Bio-Baumwolle, Folien auf Zellulosebasis. Zellulose ist allerdings nicht für jedes Produkt einsetzbar, da es auf Luftfeuchtigkeit und ätherische Öle reagiert. Maschinen werden so umgebaut, dass man den Faden am Teebeutel annähen und auf die Metallklammern verzichten kann, über die die sich Kundinnen und Kunden immer wieder beschweren. Doch es gilt die Devise: Maschinen werden so lange genutzt wie möglich, denn es ist nicht nachhaltig, gut funktionierende Technik zu entsorgen. Also gibt es beide Varianten, genäht und geklammert. »Auch darüber haben sich Kunden beklagt, verstanden es jedoch, als ich unsere Haltung erklärte«, so Walter. Früher nutzte das Unternehmen auch mal Verpackungen aus Recyclingpapier zum Verpacken der Produkte. Doch da gibt es zum Teil Probleme mit Erdölrückständen, resultierend aus Farbrückständen im Altpapier. So muss es leider wieder auf Frischfaserkarton umgestellt werden. Dazu wird allerdings nur Material verwendet, das aus nachhaltiger Forstwirtschaft stammt.

Nicht nur wegen Plastik in den Meeren entwickelt sich ein neuer Trend zum verpackungsfreien Einkaufen. In vielen Städten entstehen die sogenannten Unverpacktläden, die meist auch biologische Lebensmittel und ökologische Kosmetika oder Reinigungsmittel anbieten, aber eben ohne Verpackung. Für den Verkauf von Tee und Kaffee ist das schon alleine aus Aromaschutzgründen keine wirkliche Alternative.

Anderes Thema: Die Gewichte im politischen Engagement der Menschen in Deutschland verschieben sich. Während die Parteien mehr und mehr um ihre Mitgliederbasis fürchten müssen, haben Umweltverbände Zulauf. Gegen Ende des Jahrzehnts haben allein die beiden großen Verbände Bund für Umwelt und Naturschutz (BUND) und der Naturschutzbund Deutschland (NABU) zusammen fast so viele Mitglieder wie alle Parteien des deutschen Bundestages zusammen. Die Glaubwürdigkeit und das Ansehen von Organisationen, die sich für Umwelt und Nachhaltigkeit engagieren, sind sehr hoch.

2015 wird der »Dieselgate-Skandal« bekannt: Verschiedene deutsche Autohersteller sollen Autos so manipuliert haben, dass sie die Abgasgrenzwerte der EU einhalten. VW steht dabei als Erstes im Rampenlicht. Andere folgen. In der Folge wird die Debatte um eine ökologische Verkehrswende wieder intensiver geführt.

Kommunikationsstrukturen ändern sich

Das Internet ist in dieser Dekade nun nicht mehr aus dem Leben der Menschen wegzudenken. Kaum noch ein Arbeitsplatz, der ohne PC auskommt, kaum noch ein Haushalt, der keinen Computer, kein Smartphone hat, kaum noch eine Schule, die im Unterricht nicht darauf zurückgreift. Die Menschen beginnen ganz selbstverständlich ihre Bankgeschäfte online abzuwickeln und auch Waren des täglichen Bedarfs übers Internet zu bestellen und sich nach Hause liefern zu lassen. Dank Amazon, Ebay & Co. ist nun im Prinzip alles im Internet zu bekommen, sieben Tage die Woche, 24 Stunden am Tag. Vor allem bei jüngeren Menschen ist das Einkaufen auf dem heimischen Sofa beliebt. Die Folge: Die Paketdienste boomen, die Städte ächzen unter dem wachsenden Lieferverkehr, die Beschäftigten der Paketdienste unter den zumeist schlechten Arbeitsbedingungen mit magerer Bezahlung. Ökologisch ist der Onlinehandel ein Desaster: Täglich werden viele Millionen Pakete durch die Republik geschickt, ein Großteil davon sind Rücksendungen.

Auch bei Lebensbaum wird ein Online-Shop eingeführt. »Zum einen glaubten wir, uns diesem Trend nicht ganz entziehen zu können, zumal unsere Marke Lebensbaum nur im Bio-Fachhandel angeboten wird und in der Fläche die Läden nicht gerade dicht angesiedelt sind. Zum anderen fanden wir unsere Produkte bei vielen Onlinehändlern im Angebot, ohne diese direkt zu beliefern«, erläutert Ulrich Walter. »Solange ein Kunde ein stationäres Geschäft unterhält, kann er die Produkte auch online anbieten, ohne dass wir Einfluss darauf nehmen können. Das ist freier Wettbewerb. Wir wollten aber Kontrolle darüber zurückerlangen. Im Vergleich zu dem, was wir über den stationären Fachhandel verkaufen, sind die Umsätze, die wir im Onlinehandel erwirtschaften, allerdings noch marginal.«

Auch Smartphones und Tablets sind nun in allen Industrienationen weit verbreitet, und die Unterhaltungsbranche macht sich das weltweite

Netz zunutze. Es gibt jetzt Streaming-Dienste wie Netflix, über die man sich Filme ansehen oder Musik hören kann. Sie verbreiten sich schnell und machen dem traditionellen Fernsehen mit eigenen Produktionen Konkurrenz. Die Fernsehsender richten nun Online-Mediatheken ein, wo gesendete Inhalte auch später noch abgerufen werden können. Fernsehen wird unabhängig von Zeit und Ort möglich. Mit einer Ausnahme: Der ›Tatort‹ am Sonntagabend ist für viele noch immer eine feste Größe, und die eine oder andere Kneipe hat es sich zum Ritual gemacht, diese Sendung zu zeigen, was gerade junge Menschen gerne nutzen.

Kulturell besonders prägend ist für diese Zeit, dass die sogenannten Sozialen Netzwerke wie Facebook, Instagram oder Twitter sich immer größerer Beliebtheit erfreuen. Auch Politiker und Promis nutzen sie gerne, um kurze Botschaften und bunte Bilder zu kommunizieren. Viele Millionen sind auf Messaging-Diensten aktiv, WhatsApp und Co. finden weltweite Verbreitung mit Hunderten Millionen von Nutzern. Das hat zur Folge, dass – positiv betrachtet – alle, die Zugang zum Internet haben, nun auch ihre Meinungen im Netz kundtun können. Negativ betrachtet führt das aber auch dazu, dass viele dies in einer Art und Weise tun, die jeden Respekt, jeden Anstand vermissen lassen. Insbesondere weil man völlig anonym und mit sicherem Abstand Dreck über andere verbreiten, beleidigen und verleumden kann. Beliebt ist auch, kleine Filme über Menschen ins Netz zu stellen, die damit keinesfalls einverstanden sind und sich kompromittiert fühlen. Besonders unter Jugendlichen ist diese Form des Mobbings verbreitet. Der Reiz, sich mit Aufnahmen aller Art zu produzieren, scheint keine Grenzen zu kennen. So sind manche Zeitgenossen ganz wild darauf, Unfälle und auch Tote oder Sterbende zu filmen. Oft behindern sie in ihrem Tun gar die Rettungskräfte.

Viele Menschen beginnen nun, die Informationen, die sie im Netz finden, spannender und glaubwürdiger zu finden als das, was offizielle Medien verkünden, obwohl sie die Personen, die sie verbreiten, gar nicht einschätzen können. Attraktiv ist, wenn die Welt möglichst einfach erklärt wird. Sogenannte YouTuber, Blogger oder Influencer entwickeln sich zu eigenen »Berufssparten«, die immer stärker wahrgenommen werden.

Offene, aber singuläre Gesellschaft?

Die 2010er Jahre sind auch die Dekade, in der in Deutschland eine Reihe von Gesetzen beschlossen wird, die mehr Gleichheit und Gerechtigkeit in die Gesellschaft bringen sollen. So zum Beispiel ist seit 2017 die gleichgeschlechtliche Ehe erlaubt. Was zur Freude von demokratischen, toleranten und weltoffenen Menschen geschieht, ist anderen ein Dorn im Auge: Manche fühlen sich von solchen Entwicklungen und der liberalen Asylpolitik Deutschlands in ihrem Selbstverständnis bedroht, vor allem ältere Männer aus der alten Mittelschicht (dazu gleich mehr). Das ist Wasser auf den Mühlen der Rechtsaußen wie der Alternative für Deutschland (AfD), die 2013 gegründet wird, und jenen, die sich seit 2014 in Dresden unter der Bezeichnung Pegida (Patriotische Europäer gegen die Islamisierung des Abendlandes) zusammentun und auch in vielen anderen Städten Anhänger finden. Doch überall, wo sie auftreten, sind sofort auch Gegendemonstrantinnen zur Stelle. Indem die politisch radikale Rechte nun mit der AfD feste Strukturen geschaffen hat und wählbar wird, polarisiert sich das gesellschaftliche Klima in Deutschland.

Apropos Mittelschicht: Der Soziologe Andreas Reckwitz eröffnet 2017 mit seinem Buch »Die Gesellschaft der Singularitäten« ein hoch spannendes Thema. Er stellt zum einen fest, dass sich die verschiedenen gesellschaftlichen Milieus ausdifferenzieren, dass immer mehr Gruppen entstehen, die sich über spezielle Lebensstile und Vorlieben definieren. Man erkennt sich an der Kleidung, am Musikgeschmack, an den Ernährungsgewohnheiten, an den Orten, an denen man sich aufhält. Zwischen den Milieus gibt es aber immer weniger Berührungspunkte, alle leben in ihrer eigenen Blase und wissen kaum noch etwas über die Lebenswirklichkeit der anderen. Eine besondere Rolle spielt dabei die Mittelschicht, die das Rückgrat der Gesellschaft bildet. Die Mittelschicht scheint es nicht mehr zu geben. Reckwitz unterscheidet in die »neue« und die »alte« Mittelschicht. Die neue speist sich aus einem vorwiegend akademisch gebildeten, sich unkonventionell und weitgehend links-grün-liberal definierendem Publikum, das in der Regel gut situiert ist, oft in der Wissens- oder kreativen Ökonomie arbeitet, kosmopolitisch unterwegs ist und mit den derzeitigen kulturellen Veränderungen leichtfüßig zurechtkommt, oft selbst davon profitiert. Sie ist es, die mit ihren, auch experimentellen, Lebensstilen immer wieder das Besondere, das Einzigartige betont und andererseits auch mit ihrem Engagement politisch stark einflussreich ist, zumal in den Parlamenten viele Vertreterinnen und Vertreter der neuen Mittelschicht sitzen.

Die alte Mittelschicht hingegen besteht aus Menschen mit mittleren Bildungsabschlüssen, es sind oft Handwerkerinnen, Facharbeiter, die häufig kleine Unternehmen besitzen. Sie haben es zu »etwas gebracht«, doch der Strukturwandel drängt Teile von ihnen allmählich an den Rand. Zudem ist das Handwerk nicht mehr hoch angesehen, viele junge Leute wollen lieber Bürojobs. Die alte Mittelschicht fühlt sich ökonomisch in der Defensive, oder zumindest kulturell. Diese Menschen haben ein starkes Sicherheitsbedürfnis, denn die vielen Veränderungen, die die Globalisierung mit sich bringt, beziehungsweise die eben dem liberalen Milieu entspringen, sind ihnen unangenehm oder sie finden sie gar bedrohlich. Politisch sortieren sie sich daher mehr dem konservativeren Teil der Gesellschaft zu.

Hinzu kommt: Besonders die älteren Männer aus der alten Mittelschicht sehen sich in ihrer Lebensleistung infrage gestellt, ja häufig auch in ihrer Männlichkeit. Hier haben es die Populisten besonders leicht, Anhänger zu finden. Noch einen Zacken schwerer wiegt dieses Problem in den neuen Bundesländern. Der abrupte Systemwechsel der DDR in das kapitalistische Deutschland hat dort die Biographien vieler Menschen komplett entwertet.

Ulrich Walter macht bei diesem Thema einen Unterschied zwischen Stadt und Land. In seiner ländlichen Region Diepholz treffe man beim Einkaufen oder Restaurants oft auf Menschen, mit denen man zwar privat keinen Kontakt habe, mit denen man aber gerne ein paar Sätze wechsele. „Auf dem Land hat man »Bodenhaftung«, sagt er. »Wer hier meint, etwas Besonderes zu sein und sich nicht adäquat verhält, wird schnell wieder auf den Boden der Tatsachen zurückgeführt. Manchmal werten die Städter die Menschen vom Land ab. Eigentlich sind diese aber eher resistenter und haben ein besseres Gefühl für Menschen.«

Und was tut sich bei der Kunst? 2016 erhält erstmals ein Musiker den Nobelpreis für Literatur: Bob Dylan. Die Art und Weise, wie er damit umgeht, irritiert allerdings viele Menschen. Mit dem Tod von David Bowie, Whitney Houston, Leonard Cohen, Amy Winehouse oder Prince fehlen nun Künstlerinnen und Künstler, die Idole für sehr viele waren. Im Film sind Dystopien erfolgreich, die ein negatives Zukunftsbild malen, wie zum Beispiel ›Die Tribute von Panem‹, aber auch Historienfilme und Biopics sind beliebt, wie ›Die dunkelste Stunde‹ über Winston Churchill oder ›Paula‹ über die Malerin Paula Modersohn-Becker.

Modisch gibt es wieder einen Rückgriff auf vergangene Zeiten: die 50er, 80er und 90er Jahre feiern ein Revival. Bei den Jugendlichen prägen die sogenannten Hipster das Straßenbild mit oft ausgefallenen Frisuren. Junge Männer tragen wieder Bärte für die sie viel Zeit beim Friseur und vor dem Spiegel verbringen.

Nachhaltigkeit nicht ohne Bescheidenheit

Schon seit Langem gibt es eine Debatte darüber, inwieweit es für die Nachhaltigkeit ausreicht, fossile durch erneuerbare Energien zu ersetzen, und überall moderne energie- und ressourcensparende Technologien einzusetzen, ansonsten aber das alte Wachstumsmodell ungehindert fortzusetzen. Eine kleine, aber wachsende Gruppe von Akteuren in der Politik, Wissenschaft, Wirtschaft und Zivilgesellschaft, wie zum Beispiel die Wissenschaftler Nico Paech und Uwe Schneidewind oder die Ehrenpräsidentin des BUND Angelika Zahrnt, ist der Meinung, dass es nachhaltiges oder grünes Wachstum, wie es genannt wird, nicht geben könne. Dies sei ein Widerspruch in sich, da unbegrenztes Wachstum auf einem begrenzten Planeten nicht möglich sei und sowieso alle Effizienzmaßnahmen bisher durch Wachstum zunichtegemacht werden. Man nennt das den sogenannten Rebound-Effekt: Die einzelnen

Geräte im Haushalt verbrauchen weniger, aber es gibt immer mehr davon.

Genauso ist es mit Autos und vielem anderen. Solange also die Verbräuche nicht in absoluten Zahlen gesenkt werden, könne von nachhaltigem Konsum nicht die Rede sein. Das aber gehe nur über genügsamere Lebensstile und eine entsprechende Ökonomie: Degrowth oder Postwachstum sind die Schlagworte derer, die sich dafür stark machen. In der Dekade der 2010er Jahre können sie ganz langsam ihre Außenseiterposition verlassen: Gerade junge Menschen hegen Sympathien für ein bescheideneres Leben. Europaweit versammeln sie sich immer wieder zu großen Degrowth-Konferenzen, bei denen es vor allem darum geht, die alternativen Lebens-, Arbeits- und Wirtschaftsmodelle weiter zu entwickeln. Vielerorts entstehen nun Initiativen, die diese neuen Modelle erproben, sei es das Leben auf dem Land oder die städtische Variante davon, das Urban Gardening oder das Gegenmodell zur Wegwerfgesellschaft – Repair Cafes, örtliche Reparaturtreffs. Gemeinschaftliche Wohnformen mit weniger Platzbedarf oder Geschäftsmodelle, die auf dem Teilen von Konsumgütern basieren, wie das Carsharing oder Leihräder. DIY ist die vielgehörte Abkürzung: Do it yourself. Von Heimwerker bis Studentin zeigen viele auf Youtube, Pinterest oder anderen Plattformen, wie man Dinge des täglichen Bedarfs selber machen, oder mit viel weniger Dingen auskommen und trotzdem gut leben kann. All dies ist noch weit davon entfernt, den ökonomischen und kulturellen Mainstream ernsthaft infrage zu stellen, und doch dämmert immer mehr Menschen, dass das alte Wachstumsmodell genauso an sein Ende kommt wie die fossilen Energien.

Obwohl Lebensbaum auf dem Wachstumskurs ist, hinterfragt auch Ulrich Walter das Wachstumsparadigma für die ganze Gesellschaft. »Die gesamte Politik des Unternehmens geht in die Richtung der Idee der Suffizienz«, sagt er. »Wir haben uns bewusst auf nur drei Produktgruppen konzentriert, obwohl uns immer wieder angetragen wurde, auch auf anderen Feldern aktiv zu werden. Doch wir haben immer dem schnellen Geld widerstanden und wollten nur tun, was wir richtig gut und vor allem besser als andere können. Und natürlich alles konsequent

Qualitätskontrolle vor Ort: Ulrich Walter im Lavendelfeld, 2010

in höchster Bio-Qualität.« Mit dem Pur-Prinzip des Unternehmens verzichtet Lebensbaum auf alle Aromen und Hilfsstoffe. Auch an die Mitarbeiterinnen und Mitarbeiter trägt Lebensbaum den Gedanken der Nachhaltigkeit heran, was deren Lebensstil angeht: Zum Beispiel mit dem Mittagstisch, bei dem es nur einmal die Woche Bio-Fleisch und einmal Fisch aus nachhaltigen Quellen gibt. Das Unternehmen fördert auch das Radfahren seiner Beschäftigten. »Spektakulär ist das alles nicht«, gesteht Walter, doch das Spektakuläre sei doch in der Regel recht plakativ oder es verpuffe schnell. »Grundlegende Veränderungen entstehen ja immer im Kleinen und dann, wenn viele mitmachen.«

Endlich die Wende in der Fleischwirtschaft?

So langsam hinterlassen die Skandale der Massentierhaltung und die Debatten über die ökologischen Auswirkungen des hohen Fleischkonsums ihre Spuren. In dieser Dekade steigt die Zahl der Menschen, die sich vegetarisch und vegan ernähren. 2015 ernähren sich rund vier Prozent der Bevölkerung vegetarisch. Die Zahl der Veganer wird auf ein Prozent geschätzt. Das ist nicht viel, doch vor allem der Veganismus ist ein Trend, der Kreise zieht: Immer mehr Supermärkte nehmen nun vegane Produkte in ihr Sortiment auf, und Restaurants erweitern ihre

Speisekarten. Flexitarier, also Menschen, die Fleisch essen, aber bewusst nur selten und dann möglichst von hoher Qualität, sind ebenfalls häufiger anzutreffen.

Mehr Nachhaltigkeit für die Landwirtschaft insgesamt!?

In der Landwirtschaft gibt es in dieser Dekade leider viel zu wenig positive Bewegung hin zu mehr Nachhaltigkeit. Nach wie vor gilt der Grundsatz »Wachsen oder Weichen!«. Der Strukturwandel schreitet weiter voran. In der Tat müssen viele kleinere Höfe aufgeben, weil sie im Preiskampf um immer billigere Nahrungsmittel einfach nicht mithalten können oder wollen, oder weil sie keine Nachfolger für den Hof finden – unter anderem auch, weil die kleineren Höfe nur nebenberuflich zu bewirtschaften sind, sonst reicht das Geld nicht. Auch die ökologische Landwirtschaft bleibt nicht verschont. 2007 arbeiteten in rund 374 500 landwirtschaftlichen Betrieben noch 1,25 Millionen Personen haupt- oder nebenberuflich, 2016 sind es nur noch 274 000 Betriebe, die 970 000 Menschen beschäftigen. Pro Jahr sinkt die Zahl der Höfe um weitere 1,1 Prozent. Immer mehr große Betriebe setzen immer mehr Technik ein, auch schwere Maschinen, die den Böden nicht guttun, aber hohe Investitionen erfordern. Manche befürchten gar, dass sich die deutschen Bauernhöfe allmählich in gewerbliche Lohnarbeitsbetriebe wandeln könnten, wie das in Osteuropa und den USA der Fall ist.

Während die landwirtschaftlichen Betriebe also insgesamt von 2010 bis 2016 um 7,6 Prozent abnehmen, wächst die Zahl der ökologisch bewirtschafteten im gleichen Zeitraum um 20 Prozent. 2016 sind es 27 132 auf 7,5 Prozent der landwirtschaftlichen Fläche in Deutschland*, 2018 9,1 Prozent. Damit ist nun knapp die Hälfte auf der Wegstrecke zur Zielmarke von 20 Prozent bis 2030, wie sie in der Nachhaltigkeitsstrategie der Bundesregierung benannt wird, geschafft. Auch die Nachfrage nach ökologisch erzeugten Produkten entwickelt sich laut Anga-

* BMEL: Daten und Fakten, 2017; www.bmel.de/SharedDocs/Downloads/DE/Broschueren/Daten-und-Fakten-Landwirtschaft.pdf?__blob=publicationFile&v=6, abgerufen am 8.7.2020

ben des Bundeslandwirtschaftsministeriums dynamisch: Zwischen 2016 und 2018 stieg der Umsatz um 2,2 Milliarden Euro auf 10,9 Milliarden Euro (+ 27 Prozent), in 2019 lag er bei fast 12 Milliarden Euro und macht damit circa sechs Prozent vom Umsatz des gesamten Lebensmittelhandels aus.

Bio kommt voran, aber das Tempo ist trotzdem noch zu langsam. Deshalb hat das Bundesministerium für Ernährung und Landwirtschaft (BMEL) 2017 eine »Zukunftsstrategie ökologischer Landbau« veröffentlicht, die verschiedene Maßnahmen, vor allem in den Handlungsfeldern Förderung, Beratung und Forschung beinhaltet. Einige Bundesländer haben zusätzlich jeweils eigene Öko-Aktionspläne.* Eigentlich müsste die Bio-Branche froh sein, wenn sich die Politik mehr für den ökologischen Landbau interessiert, doch sie ist gespalten: »Denn nun fangen Ministerien mit ihren Verwaltungen an, Bio definieren zu wollen – nachdem die Arbeit der Verbände der Biobäuerinnen und Biobauern über Jahrzehnte nicht ernst genommen wurde. Das ist auch eine Herausforderung für eine Branche, deren Arbeit auf demokratisch legitimierte Strukturen fußt«, so kommentiert Thomas Dosch, ehemaliger Chef von Bioland, der im Herbst 2020 vom niedersächsischen Landwirtschaftsministerium zum Fleischkonzern Tönnies wechseln wird.

Ein großes Problem ist nach wie vor die Düngung mit Nitraten, auch in Form von Gülle. Nitrat, im Darm umgewandelt zu Nitrit, gilt als krebserregend. Im Jahr 2014 leitet die EU gegen Deutschland ein Verfahren wegen Vertragsverletzung ein, denn die Nitratwerte im Grundwasser sind überhöht, fast 30 Prozent des Grundwassers ist in schlechtem Zustand, sagt auch der Sachverständigenrat für Umweltfragen (SRU). Um hier Abhilfe zu schaffen, verschärft die Regierung 2017 die Düngeverordnung. Doch eine durchgreifende Verbesserung ist nicht in Sicht. Vor allem die hohen Tierbestände in einigen Regionen sind sehr problematisch.

---

* www.oekolandbau.de/landwirtschaft/biomarkt/oeko-aktionsplaene-der-bundeslaender, abgerufen am 8.7.2020

Große Auseinandersetzungen gibt es auch um das Totalherbizid Glyphosat, dem Naturschützer eine Mitschuld am Artensterben geben und das zudem als krebserregend gilt. In Deutschland werden rund 37 Prozent der Ackerflächen jährlich mit geschätzt 5000 Tonnen Glyphosat behandelt (Stand 2017). Noch ist das Mittel in der EU erlaubt. Eine Initiative von Barbara Hendricks, die von 2013 bis 2018 Umweltministerin ist, zum Verbot scheitert 2017 am Widerstand des Landwirtschaftsministers Christian Schmidt. Das Bundesumweltministerium unter Svenja Schulze aber beschließt 2019 das umfangreiche »Aktionsprogramm Insektenschutz«, das auch strengere Regeln für den Pestizid-Einsatz beinhaltet: Ab 2020 soll der Einsatz glyphosathaltiger und wirkungsgleicher Pflanzenschutzmittel deutlich eingeschränkt und bis 2023 komplett verboten werden.

Die Energieerzeugung spielt für die Landwirte eine immer größere Rolle, vor allem indem sie Energiepflanzen wie Raps und Mais anbauen, Biogas und Photovoltaik nutzen sowie als Verpächter von Flächen für Windenergie fungieren. Sie gelten nun als unverzichtbare Treiber der Energiewende. Und natürlich ist die Landwirtschaft der Sektor, der aktuell am meisten unter dem Klimawandel leidet, lange Hitzeperioden und mangelnder Niederschlag lassen die Erträge sinken. Auf der anderen Seite ist sie aber auch ein Treiber des Klimawandels. Laut Wissenschaftlichem Beirat des Bundeslandwirtschaftsministeriums emittiert der Landwirtschaftssektor 2014 über 100 Millionen Tonnen Treibhausgase, das sind rund elf Prozent aller Klimagase Deutschlands. Weitere 112 bis 160 Millionen Tonnen gehen auf das Konto von Verarbeitung, Transport, Verpackung und der Zubereitung von Lebensmitteln im Inner- und Außerhausverzehr.

Alle diese Probleme führen dazu, dass in dieser Dekade – während in der Politik wenig bis nichts passiert – wenigstens intensiv und kontrovers über die Frage diskutiert wird, wie die Landwirtschaft insgesamt nachhaltiger gestaltet werden kann. Der Druck wird an vielen Stellen größer, doch die traditionellen Interessensverbände, wie der Deutsche Bauernverband, wehren sich gegen neue Anforderungen und spielen nur selten eine proaktive Rolle. Während die einen, darunter auch

Landwirte, unter dem Motto »Wir haben es satt!« regelmäßig für eine Agrarwende demonstrieren, gehen andere Bauern gegen neue Umweltauflagen auf die Straße und rufen »Wir machen euch satt.«.

Neben dem, was die Landwirte selbst für mehr Nachhaltigkeit auf den Äckern und in den Ställen tun müssen – weniger Pestizide, effizienterer Einsatz von Stickstoff, Fruchtfolge, Tierschutz, Maßnahmen gegen Bodenverdichtung und -verlust etc. – ist natürlich auch der Handel gefragt. Dieser setzt mit seinem Preiskampf die Landwirte erheblich unter Druck. Letztlich sind auch die Verbraucherinnen und Verbraucher gefordert, die auf lokale, regionale und saisonale Produkte achten und bereit sein müssen, für umweltfreundliche und artgerechte Produkte mehr auszugeben. Der Anteil der Lebensmittel an den Lebenshaltungskosten ist 2019 auf historisch niedrige 14 Prozent gesunken, 1950 waren es noch 44 Prozent.

Apropos artgerecht: Schon mit Minister Christian Schmidt wird darüber diskutiert, ein sogenanntes Label für Tierwohl einzuführen. Agrarministerin Julia Klöckner setzt ab 2018 die Bemühungen fort. 2020 soll zuerst für die Schweinehaltung ein dreistufiges Label eingeführt werden, ähnlich wie dem bei der Haltung von Hennen. Darin geregelt ist unter anderem der Platz im Stall für die Tiere, Möglichkeiten sich zu beschäftigen, Säugedauer der Ferkel, Kastration oder Transportzeiten. Mit 300 Millionen Euro will die Regierung das fördern. Tierschützer und Verbraucherorganisationen sind sehr unzufrieden mit dem Ergebnis, das ihnen nicht ambitioniert genug ist, und kritisieren zudem, dass die Maßnahmen nur freiwillig umgesetzt werden sollen. Neben dem staatlichen Label gibt es auch ein privates der »Initiative Tierwohl«, einem Zusammenschluss der Landwirtschaft, Fleischwirtschaft und der Lebensmittelketten Aldi Nord/Süd, Edeka/Netto, Kaufland/Lidl sowie Rewe/Penny. Sie zeichnen damit seit Frühjahr 2019 Eigenmarkenprodukte von Schwein, Rind und Hühnern mit einem vierstufigen Label aus.

Verschwendung von Lebensmitteln

Ein großes Thema der 2010er Jahre ist die Lebensmittelverschwendung. Laut der Welthungerhilfe werden weltweit etwa ein Drittel der produzierten Lebensmittel vernichtet. Eine Menge, die ganz bequem reichen würde, um auch alle zu ernähren, die jetzt hungern müssen. Die Gründe sind vielfältig und reichen in den Industrieländern von schlecht geplanten und zu umfangreichen Einkäufen über das Mindesthaltbarkeitsdatum und übertriebene Hygienevorstellungen bis hin zu überhöhten Erwartungen an die Konformität der Produkte im Handel. In den ärmeren Ländern sind meist die schlechte Logistik und nicht vorhandene Kühlung für das Wegwerfen von Lebensmitteln verantwortlich. Nach einer Studie, die das Bundeslandwirtschaftsministerium 2012 in Auftrag gibt, werden in Deutschland jährlich rund elf Millionen Tonnen Lebensmittel vergeudet, Umweltverbände sprechen gar von 18 Millionen. Dabei werden 60 Prozent in der Wertschöpfungskette und 40 Prozent von den Verbrauchern vernichtet. Neben dem ethischen Problem bedeutet Lebensmittelvernichtung auch, dass völlig unsinnig Tonnen von Pestiziden, Dünger sowie Treibhausgase in die Umwelt gelangen. Eines der SDG, der Globalen Nachhaltigkeitszeile der UN, besagt, dass bis 2030 die Verluste an Nahrungsmitteln weltweit um 50 Prozent reduziert werden sollen, die deutsche Bundesregierung verabschiedet jedoch erst Anfang 2019 eine nationale Strategie gegen Lebensmittelverschwendung. Die Kampagne »Zu gut für die Tonne!« zeigt jedoch Wirkung: Vielfach gründen sich private und zivilgesellschaftliche Initiativen, die Lebensmittel retten wollen: Sie holen unverkäufliche Lebensmittel beim Handel ab und verteilen sie an Bedürftige oder alle, die etwas gegen Lebensmittelverschwendung tun wollen. Und auch der Handel startet Projekte. Doch nach wie vor gilt es als Diebstahl, wenn Menschen Lebensmittel aus den Containern der Supermärkte holen, und Ware, dessen Mindesthaltbarkeitsdatum (MDH) überschritten ist, darf weiter nicht in Verkehr gebracht werden, auch wenn es noch eindeutig genießbar ist.

Die Lebensbaum-Produkte Tee, Kaffee und Gewürze verderben bei richtiger Lagerung selten, sie verlieren meistens nur im Laufe der Zeit an Geschmack. Das MHD ist daher in der Regel zwei Jahre ab Produktion. So lange übernimmt das Unternehmen die Verantwortung für die Produkte, länger nicht, weil Lebensbaum keinen Einfluss darauf hat, wie Handel und Verbraucherinnen mit den Produkten umgehen. Und es gibt Vorgaben, die nicht logisch sind. So muss auch Salz ein MDH haben, obwohl es zuvor Tausende Jahre im Berg oder Meer war.

Bei den Gewürzen achtet man auf die richtigen Mengen. »Da aber Verpackungsmaschinen, die die Produkte hygienisch abfüllen und gut verschließen, nicht von Produkt zu Produkt die Verpackung anpassen können, müssen wir auch darauf achten, dass wir die Füllmenge so wählen, dass nicht der Eindruck einer Mogelpackung entsteht. Also auch ein scheinbar einfaches Thema kann durchaus komplex sein, denn oft stehen unterschiedliche Vorschriften und Erwartungen einer simplen Lösung im Weg«, erläutert Ulrich Walter. „Dem Handel garantieren wir eine bestimmte Restlaufzeit aufs Mindesthaltbarkeitsdatum, das bedeutet, sie bekommen nur Ware die noch eine vereinbarte Zeit laut MHD haltbar sind. Wir müssen unsere Produktion deshalb so steuern, dass keine Ware vernichtet werden muss, die zwar noch »in Ordnung ist«, jedoch nicht den Vereinbarungen entspricht. Das lösen wir über intelligente Produktionsprogramme.« Lebensbaum gleicht die Bestände täglich darauf ab. Kommt es doch mal vor, dass die garantierten Restlaufzeiten überschritten werden, wird versucht durch Rabatte an den Handel Anreize zu schaffen diese dennoch in den Verkauf zu nehmen. »In ganz seltenen Fällen, insbesondere, wenn Produkte aus dem Programm genommen werden, aber noch Lagerbestände vorhanden sind, geben wir diese bevorzugt an die Tafeln in unserer Region ab oder an andere soziale Einrichtungen.«

Was gibt es Neues in der Bioszene?

Seit 2018 müssen weniger Bio-Lebensmittel importiert werden, denn der Grad der Selbstversorgung steigt: Von 2015 bis 2019 wächst die Produktion von Bio-Milch um 62 Prozent. Allerdings ist dies nicht nur positiv zu sehen, denn aufgrund zu niedriger Milchpreise sind die Landwirte auch zu größeren Mengen gezwungen. Es gibt 53 Prozent mehr ökologisch bewirtschaftetes Ackerland, die Schweinebestände sind um 57 Prozent größer und das Grünland um 43 Prozent.*

Europäisches Bio-Siegel seit 2010

Die Bioverordnung der EU wird überarbeitet und tritt 2010 in Kraft. Nun gibt es auch ein neues Siegel. »Die EU entwickelt langsam mehr Verständnis für Bio«, meint Joseph Wilhelm, Gründer der Firma Rapunzel. Doch das wirtschaftliche Potenzial der Landwirtschaft werde nach wie vor im konventionellen Anbau gesehen. »Wir haben mit IFOAM nur eine Dachorganisation, die in Brüssel für den ökologischen Landbau antritt, es geht alles etwas sehr langsam.«

Der Bundesverband Naturkost Naturwaren (BNN) führt 2011/2012 die Bereiche Einzel- und Großhandel zusammen, um seine »politische Durchsetzungskraft zu erhöhen«, wie Elke Röder, die den Verband 30 Jahre lang führte, sagt. »Wir wollten die Naturkost- und Naturwarenbranche stärker profilieren.« Dieser Profilierung dient auch eine Kampagne des Verbandes mit Werbeanzeigen, Kinospots etc. Doch das gewählte Motto »Öko statt Ego« gefällt nicht jedem, Ulrich Walter zum Beispiel hält es für nicht sehr gelungen. »Das ist nicht von den Verbrauchern her gedacht, und dann laufen solche Kampagnen ins Leere.« Ähnlich sieht es auch Andrea Klepsch von der Münchener Kommunikationsagentur modem conclusa, die Kunden aus dem Bio-Bereich betreut: »Diese Zuspitzung ist zu negativ und auch zu kompliziert. Vor allem wird nicht deutlich, was die Leistung von Öko im Unterschied zum Ego sein soll. Beim schnellen Blick darauf bleibt beim Verbraucher die Verknüpfung von Öko mit Ego hängen.«

Weil nun Bio überall im Lebensmitteleinzelhandel zu haben ist, erarbeitet der Verband eine Sortimentsrichtlinie: Das »ist gelebter Ausdruck eines gemeinsamen Wertekanons und ein Symbol etablierter Qualitätsführerschaft. Ein lückenlos ökologisches Sortiment, das höchsten Nachhaltigkeitskriterien genügt – das ist der Anspruch der

* www.oekolandbau.de/handel/marktinformationen/der-biomarkt/marktberichte/bio-importe-sinken-wegen-hoeherer-selbstversorgung/, abgerufen am 24. August 2020

Einzelhändlerinnen und Einzelhändler von BNN und Naturkost Süd«, so heißt es auf der Website des BNN. „Die klare Profilierung der BNN Mitglieder war unsere Antwort auf einen verstärkten Wettbewerb und auf das wachsende gesellschaftliche Bewusstsein, dass es »so nicht mehr weitergehen kann«, erläutert Elke Röder.

2013 setzt sich der BNN verstärkt mit Züchtungstechniken auseinander: Die sogenannte CMS-Züchtung, bei der nicht einzelne Gene manipuliert, sondern ganze Zellinhalte ausgetauscht werden und die daher in der EU-Gesetzgebung nicht als Gentechnik gewertet wird – sieht der Verband kritisch und fordert die Kennzeichnung der Züchtungsmethoden.

Von 2014 bis 2016 fährt der BNN die Kampagne »Nachhaltig Bio!«, mit der er anhand von Praxisbeispielen zeigt, dass die Bio-Branche die Herausforderungen der Nachhaltigkeit annimmt – vom Klimaschutz bis hin zu inklusiver Beschäftigung. Mit Kultursaat e. V. startet der Verband 2015 eine eigene Gemüsezüchtung, in die er fast eine halbe Millionen Euro investiert.

Ein verbandseigenes Monitoring-System für Obst und Gemüse im Biohandel ergänzt Prozesskontrollen im Ökolandbau mit dem Ziel, mögliche Schwachstellen in der Qualitätssicherung durch Rückstandskontrollen aufzudecken und abzustellen.

Auch das Thema Klimaschutz wird in dieser Dekade nun großgeschrieben: Der BNN stellt seinen Mitgliedern kostenlos einen CO_2-Rechner zur Verfügung und führt drei Foren zur Grünen Logistik durch. Seit 2019 engagiert sich der BNN in einem europäischen Projekt für klimaschonende Kältetechnik, das im Rahmen des eines EU-Programms finanziert wird und sich exemplarisch an den Lebensmitteleinzelhandel mit Bio-Produkten richtet.

Neben all diesem Engagement gibt Elke Röder aber auch zu bedenken: »Gut betriebener Ökolandbau wirkt klimaschonend, denn das bedeutet regionale Handelsstrukturen, Mehrwegsysteme, überwiegenden Einsatz von erneuerbarer Energie in der Produktion und weniger Lebensmittelverschwendung.« Aus aktuellen Anlässen nimmt der BNN in dieser Dekade auch ein klares Bekenntnis gegen Fremdenfeindlichkeit in seine Satzung auf.

Vermehrt wird nun über das Thema Bio im Außerhaus-Bereich diskutiert. Es gibt Initiativen von Unternehmen, die ihre Kantinen ökologisch orientieren wollen, Forschungsprojekte, die nach den Hemmnissen und Chancen in diesem Bereich suchen und mehr Restaurants, die sich auf Bio-Essen konzentrieren. Allerdings: Während die Deutschen privat zunehmend Bio einkaufen, begegnen sie, wenn sie zum Essen ausgehen, noch relativ selten Bio-Angeboten auf den Speisekarten. Noch nicht viele Bio-Restaurants schaffen es, wirtschaftlich erfolgreich zu sein und verschwinden schnell wieder aus dem Stadtbild.

Die Gründe dafür erklärt Friedhelm von Mering vom Bund Ökologische Lebensmittelwirtschaft (BÖLW): Da sei zum einem das Thema Preise. Wie bei Lebensmitteln insgesamt, seien die Deutschen im europäischen Vergleich auch im Restaurant eher knausrig. Anders als im Lebensmittelhandel, wo sich die Kunden selbst entscheiden könnten, welche Lebensmittel sie gerne in Bio kaufen wollen, bezahle der Gast in der Gastronomie ja das »Gesamtpaket« aus allen Zutaten, Arbeitskosten etc., so von Mering. »Schon ein geringer Anteil von höherpreisigen Bio-Zutaten, wie zum Beispiel Fleisch, kann sich in der Kalkulation niederschlagen, andererseits ist ›ein bisschen Bio‹ aus Sicht vieler Kunden wenig beeindruckend. Ein Dilemma, bei dem manche Gastronomen dann lieber ganz die Finger von Bio lassen.« Zum Zweiten müsse ein Restaurant, das mit Bio wirbt, sich auch zertifizieren lassen. Das bringt für die Gäste Sicherheit, kostet aber Geld und Aufwand. Begriffe wie nachhaltig, regional oder saisonal seien dagegen nicht geschützt, also könne man dafür ohne Zertifizierung werben und müsse auch nicht garantieren, dass die Aussagen stimmen. Zudem gebe es in der gehobenen Gastronomie teilweise das Vorurteil, wer offensiv mit Bio werbe, könne wohl mit der Qualität des Essens und der Weine alleine nicht überzeugen. Und nicht zuletzt sei Bio kaum ein Thema in der Ausbildung von Köchen (das gilt im Übrigen leider auch für die Ausbildung von Landwirtinnen und Landwirten) und auch das Angebot an Bio-Beratung für die Gastronomie ist in vielen Gegenden überschaubar.

»Gerade für ›Umsteller‹ ist auch die Beschaffung von Bio-Zutaten in vielen Regionen eine Herausforderung, wenn die bisherigen Lieferanten keine oder nur wenige Bio-Zutaten anbieten, da die meisten Bio-Anbieter eher auf die Ansprüche von Groß- und Einzelhandel ausgerichtet sind«, sagt Friedhelm von Mering.

Bio ist erwachsen geworden und gerät in den Mainstream

Die Bio-Szene wird nun generell im konventionellen Lebensmitteleinzelhandel ernster genommen. Sogar die Discounter, die Bio bisher mieden, wie der Teufel das Weihwasser, strecken nun ihre Fühler aus. Mehr noch: Es kommt zu der bemerkenswerten Kooperation zwischen Lidl und Bioland.

Dann eröffnet Edeka Ende 2019 seinen ersten Markt mit ausschließlich Produkten der eigenen Bio-Marke Naturkind. Mehr und mehr Bio-Produzenten liefern jetzt auch an den konventionellen Handel und durchbrechen damit die selbstverpflichtende sogenannte Fachhandelstreue, wonach sie eigentlich nur an den Bio-Fachhandel liefern sollten.*

Die Bio-Branche hat mit den Verhältnissen der Gründerjahre nichts mehr zu tun: »Bio ist normaler geworden, ist erwachsen geworden«, wie es Ulrich Walter beschreibt. Das ist gut fürs Geschäft, und dennoch blicken manche Bio-Pioniere ein wenig wehmütig auf die Anfangszeit zurück: »Damals kannten wir uns noch, es ging fast familiär zu«, erzählt Hans Hansel, Gründer vom Bio-Kosmetikhersteller Logona. »Heute sind es so viele Unternehmen, da hat man sich schon voneinander entfremdet.« Und es gäbe nun auch Unternehmen, die nur das Geschäft sähen und bei denen er sich frage, ob da auch noch Herzblut im Spiel ist. Das mag auch daran liegen, dass inzwischen einige Unternehmen nicht mehr in Familienhand sind, sondern an große Unternehmen, auch an Konzerne verkauft werden: Hans Hansels Unternehmen gehört ab 2018 dem L'Oréal-Konzern, und Paul Söbbeke verkauft 2013 die Mehrheit an seiner Biomolkerei an die französische Molkereigruppe Bongrain. Die Bio-Branche muss sich nun angesichts dieser Entwicklungen die Frage

* Gerhard Waldherr: 1000 Mühlen braucht das Land, Freiburg 2020, S. 19

stellen, wie lange sie noch von inhabergeführten mittelständischen Unternehmen geprägt sein wird.

Ist das nun gut oder schlecht? Oder neutral? Hans Hansel meint, es sei nicht tragisch, solange die neuen Inhaber das Konzept genauso anspruchsvoll weiterführen. Bisher mache man gute Erfahrungen. »Nature goes Mainstream.« Früher sei eine solche Entwicklung, also zum Beispiel der Schulterschluss von Lidl und Bioland, nicht vorstellbar gewesen, meint Franz-Theo Gottwald, langjähriger Vorstand der Schweisfurth-Stiftung in München. »Doch wir brauchen solche Kooperationen, um den Bioanteil zu steigern.«

Auch Ulrich Walter sieht es eher gelassen, wenn ein Familienunternehmen verkauft wird. »Es sind doch keine Erbhöfe«, meint er, »ein Unternehmen ist in erster Linie der Gesellschaft verpflichtet. Das sind die Mitarbeiterinnen und Mitarbeiter, die Lieferanten, Kunden und sonstigen Partner. Deshalb ist es auch kein Automatismus, dass ein Unternehmen die Nachfolge aus der Gründerfamilie sicherstellt. Es gibt viele Möglichkeiten, die Nachfolge zu gestalten, jedoch nach meiner Erfahrung keine Blaupause.« Ein Unternehmen setze einerseits selbst Impulse, müsse sich aber auch den Veränderungen des Marktes anpassen. Der Verkauf eines Gründerunternehmens an einen größeren Wettbewerber werde in der Bio-Branche stets kritisch gesehen. Man befürchte, dann weniger Einfluss auf das Unternehmen zu haben oder dass sich die Kultur völlig verändere. »Diese Befürchtung entbehrt jedoch in den meisten Fällen der Grundlage. Wichtig ist doch, dass das Unternehmen weiterhin eine klare Ausrichtung und Perspektive hat. Darauf verlassen sich nämlich die Partner. Das wissen auch die neuen Eigentümer.« Der Handel, der in erster Linie stets irritiert reagiere, nehme sich selbst die Freiheit, einzukaufen, wo immer es ihm opportun erscheint. Immer mehr Eigenmarken auch des Bio-Fachhandels stammten von Herstellern, die ebenso die großen Ketten beliefern. »Diesbezüglich hat die Branche schon lange ihre Unschuld verloren«, so Walter.

Was die Firmenverkäufe angeht, ist Walters Kollege, Joseph Wilhelm, Inhaber des Unternehmens Rapunzel, etwas anderer Meinung: »Wenn Investoren ins Spiel kommen, dann besteht die Gefahr, dass die

Firmenseele und damit Qualität und Vielfalt beeinträchtigt werden.« Auch Lebensbaum müsse sicherstellen, wie die Werte des Unternehmens in eine neue Konstruktion gerettet werden können.

Zwischen den Bio-Anbauverbänden ist ebenfalls nicht immer alles eitel Sonnenschein: 2018 gibt es Unstimmigkeiten zwischen Bioland und Biokreis, weil Letzterer will, dass seine Mitgliedsunternehmen auch uneingeschränkt Rohwaren im Rahmen der Kooperation zwischen Bioland und Lidl liefern dürfen. Das ist zunächst so nicht vorgesehen. Biokreis droht daraufhin, kartellrechtliche Schritte zu gehen. Man einigt sich schlussendlich im Gespräch. Um solche Probleme, angesichts nun häufiger auftretender Kooperationen mit dem konventionellen Handel, zu lösen, soll es eine Branchenvereinbarung geben, die noch 2020 abgeschlossen werden wird.

Die Bio-Branche muss nun auch verstärkt auf die Wünsche der Verbraucherinnen und Verbraucher achten, die anspruchsvoller werden. Waren sie früher froh, wenn sie alles, was sie wollten in Bio-Qualität bekamen, so fragen sie heute nach und wollen genauer wissen, wie die Produkte produziert werden, sagt Steffen Reese, Geschäftsführer von Naturland. »Zum Beispiel fragen sie, ob es nicht besser geht mit den Verpackungen. Da spüren wir einen deutlichen Veränderungsdruck. Aber das ist auch gut so«, meint Reese. Und auch den Druck noch stärker regional anzubieten, steigt. »Denn was nutzt uns 100 Prozent Bio, wenn dann das Bio-Soja aus dem Regenwald kommt oder die Äpfel aus Neuseeland?«, fragt sich auch Henrik Wendorff, Geschäftsführer eines Öko-Betriebes in Brandenburg und dortiger Bauernpräsident.

Neue Themen: Gute Arbeit, Frauen in Führung, Beteiligung

Im Zuge der Diskussion um Nachhaltigkeit geht es in der Bio-Branche nun auch um die Qualität der Arbeitsplätze. Der Trend zur Nahversorgung mit biologischen Produkten geht, so beschreibt es Thomas Wolff, Chef des Bio-Unternehmens Querbeet im hessischen Reichelsheim »einher mit dem Anspruch, sozialverträgliche Arbeitsplätze zu schaffen, deren Profil eine sinnvolle und sinnstiftende Tätigkeit mit fairer Entlohnung ist«. 65 Beschäftigte arbeiten 2018 im Unternehmen, das rund fünf Millionen Euro umsetzt. Ihre Verpflegung ist kostenlos. Ein Teil der Belegschaft hat sich sogar im unmittelbaren Umfeld ihres Arbeitsplatzes angesiedelt: Vier Familien wohnen auf dem Gelände des 40 Hektar großen Pappelshofes. 65 Prozent der Beschäftigten sind weiblich und zwei von drei Teamleitern sind ebenfalls Frauen. Großen Wert legen die Gründer auch auf Fortbildung und Gesundheitsvorsorge der Belegschaft. Regelmäßig kann sie ihr Fachwissen auffrischen, aber auch kostenlos Yoga-Kurse oder Vorträge zur Prävention besuchen. Damit wollen Wolff und sein Mitgeschäftsführer Frank Deltau ihre Mitarbeiterinnen und Mitarbeiter wertschätzen und gleichzeitig langfristig ans Unternehmen binden.

Nun wird bei Querbeet darüber diskutiert, ob und wie sich die Beschäftigten auch finanziell am Unternehmen beteiligen können. Den Gang an die Börse oder ein Franchisemodell schließen Wolff und Deltau jedoch aus.

Bei der Bio-Supermarktkette Alnatura profitieren die Mitarbeiter schon heute, wenn es geschäftlich gut läuft. Je nach Geschäftsergebnis bekommen alle bis zu 1200 Euro jährlich als Einkaufsgutschein.* Das Unternehmen Lebensbaum hat auf diesem Gebiet ebenfalls einiges vorzuweisen (Arbeitsbedingungen, außertarifliche Zahlungen etc. siehe Kapitel 2000er Jahre).

Bürger-Engagement für eine andere Landwirtschaft

In dieser Dekade gibt es eine Menge Bewegungen und Initiativen, die sich für eine nachhaltige Landwirtschaft stark machen. Bürgerinnen und Bürger sowie Unternehmen entwickeln neue Konzepte: Es kommt zu einem Boom an Alternativen von Urban Farming, ökologischen Lieferdiensten bis hin zur Regionalwirtschaft und der Solidarischen Landwirtschaft (Solawi). Letztere Idee stammt ursprünglich aus Japan und wird in Deutschland erstmals bereits 1988 umgesetzt. Jetzt aber wird aus der Idee eine sichtbare Bewegung. Bauernhöfe schließen Verträge

---

* FAZ, 22. Februar 2018, www.faz.net/aktuell/karriere-hochschule/buero-co/nachhaltig-fuehren-faire-unternehmen-faire-chefs-15451157-p2.html; abgerufen am 9. Juni 2020

Landwirtschaft auf Gebäudedächern

mit Verbraucherinnen, die ihnen eine langfristige Abnahme ihrer Produkte garantieren. Die Kunden wiederum wissen genau, woher ihr Obst und Gemüse stammt, helfen oft bei der Ernte mit und können mitentscheiden, was angepflanzt werden soll. 2019 gibt es etliche hundert solcher Projekte in verschiedenen Rechtsformen, die meisten mit ökologischer Landwirtschaft. Eine der größten ist das Kartoffelkombinat in München, an dem sich rund 1800 Haushalte beteiligen.

Innovativ ist auch die Idee des Landwirts und Gärtners Christian Hiß, Regionalwert Aktiengesellschaften zu gründen. Die erste entsteht schon 2006 in Eichstetten am Kaiserstuhl. Das Ziel, durch unternehmerisches Handeln die Agrarwende voranzutreiben, findet mehr und mehr Anhänger, und mit der Zeit gibt es solche AGs auch in den Regionen München, Hamburg, Rheinland und Berlin-Brandenburg. Es sollen noch mehr werden. Initiator Hiß möchte die Subsistenzwirtschaft (vorrangig Selbstversorgung) auf ganze Regionen übertragen. Produzenten sollen auf verschiedenen Stufen der Wertschöpfung mit den Konsumenten und Anteilseignern in der Bürgeraktiengesellschaft zusammenkommen. Ähnlich wie bei der Solidarischen Landwirtschaft sollen die Bürgerinnen und Bürger über ihre Versorgung mitentscheiden und so die lokale Ernährungssouveränität erhöht werden. Mit dem Geld der AG werden Unternehmen unterstützt, die für konventionelle Investoren unattraktiv sind, die sich jedoch verpflichten, nach Nachhaltigkeitsstandards zu produzieren. Die Bürger AG im Rhein-Main-Gebiet orientiert sich an der Idee der Regionalwert AG und will ebenfalls sozial- und umweltverträgliche Bio-Unternehmen in der Region Rhein-Main weiterentwickeln.

In der 2010er-Dekade werden in etlichen Städten auch Ernährungsräte gegründet. Hier arbeiten Bürger und Bürgerinnen, Landwirte, Unternehmen und Politik zusammen, um die Beziehungen zwischen Erzeugern und Stadtbevölkerung zu stärken und eine nachhaltige Produktion und Ernährung zu fördern.

Lebensbaum ist stark im Klimaschutz und meistert eine Krise

Die Leistungen für den Klimaschutz sind bei Lebensbaum beachtlich: Seit 2010 kann das Unternehmen am Standort Diepholz CO_2-neutral produzieren. Geheizt wird mit einer der zu diesem Zeitpunkt leistungsstärksten Erdwärme-Anlagen Niedersachsens, und im gesamten Unternehmen wird zu 100 Prozent Ökostrom benutzt. Rund 10 Prozent davon stammen aus einer firmeneigenen Photovoltaik-Anlage. Alle Firmengebäude sind überdurchschnittlich gedämmt. Der Post- und Paketversand ist ebenfalls CO_2-neutral, Rohwaren werden mit dem Schiff transportiert. »Uns war immer wichtig, bei allen Veränderungen, die wir vornehmen mussten, immer genau hinzuschauen, was wir dabei auch für Klima und Umwelt tun konnten. Also wenn zum Beispiel irgendwo renoviert werden musste, dann haben wir dafür die besten Materialien genommen und zugesehen, dass wir gleichzeitig was für den Klimaschutz tun, bei den Neubauten sowieso«, erklärt Walter. Bei den internen Audits werden auch immer die Nachhaltigkeitsthemen besprochen. Dabei kommen allerdings wenig neue Vorschläge für Verbesserungen auf. »Vielleicht liegt das daran, dass wir immer recht vorausschauend gehandelt haben und die Beschäftigten nicht so recht die Notwendigkeit sahen, sich einzuschalten,« mutmaßt Walter. Dennoch sind sie in Sachen Nachhaltigkeit gut informiert und gut geschult und korrigieren sich auch schon mal gegenseitig, wenn zum Beispiel jemand den Müll nicht richtig trennt.

Beim Thema Klimaschutz gibt es jedoch durchaus noch ein paar blinde Flecken. Zum Beispiel bei der Trocknung der Rohstoffe, hier mangelt es teilweise noch an den Voraussetzungen, um erneuerbare Energien einzusetzen. Oder der Transport der Produkte zu den Kunden, der bisher noch per LKW und häufig in der Regie der Kunden erfolgt. »Hier könnte man gemeinsam etwas verbessern«, findet Walter. Logistisch wird es schon besser, in dem die LKW immer voll sind und keine Luft transportiert wird. Es werden auch effizientere Fahrzeuge eingesetzt, aber so richtig zufriedenstellend ist das alles noch nicht. »Leider ist der Frachtverkehr der Deutschen Bahn, der am Anfang unseres Bestehens Haupttransporteur war, kaum noch nutzbar, weil Vor- und Nachtransport dann doch über LKWs erfolgt und für Lebensmitteltransporte das Risiko damit zu groß wird«, so Walter. Das liegt daran, dass in diesem Fall die Ware zweimal umgeladen werden muss. Lebensbaum weiß dann nicht, mit welchen anderen Gütern sie gegebenenfalls in Berührung kommt, auch gibt es das Risiko von Bruch oder Diebstahl. Und wenn sich die Ware auf den Paletten verschiebt, kann sie beim Kunden nicht automatisch erfasst werden. »Das heißt Umpacken. Das zahlen wir dann, und es macht Ärger.«

Auch das Dauerbrennerthema Verpackung ist klimarelevant. Von einem Durchbruch könne man hier erst reden, wenn Lebensbaum Verpackungen aus nur einem Material einsetzen kann, die wieder zum Ausgangsrohstoff zurückgewonnen werden können, aber auch das Produkt ausreichend schützen. Jetzt, so Walter, geht es lediglich darum, so wenig wie möglich, so viel wie nötig. Es bleiben also noch viele Themen übrig. »Bei allem, was wir bereits erreicht haben, werde ich das Gefühl nicht los, wir stehen erst am Anfang«, meint Ulrich Walter nachdenklich.

In diese Dekade fällt die Krise von dm und Alnatura: Für die Supermarktkette Alnatura sind die dm-Drogeriemärkte ein ganz wichtiger Vertriebspartner für ihre Eigenmarken. Doch die Besitzer der beiden Unternehmen zerstreiten sich, und zwar so, dass nichts mehr zu retten ist. dm listet die Alnatura-Produkte aus. Damit ist auch Lebensbaum schwer getroffen, für das Alnatura ein großer Kunde ist. »Wir haben 10 Millionen Euro an Umsatz verloren. Das war unsere schwerste Krise. Doch sie kam ja nicht von heute auf morgen, ich habe das kommen sehen. Es war ein schwerer Schlag, und dennoch mussten wir niemanden entlassen, denn ich habe immer darauf geachtet, genug Geld im Unternehmen zu belassen.« Ulrich Walter schenkt den Mitarbeitern reinen Wein ein und verspricht ihnen, alle Arbeitsplätze zu erhalten, doch das geht nur, wenn sie alle mithelfen. Freie Kapazitäten müssen nun genutzt werden, um Liegengebliebenes aufzuarbeiten, Überstunden abzubauen. »In der Zeit hatte ich viele bange Momente und schlaflose Nächte,« gesteht Walter, »doch entscheidend war das gute Stammpersonal, das mitzog und Lieferanten, die nicht darauf bestanden, dass wir alle vereinbarten Mengen auf einmal abnehmen mussten. Auch die Banken hielten still. Alles das ging, weil wir über die Jahrzehnte mit allen eine gute Vertrauensbasis aufgebaut hatten.«

Probleme bei der Teepflanzung und unfaire Medien

Keine Krise, aber doch eine Sache, die der Firma Lebensbaum zu schaffen macht: Zwischen den Teepflanzen wachsen auch Pflanzen, wie das Jakobskreuzkraut, die Stoffe enthalten, die gesundheitsschädlich sein können. Es handelt sich um natürliche Abwehrstoffe, die die Pflanzen selbst entwickeln, um sich vor Fraßinsekten zu schützen, sogenannte Pyrrolizidinalkaloide (PA). Etliche dieser sehr unterschiedlichen Stoffe können gesundheitlich schädlich sein, je nach Menge des Konsums und persönlicher Disposition. Sind solche Pflanzen erst einmal mit den anderen zusammen geerntet, kann man sie nicht wieder trennen. 2013 lässt das Bundesinstitut für Risikobewertung (BfR) dafür ein neues Nachweisverfahren entwickeln, das auch geringste Spuren der PA nachweisen lässt, und weist auf mögliche gesundheitliche Risiken hin.

Lebensbaum Tea Fields: Ulrich Walter mit Sanjay Bansal im Lebensbaum Bereich eines Teegartens in Darjeeling

PA werden nun in Kräutern, Tees, Salaten, Honig oder auch Mehl gefunden. Das BfR verzichtet jedoch auf die Definition von Grenzwerten schlägt lediglich Empfehlungswerte vor, und weist darauf hin, dass man die Produkte auch mal wechseln sollte. Diese Stoffe werden auch mal in Lebensbaum-Tees nachgewiesen. »Da mussten wir einen großen Aufwand betreiben, um die Beschäftigten auf den Plantagen zu schulen, damit sie die relevanten Kräuter rechtzeitig beseitigten. Und wir mussten Rohwaren vernichten, obwohl sie den gesetzlichen Standards entsprachen. Das hat uns einen hohen sechsstelligen Betrag gekostet«, erinnert sich Ulrich Walter. Außerdem schießt das Budget für die Analysen enorm in die Höhe. Es dauert ein paar Jahre, bis Lebensbaum dieses Problem vollständig im Griff hat. Das Unternehmen vernichtet Ware, die zwar den gesetzlichen Bestimmungen entsprechen, jedoch aus Imagegründen nicht mehr eingesetzt werden können. Die Landwirte leiden ebenso darunter, weil sie einen immens hohen Aufwand bei den Ernten betreiben müssen, ohne dafür entlohnt zu werden. Den Umgang der Medien findet Walter nicht fair. »Das war regelrechte

Panikmache, doch da kannst du als Unternehmen nichts dagegen tun.« Überhaupt findet er das Verhalten vieler Medien fragwürdig: »Die hacken mit großer Lust auf dir herum, doch, wenn sie selbst mal einen Fehler machen und man ihnen das sagt, dann reagieren sie wie die Mimosen. Es ist völlig klar, dass Unternehmen eine hohe Verantwortung haben und sich dieser auch stellen müssen und wollen. Mit Panikmachen ist jedoch niemandem geholfen und man sollte lieber die sprichwörtliche Kirche im Dorf lassen.

Ulrich Walter beim Besuch eines Tulsi-Lieferanten in Nordindien anlässlich einer Feierlichkeit, 2007

Walter hilft seinen Lieferanten, wenn es Probleme gibt. In Teeblättern einer Plantage in Indien werden Spuren von Nikotin gefunden. »Da Nikotin auch als Pestizid eingesetzt wird, was allerdings mittlerweile verboten ist, waren wir erheblich irritiert. Wir konnten uns das zunächst nicht erklären und haben Experten vor Ort geschickt. Die fanden raus, dass die Teepflücker bei der Arbeit gerne Kautabak genießen und diesen vorher in der Hand zerreiben. So gelangte das Nikotin dann auf die Teeblätter. Die Lösung war, dass sie beim Pflücken nun zunächst Handschuhe trugen und geschult wurden. Da viele auch in ihren Häusern rauchen, wurden die Sammelkörbe nunmehr zentral und nicht mehr in den Häusern gelagert. Damit konnte das Problem gelöst werden.«

Andere Unternehmen würden bei solchen Vorfällen vielleicht die Lieferbeziehung abbrechen. Nicht so bei Lebensbaum. Bevor sich Ulrich Walter von Lieferanten trennt, muss er gewiss sein, dass sich nichts zum Positiven ändern lässt. Doch können ja viele behaupten, sie unterhielten supertolle Beziehungen zu ihren Lieferanten und die wiederum wirtschafteten sozial und ökologisch auf hohem Niveau. Damit dies auch nachweisbar ist, lässt sich Lebensbaum das seit Ende der 2000er Jahre vom international tätigen Anbauverband Naturland bestätigen, der sich auch vor Ort umschaut. Die Anbaupartner in Schwellen- und Entwicklungsländern werden regelmäßig zusätzlich zur Bio-Kontrolle auf Umwelt- und Sozialkriterien überprüft. Entspricht alles dem Regelwerk, findet dieser Teil der Prüfung im 3-Jahres-Rhythmus statt. Gibt es Abweichungen, wird die Prüfung jährlich wiederholt.

Kommunikation, Mitarbeiterbefragungen, Kauf der Kaffeerösterei

In den 2010er Jahren verfeinert Lebensbaum die internen Prozesse und baut die Kommunikation um. Bisher war sie dem Marketing unterstellt, nun gibt es eine eigene Unternehmenskommunikation, die auch als interne Dienstleistung fungiert. Tochter Maren leitet diesen Bereich. »Eine eigene Abteilung ist für ein Unternehmen dieser Größe eher ungewöhnlich«, sagt Maren Walter. »Aber um sich vom Wettbewerb abzuheben, muss man gut und transparent kommunizieren.« Dazu gehört auch das Kundenmagazin als wichtiger Bestandteil, das es seit 1988 gibt und 2011 komplett überarbeitet und in ganz neuem Format mit neuen Inhalten eingeführt wird. Es hat über 10 000 feste Abonnenten zusätzlich zu den rund 90 000 Heften, die in Bio-Läden, Hotels oder auch Arztpraxen auf Wunsch ausgelegt werden. Im Laufe der Zeit nutzt Lebensbaum für die Kommunikation mit den Stakeholdern neben Internet und Kundenmagazin auch Facebook, Twitter, Instagram und Pinterest.

Die Bemühungen um die Kommunikation zahlen sich aus: In diesem Jahrzehnt dürfen sich die Beschäftigten von Lebensbaum über Preise für die Berichterstattung freuen. 2015 erreicht Lebensbaum für seinen Nachhaltigkeitsbericht 2013 den ersten Platz beim Ranking des Instituts für ökologische Wirtschaftsforschung und des Vereins Future in der Kategorie von kleinen und mittleren Unternehmen. Der Bericht 2016 landet 2018 auf dem zweiten Platz. Bereits 2013 erfüllt die Firma als erstes Bio-Unternehmen für seinen nach den Richtlinien der Global Reporting Initiative (GRI) erstellten Bericht die Bewertung A+. Damit hat der Bericht das bestmögliche Niveau der GRI erreicht, was bis dato nur drei deutschen Mittelständlern gelungen ist.

Und es gibt weitere Preise, mit denen die Arbeit des Unternehmens wertgeschätzt werden. 2013 wird Ulrich Walter Entrepreneur des Jahres, eine Auszeichnung der Wirtschaftsprüfungsgesellschaft Ernst & Young. 2014 erhält Lebensbaum den CSR (Corporate Social Responsibility)-Preis der Bundesregierung und 2015 den Deutschen Nachhaltigkeitspreis, für den es zuvor schon zweimal als eines drei besten Unternehmen nominiert war. Im selben Jahr gibt es noch den Design Preis iF für die Teeverpackungen.

2018 wird das Bistro von Lebensbaum als »Bestes Firmenbistro in Niedersachsen« ausgezeichnet. »Die Köchin der ersten Stunde erzählt einem Journalisten, dass das, was größere Firmen bei der Preisverleihung als ihre zukünftigen Konzepte vorstellten, bei Lebensbaum bereits seit Jahren Standard sei. Insbesondere der sehr begrenzte Einsatz von Fleisch«, freut sich Ulrich Walter.

»Wir haben uns nie selbst aktiv um Auszeichnungen beworben, sind immer angesprochen worden, das zu tun,« so Walter weiter. »Für die Mitarbeiterinnen und Mitarbeiter sind die Preise eine ganz wichtige Bestätigung ihrer Arbeit. Und auch für mich waren sie bedeutsam. Musste ich anfangs meine Leute vor mir hertreiben, wenn ich etwas verändern wollte, so gaben die Auszeichnungen nun uns allen Kraft und Motivation und erleichterten vieles.«

Lebensbaum führt jetzt regelmäßig Befragungen unter den Mitarbeitern durch. Dabei wird deutlich, dass diejenigen, die schon lange im Unternehmen sind, mehr zu kritisieren haben als die anderen. »Das war eine bittere Erkenntnis«, gesteht Ulrich Walter. Die langjährigen Mitarbeiterinnen und Mitarbeiter nehmen die positiven Dinge wohl eher als selbstverständlich hin, während diejenigen, die aus anderen Unternehmen kommen, noch sehr genau die Unterschiede zu ihren vorherigen Arbeitgebern sehen. Dennoch ist Walter »ein Fan von Befragungen.« Dabei käme nämlich sehr deutlich zum Vorschein, wo es Probleme gibt, insbesondere, wo Vorgesetzte nicht gut arbeiten. Da könne man dann eingreifen. Denn auch wenn die Beschäftigten dazu aufge-

Von links: Hedwig Niehoff, Ulrich und Angela Walter, Franz Niehoff, 2019

fordert werden, sich bei der Geschäftsleitung zu melden, wenn irgendwas nicht rundläuft, passiert dies doch eher selten, denn die Mitarbeiter »verpetzen ihre Chefs nicht«. Woran liegt das? Angst vor Konsequenzen? »Es gibt bei vielen Mitarbeitern immer noch diese irrationale Angst vor der Macht der Vorgesetzten. Es gibt aber auch den alten Grundsatz ›ich verpetze niemand‹. Was man heute Wistleblowing nennt, hieß früher Verpetzen und galt als ehrenrührig. In der Tat nutzen Vorgesetzte auch manchmal diese Keule. Wann immer wir so etwas mitbekamen, haben wir eingegriffen. Hatten Führungskräfte das Vertrauen ihrer Mitarbeiter verloren, haben wir uns von ihnen getrennt. Glücklicherweise gab es nur sehr wenige Fälle. Hier hat natürlich auch der Betriebsrat eine wichtige Rolle. In solchen Konflikten das richtige Maß und den richtigen Zeitpunkt zu finden, ist für alle Beteiligten nicht immer einfach«, so Walter.

Als Franz Niehoff 2011 realisiert, dass seine Töchter nicht die Nachfolge der Leitung seiner Kaffeerösterei antreten würden, spricht er mit Ulrich Walter über einen Verkauf. Ein niederländisches Unternehmen interessiert sich für die Firma Niehoff. Die beiden machen einen längeren Spaziergang im Teutoburger Wald, und da fragt Walter: »Was hältst du davon, wenn ich deine Firma kaufe?« »Das war für mich natürlich die beste Lösung, denn schließlich arbeiteten wir schon Jahrzehnte gut zusammen«, so Niehoff. Somit schließt sich auch für Ulrich Walter eine Lücke, nämlich, auch die Kompetenz des Röstens in das Unternehmen Lebensbaum zu integrieren. Den Rohkaffeeeinkauf machen die beide Freunde schon lange gemeinsam.

Das Wachstum geht weiter, so muss 2015 ein neues Lager für Rohware her, 165 Beschäftigte arbeiten jetzt im Unternehmen. In diesen Jahren bringt Lebensbaum auch einen Demeter Espresso auf den Markt, es ist der erste in Deutschland. Die Lebensbaum-Stiftung engagiert sich in diesem Jahrzehnt für die Renaturierung des Diepholzer Moores.

Professor Michael Succow mit Lebensbaum Mitarbeitern und Auszubildenden sowie Studenten bei einer Begehung des Diepholzer Moores. Der Moor-Fachmann begutachtet den Stand der Renaturierungsmaßnahmen, für die Lebensbaum sowohl Geld als auch Muskelkraft zur Verfügung gestellt hat, 2015

Die Nachfolge wird geregelt

Lebensbaum kann die dm-Alnatura-Krise bald hinter sich lassen, denn Alnatura gewinnt neue Kunden, vor allem Edeka. Die Umsätze steigen stark. Lebensbaum nimmt zudem den Export stärker in den Blick und liefert nun auch nach Frankreich und Polen. So kann sich Ulrich Walter der eigentlichen Frage zuwenden, die er in diesem Jahrzehnt zu lösen hat: Wie er seine Nachfolge regeln will. Er geht jetzt auf die 70 zu und möchte rechtzeitig dafür sorgen, die Leitung in jüngere Hände zu legen. Die beiden Töchter Maren und Jana Walter wollen eigene Wege gehen. Also möchte er Gesellschafter ins Unternehmen holen. »Im Laufe der Jahre gab es viele Interessenten, doch es war nie der Richtige dabei. Eine Bank wollte ich auf keinen Fall, einen klassischen Investor, der nur an den schnellen Profit denkt, schon mal gar nicht. Dass die Firma an die Stiftung übertragen wird, war auch keine gute Option. Langsam wurde ich frustriert. Dann aber schlug mir eines Tages ein langjähriger Geschäftsfreund die Familie Bauer aus Hamburg vor, klassische hanseatische Kaufleute der Bauer Media Group. Die haben nicht nur Interesse am Geldverdienen, sondern auch an Bio und Nachhaltigkeit. Vor allem deren jüngste Tochter, die im Konzern tätig ist, ist sehr bioaffin.« Deren Mann, Tobias Osing, gründet 2011 eine Beteiligungsgesellschaft, die Adiuva Capital GmbH, deren alleiniger Investor die Bauer Media Group ist, um auf diesem Wege in mittelständische Unternehmen zu investieren. Die Bauer Media Group gibt es schon seit 1875, der Konzern hat 2019 einen Umsatz von rund 2,3 Milliarden Euro.

Adiuva und Lebensbaum, das scheint tatsächlich zu passen, und so versuchen es die beiden 2016 erst einmal mit einer Minderheitenbeteiligung von 25 Prozent. „Adiuva investiert ›geduldiges Geld‹«, erklärt Walter. »Sie sind nicht am schnellen Profit, sondern an der langfristigen Wertsteigerung des Unternehmens interessiert.« Aus dem operativen Geschäft halten sich die neuen Gesellschafter raus, auch die Alnatura/dm-Krise tragen sie gelassen mit. Sie stehen aber im engen Kontakt mit der Geschäftsführung. 2019 wird ein Beirat, eine Art Aufsichtsrat gebildet, dem Ulrich Walter vorsitzt, für die Zeit, wenn er aus der Führung von Lebensbaum ausscheidet, aber noch als Berater zur Verfügung stehen will. »Das ist kein Pseudobeirat, sondern ein kritischer und aktiver«, beteuert Walter, der so sichergestellt hat, dass das Unternehmen Lebensbaum seinen Weg der Nachhaltigkeit konsequent weitergeht.

Ende 2019 ist es dann so weit: Die Gründerfamilie von Lebensbaum überträgt ihre gesamten Anteile an die bisherige Minderheitsgesellschafterin Adiuva, die nun die volle Verantwortung für das Unterneh-

Lebensbaum Geschäftsführung, von links: Achim Mayr, Ulrich Walter, Hans-Ulrich Schatz, 2019
© Lebensbaum

men Pure Taste Group GmbH & Co. KG, mit den Tochtergesellschaften Ulrich Walter GmbH, BiologX GmbH (Logistik) sowie Kaffeerösterei Niehoff, trägt. Die Unternehmensgruppe beschäftigt zu diesem Zeitpunkt über 200 Mitarbeiterinnen und Mitarbeiter und erwirtschaftet 2019 einen Umsatz von 65 Millionen Euro. Dieser Stabwechsel setzt den Schlusspunkt hinter einen langjährig und sorgsam vorbereiteten Nachfolgeprozess.

Wie kommt der Unternehmer Walter damit zurecht, dass nun andere in dem Unternehmen, das er mit seiner Frau gegründet und das sich zu einem sehr erfolgreichen und hoch angesehenen Player in der Bio-Branche entwickelt hat, das Wort führen? »Ich kann es gut aushalten, wenn andere etwas anders machen als ich. Aber ich habe mich schon früh innerlich intensiv darauf vorbereitet und auch bald an den meisten Besprechungen nicht mehr teilgenommen.«

Warum aber investiert ein Medienkonzern, wenn auch indirekt, in ein Bio-Unternehmen? Wie so oft, haben unternehmerische Entscheidungen auch ganz persönliche Gründe. Tobias Osing und vor allem

Ulrich Walter beim Empfang der Gäste anlässlich des 40-Jahr-Feier von Lebensbaum an seinem 70. Geburtstag, 2019

seine Frau sind selbst überzeugt von dieser Art der Lebensmittelproduktion und Ernährung und sehr beeindruckt, wie Ulrich Walter das Unternehmen Lebensbaum entwickelt hat. »Wir finden es toll, dass er seine Lieferanten persönlich kennt und die Beziehungen seit Jahrzehnten pflegt, ihnen auch in schweren Zeiten zur Seite stand. Wir möchten, dass das so bleibt«, sagt Osing.

Neuer Geschäftsführer ist jetzt Hans-Ulrich Schatz, der 2018 zur Geschäftsleitung dazustieß. Achim Mayr, bisher ebenfalls in der Führung, scheidet zusammen mit Ulrich Walter aus. Die Firma Niehoff wird weiterhin von Thomas Busjan, früherer Prokurist bei Niehoff und seit 2011 Geschäftsführer, geleitet.

Vorher aber wird noch mal kräftig gefeiert: Das 40jährige Firmenjubiläum und der 70. Geburtstag von Ulrich Walter mit 400 geladenen Gästen. Ach ja, und er fährt jetzt einen Tesla.

Das Jahr 2020

Das Jahr 2020: Corona hält die Welt in Atem, EU mit neuen Zielen für eine nachhaltigere Landwirtschaft, Bio soll selbstbewusster, aber auch weniger selbstbezogen werden, Familie Walter investiert in andere Bio-Unternehmen

Das Jahrzehnt beginnt mit einem Paukenschlag. Ein Virus erzwingt den Stillstand. Das Thema, das die meisten Menschen beschäftigt, ist die Corona-Pandemie und ihre weltweiten Folgen. Ein bis dahin noch unbekanntes Virus (SARS-CoV-2) infiziert die Menschen und beeinflusst das Leben in einer nicht gekannten Weise. Bisher war das Virus auf Wildtiere beschränkt. Nun aber wird vermutet, dass es in China in der Provinz Wuhan von Wildtieren auf Menschen übergegangen ist, weil die Menschen dort oft achtlos mit Wildtieren umgehen und sich dabei notwendigerweise mit allen möglichen Grippeviren anstecken. Ein weiteres und leider höchst gefährliches Beispiel, wie die Missachtung von Grenzen, in diesem Fall zwischen Mensch und Wildtier, zur kaum noch rückholbaren Bedrohung werden kann. Solange das Virus in China bleibt, ist die Atemwegserkrankung COVID-19 (in Deutschland überwiegend Corona genannt) nur ein Thema für die Nachrichten, ohne weitere Konsequenzen. Auch als die ersten Fälle in Bayern auftreten, reagieren die meisten noch äußerst gelassen. Doch in unserer globalisierten und hoch mobilen Welt verbreitet sich das Virus schnell. Der Rest der Geschichte ist uns allen sicher so präsent, dass ich hier nicht weiter darüber berichten muss.

Oder doch eines noch: Aufgrund der miserablen Zustände für Tier und Mensch in den deutschen Fleischfabriken kommt es im Frühsommer zu Infektionen von mehr als 2000 Beschäftigten in den Fabriken der Firma Tönnies in Nordrhein-Westfalen, wo vor allem Arbeiter aus Osteuropa unter sehr schlechten Bedingungen arbeiten und leben. Das ist alles schon lange bekannt, doch nun endlich scheint es ernsthafte Anzeichen dafür zu geben, dass die Politik den Missständen an den Kragen gehen will. Von höheren Fleischpreisen ist jetzt die Rede, die politisch durchgesetzt werden sollen. Dann dürfte das vielfach gehörte Argument, die geringen Preise machten Veränderungen in der Fleischwirtschaft unmöglich, als Ausrede endlich nicht mehr taugen. Zudem wird im Juli 2020 die viel zu enge Kastenhaltung für die Sauen erheblich eingeschränkt, allerdings entschärft durch viel zu lange Übergangs- und Anpassungszeiten.

Niemand weiß im Herbst 2020, wie stark die sogenannte zweite Welle noch werden wird, ob es gar zu einer dritten oder noch mehr kommen kann. Ein Impfstoff ist zwar gefunden, doch wird es wohl noch bis Ende 2021 dauern, bis er flächendeckend einsetzbar ist. Niemand weiß, wie sich die ökonomische Situation weiter entwickeln wird, wie tief die verschiedenen Länder in die Rezession rutschen. Immer wieder wird die Frage gestellt, wie die Welt wohl nach Corona aussieht, wie wir nach Corona leben werden, vielleicht muss die richtige Frage lauten: Wie werden wir mit Corona leben?

Sicher scheint aber bereits jetzt, dass aufgrund von COVID-19 mehr Menschen auf der Welt an Hunger leiden, die Not wird vielerorts größer und die Ungleichheit zwischen Arm und Reich verschärft sich. Es sind, wie so oft, die am unteren Rande der Gesellschaft, die am schwersten unter den Folgen der Maßnahmen gegen den Virus leiden. Auch in Deutschland driften die Menschen finanziell noch mehr auseinander: Nach einer aktuellen Studie des Deutschen Instituts für Wirtschaftsforschung (DIW) besitzt das obere ein Prozent der Bevölkerung rund 35 Prozent des Vermögens; das ist mehr als angenommen, denn bisher ging man von 22 Prozent aus. Weitere zehn Prozent der Bevölkerung haben 63 Prozent des Reichtums. Das heißt, auf den größten Teil der Bevölkerung entfällt gerade mal rund 2 Prozent.

Lebensbaum Bistro in Corona-Zeiten: Trennscheibe und vorgepackte Bestecke, 2020
© Lebensbaum

Corona hat aber auch andere Folgen: Es gibt weniger Reisen, vor allem viel weniger Flüge, keine großen Partys oder durchtanzte Nächte. Selbst Restaurantbesuche finden erst einmal nicht mehr statt. Ein insgesamt ruhigeres, entschleunigtes Leben ist die Folge, was viele durchaus zu schätzen wissen. Diese Wertschätzung mischt sich allerdings mit Angst. Angst vor Ansteckung, die nicht immer sichtbar ist, weil sie bei manchen ohne Symptome bleibt und andere auf die Intensivstation schickt. Die Angst um den Arbeitsplatz. Nachdem dann im Sommer Vieles wieder gelockert ist, zeigt sich Neues im Verhalten. Man kauft jetzt noch mehr im Internet, vielleicht auch mehr als man braucht. Die ganz großen Gewinner der Krise sind Amazon & Co. und die Streamingdienste, während kleine Einzelhändler, Kinos und Theater um die Existenz bangen. Cafés und Restaurants fürchten den Winter. Büros stehen leer. Läden schließen. Die Innenstädte drohen zu veröden. Das Verhalten der Deutschen in der Krise entbehrt nicht gewisser Absurditäten. So hamstern sie vor allem Klopapier, obwohl immer wieder beteuert wird, dass die Läden offenbleiben und es keine Lieferengpässe gibt.

Eine weitere Gewinnerin nicht der Krise, sondern nur ihres ersten Lockdowns und der Reisebeschränkungen, ist an vielen Stellen die Umwelt: In Venedig ist das Wasser wieder klar, nachdem kaum Touristen und keine Kreuzfahrtschiffe kommen, weniger Verkehr insgesamt lassen die CO_2-Emissionen sinken. Der World-Overshoot-Day (Erdüberlastungstag), also der Tag, an dem wir im Jahr mehr Ressourcen verbrauchen, als der Planet erzeugen kann (Biokapazität), ist 2020 um drei Wochen nach hinten gerutscht. Ob sich das alles auch positiv auf das Tempo des Klimawandels auswirkt, ist noch unklar. In 2020 häufen sich die Horror-Informationen über den Gletscher-Schwund und das Auftauen des Permafrostes in Sibirien. Ewiges Eis ist nicht mehr ewig. Und der Sommer ist wieder zu trocken und sehr heiß …

Manche sind dennoch voller Hoffnung, dass Corona tatsächlich helfen kann, die Gesellschaft nachhaltiger zu gestalten. »Bio-Firmen werden mehr denn je gebraucht«, findet Ute Leube vom Bio-Kosmetikhersteller Primavera Life. Sie und ihr Geschäftsleitungskollege Kurt Ludwig Nübling stellen fest, dass mehr Menschen bewusster leben und nach dem Sinn fragen. »Wir könnten aus der Krise lernen«, so ihre optimistische Sicht. Ob und wie Corona unser Leben dauerhaft beeinflussen wird, lässt sich zum Zeitpunkt, da dieses Buch geschrieben wird, noch nicht sagen.

Gar nichts lernen will dagegen die seltsame Melange aus Impfgegnern, Verschwörungstheoretikern, Reichsbürgern und Rechtsextremen, die an vielen Orten demonstriert – natürlich ohne Abstand und ohne Masken. Ende August kann sie sehr viele Menschen nach Berlin mobilisieren, ein paar Hundert versuchen sogar, den Reichstag zu stürmen. Zum Glück erfolglos.

Fast die gesamte Politikerschar ruft reflexartig nach mehr Sicherheitsmaßnahmen und bauschen das Ereignis in unguter Weise auf, nur wenige bewahren Ruhe und Maß. Leider mischen sich auch andere, vermutlich um ihre Existenz, das Seelenheil oder gar die Demokratie besorgte Bürgerinnen und Bürger unter die Demonstranten, die nach dem zweiten Teil-Lockdown im November erneut auf die Straße gehen.

Ende Januar 2020 tritt Großbritannien aus der Europäischen Union aus. Einen belastbaren Vertrag, der die künftigen Beziehungen zwischen dem Land und der EU regelt, gibt es allerdings immer noch nicht. Im Mai desselben Jahres beginnen in den USA heftige Proteste, nachdem der unbewaffnete Afroamerikaner George Floyd von einem weißen Polizisten bei einer Festnahme gewaltsam getötet wird. In der Folge kommt es auch in Deutschland zu Demonstrationen gegen (institutionalisierten) Rassismus, vor allem nachdem in Hanau bei einem rechtsextremen Anschlag elf Menschen sterben.

Im November 2020 wird der Demokrat Joe Biden in den USA zum neuen Präsidenten gewählt, Millionen Menschen weltweit verfolgen tagelang die aufwendige Stimmauszählung. Der Amtsinhaber, der Republikaner Donald Trump, will seine Niederlage jedoch nicht anerkennen und spricht von Wahlbetrug. Auch die Untersuchung von Cybersecurity-Experten, die zu dem Ergebnis kommt, dass diese US-Wahl die sicherste in der Geschichte war, kann ihn nicht überzeugen. Das Land ist tief gespalten. Auf den neuen Präsidenten und seine Vize, die Afro- und asiatische Amerikanerin, Kamala Harris, die erste Frau in diesem Amt, warten schwere Aufgaben. In seiner Siegesrede verspricht Biden der Präsident aller Amerikanerinnen und Amerikaner zu sein, die Nation zu »heilen« und zu kooperieren, um mit den großen Herausforderungen, wie der Corona-Pandemie und dem Klimawandel, umzugehen.

In Australien, wo Flächenbrände schon seit Ende 2019 wüten, brennt es noch den ganzen Januar, die Folgen sind verheerend: Mehr als 12 Millionen Hektar Fläche sind verbrannt, neben Steppe und Grasland auch Wälder der normalerweise feuchteren gemäßigten und subtropischen Regionen. Schätzungen des World Wildlife Fund (WWF) Australien zufolge sind mehr als 1,2 Milliarden Tiere umgekommen, 70 Prozent der australischen Arten sind extrem betroffen, viele vom Aussterben bedroht.

Im August und September brennen die Wälder in Kalifornien, das Feuer vernichtet viele Häuser, Menschen sterben. Präsident Trump schimpft auf ein schlechtes Waldmanagement, was wohl auch stimmt.

Von der Erderwärmung will er aber weiter nichts wissen. »Es wird auch wieder kühler«, meint er nur.

Am Horn von Afrika (Somalia, Äthiopien, Dschibuti und Eritrea), im Jemen und in Pakistan wüten gigantische Heuschreckenplagen, die auch andere Länder erreichen und die Nahrungsversorgung der Bevölkerung ernsthaft bedrohen. Wissenschaftler vermuten einen Zusammenhang mit der globalen Erwärmung.

Auch lokale Konflikte, wie der in Mali Mitte des Jahres, wo es zu einem Putsch kommt, können zumindest teilweise mit den Folgen des Klimawandels zusammenhängen: lang andauernde Dürren verschlechtern die ökonomische Situation, große Hitze erhöht das Aggressionspotenzial.

Die ganz großen Herausforderungen bleiben die Bekämpfung von Armut und sozialer Ungleichheit, der Klimawandel, der Erhalt der Artenvielfalt und die Verteidigung der Demokratie gegen Rechtsextremisten und Populisten. Es zeigt sich immer häufiger, dass eine wachsende Zahl junger Menschen – aber nicht nur die – dem Staat und seinen Organen keinerlei Respekt mehr zollt: In Stuttgart und Frankfurt kommt es im Zusammenhang mit Corona-Partys auf öffentlichen Plätzen zu heftigen Auseinandersetzungen mit der Polizei, bei der Polizisten verletzt werden. Wie geht man damit um? Klar, mit Konsequenz und der Härte des Rechtsstaates. Doch wie ist das alles zu erklären? Was kann man präventiv tun?

Agrarpolitik etwas konsequenter, bleibt aber Stückwerk, Bio weiter auf Kurs

Im Mai 2020 stellt die EU-Kommission ihre Farm-to-Fork-Strategie (vom Hof auf den Tisch) vor, mit der bis 2030 eine nachhaltige Produktion von Nahrungsmitteln in der EU sichergestellt werden soll. Die Strategie ist Teil des Green New Deal der EU-Kommission (Europa soll bis 2050 klimaneutral sein) und benennt 27 Ziele, darunter 50 Prozent weniger Spritzmittel- und Antibiotikaeinsatz und 20 Prozent weniger Dünger auf den Äckern. Die Flächen für den ökologischen Landbau sollen auf 25 Prozent ausgeweitet werden. Konkrete Gesetzesvorschläge soll es 2021 geben. »Das ist extrem ehrgeizig, denn im Moment stehen wir bei rund 5 Prozent«, meint der Präsident des Bundesverbands Ökologische Lebensmittelwirtschaft (BÖLW), Felix Prinz zu Löwenstein. Spannend sei aber die Frage, wie es danach weitergehen soll. »Was machen wir mit den anderen 75 Prozent? Die gesamte Landwirtschaft muss sich ändern, muss enkeltauglich werden.« Nicht alle würden Bio-Betriebe werden, aber die Landwirtschaft müsse in Zukunft viel nachhaltiger sein. »Die Bio-Unternehmen können zeigen, wie es geht.«, so Löwenstein.

Die Umweltverbände begrüßen die Strategie der EU, fordern, dass die Ziele konsequent umgesetzt, dafür ausreichend Finanzen bereitgestellt und die jährlichen fast 60 Milliarden Euro Agrarsubventionen nun endlich auf den umwelt- und klimapolitischen Prüfstand gestellt werden. Vor allem die kontraproduktiven Hektarprämien gehörten abgeschafft, die bisherige Gemeinsame Agrarpolitik (GAP) passe nicht mehr zur Farm-to-Fork-Strategie und müsse daher zurückgezogen werden.

Die Gentechnik sei der blinde Fleck. Auch neue Gentechnik müsse weiterhin gekennzeichnet, risikogeprüft und rückverfolgt werden, damit Landwirte, Lebensmittelunternehmen, Handel und Verbraucherinnen und Verbraucher Wahlfreiheit haben.

Deutschland hat noch immer ein Nitratproblem, was aus einem aktuellen Bericht der Regierung von 2020 hervorgeht. Eine Stickstoffüberschuss-Abgabe, aus deren Einnahmen der Umbau der Landwirtschaft mitfinanziert werden soll, wird ins Gespräch gebracht.

Die letzte Novelle der EU-Öko-Verordnung, die 2022 in Kraft treten soll, erzürnt die Bio-Bauern: Die Produzenten müssen nun nachweisen, dass keinerlei Schadstoffe in ihren Produkten sind. Das aber ist im Grunde nicht möglich, solange konventionelle und Bio-Landwirte eng nebeneinander wirtschaften. Steffen Reese, Chef von Naturland, hält dies daher für »Verhinderungspolitik«, da Bio-Bauern hiermit Steine in den Weg gelegt werden.

Wie bewertet Ulrich Walter die Agrarpolitik der EU?

Er ist wenig begeistert: »Sie bewegt sich in einem Spektrum von Zeitgewinn, Verteilen von Beruhigungspillen, bis hin zur Volksverdummung. Progressive Politiker, die zumindest die Handlungsfelder deutlich genannt haben, konnten sich nicht durchsetzen. Ich fragte mal einen Vertreter des Landvolks, weshalb ein Wandel so schwierig ist. Er sagte: ›Unsere Chef-Lobbyisten sind Großlandwirte, profitieren vom jetzigen System und haben kein wirkliches Interesse an Veränderungen.‹ Ich denke, das trifft es.« Andererseits findet Walter, die Verbraucher hätten es in der Hand, etwas zur Veränderung beizutragen: »Wir können uns nicht der Mitverantwortung entziehen.«

Und was die Öko-Verordnung der EU anbelangt, sieht Walter Licht und Schatten. Bei der ersten Verordnung 1991 haben die Anbauverbände mitgeholfen, die Messlatte sehr hoch zu legen, um sich deutlich vom konventionellen Anbau abgrenzen zu können. Dabei ist allerdings nicht gut überlegt worden, welcher bürokratische Aufwand damit in der Praxis verbunden ist. Nun, bei der Novellierung hat man hingegen versucht, dem »bürokratischen Überschwang Einhalt zu gebieten, weil einiges dazu führt, dass Bio-Betriebe dafür ›bestraft‹ werden, was konventionelle Landwirte verursachen«, sagt Ulrich Walter. Denn jetzt muss der Nachweis erbracht werden, dass man für Schadstoffe, die gegebenenfalls in Lebensmittel gefunden werden, nichts kann. Das erhöht den Aufwand deutlich, ohne damit automatisch die Möglichkeit eines Betrugs auszuschließen. »Unter dem Vorwand des Verbraucherschutzes werden den Bio-Landwirten und allen nachfolgenden Stufen der Lieferkette Auflagen abverlangt, die nichts verbessern.« Für kleine Landwirte und Firmen könnte der Aufwand zu hoch sein und so befürchtet Walter, könnten sie sich von Bio anwenden. Zumindest aber kann es dazu führen, dass sich andere Zwischenformen etablieren, die den Verbraucherinnen eine dem Bio-Anbau nahekommende Wirtschaftsform suggerieren, die sich jedoch der staatlichen Kontrolle entzieht. Außerdem können größere Betriebe mit erhöhtem bürokratischem Aufwand leichter umgehen. »Somit werden weiter Großstrukturen gefördert, was nicht automatisch dem Verbraucherschutz dient. Es ist ein Wunder, dass Bio heute schon so weit ist, bei all den Restriktionen«, sagt Ulrich Walter.

In der Tat geht es im deutschen Ökolandbau weiter voran, wenn auch nach wie vor relativ langsam: Im Juli 2020 werden 9,7 Prozent der landwirtschaftlichen Fläche ökologisch bewirtschaftet – das sind 1,6 Millionen Hektar und 7,7, Prozent mehr als im Vorjahr. Die Anzahl der Ökolandbaubetriebe ist um 7,6 Prozent auf jetzt 34 110 angewachsen, die meisten gib es in Bayern und Baden-Württemberg. »Der Ökolandbau stärkt Bauern und Umwelt und macht die Landwirtschaft krisenfester. Wir werden uns ökologisch ernähren – oder gar nicht mehr«, meint Felix Prinz zu Löwenstein vom BÖLW angesichts dieser Zahlen.

Auch die Nachfrage nach ökologisch erzeugten Produkten entwickelt sich laut Bundeslandwirtschaftsministerium (BMEL) weiter dynamisch. Allerdings muss relativierend angefügt werden, dass ein Teil des Umsatzes mit Importprodukten gemacht wird. Bei Möhren sind es 42 Prozent, bei Tomaten sogar 89 Prozent, und sogar ein Drittel der Bio-Milch kommt aus dem Ausland. Die Nachfrage steigt offenbar schneller als das Angebot in Deutschland. In der Tat: Nach einer Umfrage im Auftrag des BMEL, dem Ökobarometer 2019, kaufen 50 Prozent der Deutschen regelmäßig Bio-Produkte, 2018 waren es nur 28 Prozent. Das Ministerium geht davon aus, dass sich der sehr positive Nachfragetrend fortsetzt. Dazu Landwirtschaftsministerin Julia Klöckner: »Bio-Produkte erlangen zunehmend eine starke Marktposition. Den Ökolandbau fördert unser Ministerium auf vielfältige Weise – mit Erfolg! Deutschland hat innerhalb der EU den größten Biomarkt. Die Nachfrage ist ungebrochen, eine wachsende Zahl von Betrieben zeigt sich offen für eine Umstellung.« Um eine wachsende Weltbevölkerung zu ernähren brauche man aber eine Art »Hybrid-Landwirtschaft: Der Ökolandbau muss weiter produktiver und die konventionelle Anbauweise ressourcenschonender und tierwohlgerechter werden.«

Vor allem mit dem Ausbruch von Corona steigt die Nachfrage nach Bio-Produkten, im März und April 2020 je nach Produkt zwischen 30 und 60 Prozent. Die Hersteller kommen kaum noch hinterher. Wie auch in allen anderen Supermärkten sind die Regale für Nudeln, Reis oder Mehl leergefegt. Doch die vermehrte Nachfrage liegt nicht nur an den Hamsterkäufen, die Menschen kochen bei geschlossenen Restaurants wieder häufiger daheim.

Die Professorin für ökologische Pflanzenzucht an der Fachhochschule Erfurt und ehemalige Mitarbeiterin des WWF, Birgit Wilhelm, weist jedoch darauf hin, dass sich die Umsatzsteigerungen leider nicht in höheren Gewinnen bei den Öko-Landwirten widerspiegeln, weder in Deutschland noch in anderen Ländern, aus denen sehr viel Bio-Ware nach Deutschland importiert wird. Außerdem gießt sie auch beim Thema Umstellung der Flächen auf Bio-Anbau etwas Wasser in den Wein: »Es ist im Verhältnis viel mehr Grünland umgestellt worden als Ackerfläche.« Das liegt vor allem daran, dass sich mit konventionellem Ackerbau auf guten Böden relativ einfach gut Geld verdienen lässt und im Gegensatz zum Ackerbau eine Umstellung von konventioneller auf ökologische Grünlandbewirtschaftung weniger Aufwand und Veränderung im Betriebsablauf bedeutet.

Zum Tempo der Entwicklung meint Ulrich Walter: »Der einzelne Landwirt kann nicht von heute auf morgen seinen Betrieb auf den Kopf stellen. Er wäre dann pleite. Auch die verkorkste Entwicklung in der Lebensmittelproduktion kann nicht in Windeseile geändert werden. Zumindest aber braucht es eine klare Vision und Agenda, mit klar beschriebenen Maßnahmen und Zeitzielen. Was wir aktuell und schon seit Jahren erleben, ist Stückwerk. Das Rad dreht sich immer schneller. Die Themen überschlagen sich, die Lösungen bleiben aus. Bildlich gesprochen, der Motor läuft heiß und muss jetzt wieder auf normale Betriebstemperatur gebracht werden. Die Politik muss allerdings den Rahmen setzen durch entsprechende Gesetze. Da ist sie zu zögerlich. Und die Gesellschaft muss mitziehen. Es kann und wird nur eine Veränderung geben, wenn die gesamte Lieferkette, vom Landwirt, über Verarbeitung und Handel bis hin zum Verbraucher bereit ist, die Konsequenzen und damit die Verantwortung für eine hochwertige und mensch-, natur- und tiergemäße Lebensmittelproduktion zu übernehmen.«

Allerdings müssen auch die Medien mitspielen. Denn sobald es um Veränderungen geht, wird sofort die Keule höherer Preise geschwungen und so getan, als könne man sich in Deutschland dann die Lebensmittel nicht mehr leisten. »Vielleicht müssen wir wieder lernen, wie man sich kostenbewusst und doch reichhaltig ernähren kann«, meint Walter.

Roswitha Weber, von der Firma Biogarten, sieht die Bio-Branche »solide« aufgestellt. »Ihre Vitalität bezieht sie aus den kleinteiligen Strukturen.« Die Branche sei inzwischen insgesamt anerkannt und gelte als vertrauenswürdig. »Dem Bio-Fachhandel gehört die Zukunft«, da ist sie sehr optimistisch.

Tierhaltung und Fleischkonsum im Fokus

Corona hat die schlimmen Zustände in deutschen Schlachthöfen in die Medien gebracht. Mal wieder. Doch nun scheint es tatsächlich Konsequenzen zu geben. Insgesamt wird der Umgang mit Nutztieren viel diskutiert, ist aber nur eines von vielen Problemen rund um das Thema Fleisch. Die Deutschen essen noch immer viel zu viel davon, viel mehr als einer gesunden Ernährung zuträglich ist: 2018 sind es rund 60 Kilogramm Fleisch pro Kopf und Jahr. Die Hälfte davon wäre gesund, sagt die Deutsche Gesellschaft für Ernährung. Es ist zu viel Fleisch fürs Klima. Denn die Fleischproduktion ist CO_2-intensiv. Für ein Kilo Rindfleisch 13,3 Kilogramm Kohlendioxid, bei einem Kilo Schwein sind es immerhin noch 3,4 Kilo, während hingegen Soja nur 2,8 Kilo CO_2 verursacht. Allerdings ist der hohe Sojakonsum in der Regel auch nicht nachhaltig, da der Löwenanteil aus Gebieten stammt, wo für den Anbau Wälder gerodet, die Umwelt geschädigt und oft sehr weite Transportwege in Kauf genommen werden. Außerdem ist der überwiegende Teil des weltweiten Sojaanbaus gentechnikbasiert.

Doch immerhin ist der Fleischkonsum leicht rückläufig. Vegetarismus und Veganismus liegen im Trend. Deshalb machen sich nun auch klassische Fleischproduzenten auf den Weg und arbeiten an Fleischersatzprodukten. Das Fleischunternehmen Rügenwalder Mühle im niedersächsischen Bad Zwischenahn zum Beispiel bietet immer mehr fleischlose Produkte an. »Angesichts des Klimawandels und der rasant wachsenden Weltbevölkerung braucht die Menschheit dringend Antworten auf die Frage, wie wir uns in der Zukunft alle ernähren können. Deswegen arbeiten wir täglich an leckeren Lösungen, die nicht nur den Wünschen unserer Kunden entsprechen, sondern auch gut für unseren Planeten sind«, heißt es auf der Website des Unternehmens. Nach Angaben des Umweltbundesamts liegt der Marktanteil bei vegetarischen beziehungsweise veganen Wurst- und Fleischwaren bei sechs Prozent.

Tja, und da wäre noch die Sache mit den Insekten. Viele gelten ja schon lange in asiatischen Ländern als Leckerbissen. In der Tat sind sie proteinreich und gelten als klimafreundlich herstellbar. Doch werden deutsche Gaumen sie akzeptieren? Auch wird daran geforscht, Fleisch im Labor herzustellen. Die Arbeiten sind hier aber noch in den Anfängen, und so sind die (Umwelt-)Folgen noch nicht abschätzbar.

Angesichts des Skandals in Fleischfabriken wie Tönnies spricht der Ministerpräsident des Schweinsbraten-Freistaates Markus Söder im Juli 2020 die bemerkenswerten Worte: »Agrarökologie statt Agrarkapitalismus könnte doch ein Weg sein für die Zukunft.« Fleisch solle nicht »unendlich teuer« werden, aber wir sollten »bewusster genießen, was unsere Landwirtschaft an hervorragenden Produkten herstellt.« Er fordert mehr Geld des Bundes, damit die Landwirte das Tierwohl organisieren könnten.

Kommissionen für Tiere und Landwirtschaft

Die sogenannte Borchert-Kommission, geleitet vom ehemaligen Landwirtschaftsminister Jochen Borchert, legt Anfang 2020 ihre Vorschläge für eine Tierhaltung vor, bei der die Tiere artgerecht leben können und die Prinzipien des Tierwohls eingehalten werden. Die Expertinnen und Experten der Kommission empfehlen, als Ziel bis 2040 die gesamte deutsche Nutztierhaltung auf das Niveau des gesetzlichen Mindeststandards der Stufe 2 im geplanten Tierwohlkennzeichengesetz zu bringen. Das bedeutet verbesserte Ställe mit zusätzlichem Platzangebot, Strukturierung sowie Klimazonen. Die Kosten der Maßnahmen werden auf drei bis vier Milliarden Euro geschätzt. Die Kommission schlägt vor, diese aus einer Fleischsteuer zu finanzieren. Anlässlich der Sonderagrarministerkonferenz, die sich Ende August mit den Empfehlungen der »Borchert-Kommission« beschäftigt, fordern Umweltverbände »einen kompletten Systemwechsel für die deutsche Nutztierhaltung und Fleischwirtschaft«. Grundsätzlich sind die Vorschläge der Kommission erste Wege aus dem Elend, aber was auch sie gar nicht berücksichtigt, ist die Zahl der Tiere. Für eine nachhaltige Fleischwirtschaft müssten auch die Bestände kleiner werden, insbesondere um das Gülle- und Antibiotikaproblem (wegen der hohen Tierbestände drohen Krankheiten, denen die Tierhalter mit Antibiotika im Futter vorbeugen) in den Griff zu bekommen.

Im Juli 2020 setzt die Bundesregierung eine Zukunftskommission Landwirtschaft ein. Unter der Leitung des Präsidenten der Deutschen Forschungsgemeinschaft (DFG), Peter Strohschneider, sollen die Mitglieder bis Ende 2021 »praxistaugliche Empfehlungen für eine produktive und ressourcenschonende Landwirtschaft« erarbeiten. Mit von der Partie sind allesamt hochrangige Vertreterinnen und Vertreter von Landwirtschaft, Lebensmittelindustrie und -handel, Wissenschaft, sowie Verbraucher- und Umweltorganisationen. Vor allem sollen sie Vorschläge vorlegen, wie Zielkonflikte aufgelöst werden können. Das Konzept für die Arbeit der Kommission haben der Deutsche Bauernverband (DBV) und die Initiative »Land schafft Verbindung« (LsV) erarbeitet. In der LsV organisieren sich Landwirte, die sich gegen ein in ihren Augen zu negatives Bild der Landwirtschaft wehren, gegen neue Umwelt- und Tierschutzauflagen protestieren und dafür Demonstrationen organisieren. Sie fühlen sich auch vom DBV nicht mehr ausreichend vertreten.

Konventionelle Produzenten und Handel

Interessant, was sich gerade im Lebensmitteleinzelhandel tut. Da gibt es zum Beispiel im Juli 2020 eine Anzeige von Edeka Südwest, ein »Offener Brief an Verbraucherinnen und Verbraucher im Südwesten«. Darin setzt sich Edeka mit den Wettbewerbern im Discounterbereich auseinander. Edeka schreibt: »Der Discount sorgt gerade in Deutschland dafür, dass viele Lebensmittel so günstig wie kaum woanders sind. Damit liegt ein besonderer Druck auf der Wertschöpfungskette mit allen bekannten Vorzügen sowie Herausforderungen. Fakt ist aber auch, dass der Preis für ein Produkt nicht das alleinige Kriterium sein muss. (...) Wir versichern Ihnen: Den Weg zum Discounter können Sie sich sparen!« Und dann wirbt Edeka mit Regionalität, Bio, Nachhaltigkeit, Tierwohl und sagt zum Schluss. »Wir können nicht nur günstig. Wir können mehr!« Gut, möchte man meinen, doch besser wäre, wenn endlich ein Handelsunternehmen auch mal sagen würde, dass alles das, also Nachhaltigkeit, nicht zu Dumpingpreisen zu haben ist. Denn auch Edeka & Co. beteiligen sich bislang munter am Preiskampf – auch bei ökologischen Lebensmitteln. Die Edeka-Werbekampagne »Essen hat einen Preis verdient: den niedrigsten!« kommt gar nicht gut an und zeigt, dass das Verständnis des Marketings für die Zusammenhänge noch zu wünschen übrig lässt. Der Druck auf die Produzenten geht weiter. In den Einkaufsabteilungen der Unternehmen arbeiten Menschen, für die nichts anderes zählt als der Preis. Dazu kann Michael Radau von der BioSuperMarkt AG in Münster Geschichten erzählen: »Da werden Anbieter ausgelistet, weil ein anderer in Rumänien 2 Cent billiger ist. Dieses System ist von innen her nicht veränderbar«, glaubt er.

Der konventionelle Handel pusht jetzt Bio immer stärker, vor allem REWE, Edeka, Lidl. Insbesondere die Kooperation von Bioland mit Lidl wird nach wie vor kritisch beäugt. »Das ist sicher mutig,« meint Ulrich Walter, »doch, wenn wir wollen, dass Bio weiterwächst, dann muss es auch überall angeboten werden.« Mutig sei der Schritt vor allem für Bioland, da es sicher nicht einfach sein könnte, die Verträge bei etwaigen Unstimmigkeiten gegen eine der umsatzstärksten Handelsketten einzuklagen. Auch Franz-Theo Gottwald, Agrarexperte der Schweisfurth-Stiftung, ist der Meinung, dass das Ziel 20 Prozent Bio in der Landwirtschaft »nicht ohne den Discount erreichbar« ist. Wenn die Landwirte dabei aber nicht unter die Räder kommen sollen, muss es Mindestpreise geben. Zum Beispiel ist Bio-Milch viel zu billig. »Die Erzeuger verlieren dabei, der Handel gewinnt. Dann geht es nur noch um Mengen. Das ist der falsche Weg«, ist sich Gottwald sicher. Benötigt werden Strukturen, die für soziale Fairness und wahre Preise sorgen. Dafür muss beispielsweise die EU-Richtlinie zu unlauteren Handelspraktiken durchgesetzt werden, und es braucht das Lieferkettengesetz eben auch in der Nahrungsmittelindustrie. Auch Lebensbaum profitiere davon, dass das Unternehmen die Rohstoffe im Ausland günstig einkaufen könne, meint Gottwald. Bio ist halt auch in der kapitalistischen Marktlogik gefangen. Allenfalls bei der Solidarischen Landwirtschaft sei das anders.

Die spannende Frage ist, wie sich der konventionelle Handel in Zukunft in Bezug auf den Bioboom weiter verhalten wird. Es gab und gibt ja Versuche, eigene Bio-Märkte zu etablieren, bisher ohne oder mit geringem Erfolg. Möglicherweise können sich die Großen der Branche auf Dauer nicht mit einzelnen Kooperationen zufriedengeben, sondern versuchen, sich den Bio-Fachhandel einzuverleiben, so wie es im Bereich der Bio-Hersteller L'Oréal mit Logocos gemacht hat. Jedenfalls hat Michael Radau keinerlei Hoffnung, dass sich die deutschen »großen Vier« (Rewe, Edeka, Aldi und Lidl) trotz aller Bekundungen wirklich substanziell ändern und zu nachhaltigen Lebensmittelhändlern werden können. »Stattdessen müssen Alnatura, Bio Company & Co. richtig groß werden.«

Ulrich Walter sieht das ähnlich: »Bio braucht einen starken Gegenpol im Fachhandel zu den großen Handelsketten und Discountern, nur dann hat es wirklich eine Chance.« Dabei geht es nicht nur um die Produkte, sondern auch um das Ambiente und um Transparenz in den Lieferketten. Kleine Strukturen werde es sicher auch zukünftig geben. »Es braucht aber auch große und auffällige Strukturen, die die ganze Welt des Bio zeigen, und zwar die ganze Palette der Nachhaltigkeit. Die großen Handelsketten«, so Walter kritisch, »suggerieren über ihre Bekanntheit und Werbebudgets, dass sie Bio fördern und nachhaltig wirtschaften. Sie stehen im harten Wettbewerb zueinander, und den fechten sie über die Preise aus.« Ihr Engagement für Bio zeigen sie über die Eigenmarken und werten dieses neuerdings zusätzlich über die Verbandsmarken von Bioland, Demeter oder Naturland auf. »Doch im Grunde ist doch alles total intransparent, weil die Hersteller unbekannt bleiben und nach Belieben ausgewechselt werden können. Das ist nicht besonders nachhaltig«, so Walter.

Schwächen und Herausforderungen der Bio-Branche

»Bio ist in der Mitte der Gesellschaft angekommen«, urteilt Franz-Theo Gottwald und meint damit, dass, trotz noch unbefriedigender Zahlungsbereitschaft der Konsumenten, Bio-Lebensmittel inzwischen für breite Teile der Gesellschaft akzeptabel und attraktiv sind – in Deutschland zumindest. Joseph Wilhelm von der Firma Rapunzel, ein Hersteller vegetarischer Bio-Lebensmittel und auch ein Pionier der ersten Stunde, sieht das etwas anders: »Wir haben eine erfreuliche Entwicklung genommen, aber kollektiv haben wir noch zu wenig bewegt.« Mit rund sechs Prozent des Gesamtumsatzes in der Lebensmittelbranche und unter zehn Prozent Flächenanteil in der Landwirtschaft (weltweit sind es nur rund ein Prozent) könne man wirklich noch nicht zufrieden sein. Natürlich liege das vor allem daran, dass die Gegenlobby sehr stark sei und die Politik noch immer nicht genug für die Bio-Landwirtschaft tue. Insbesondere müsse sie dafür sorgen, dass konventionelle und Bio-Landwirtschaft wenigstens fair und gleichbehandelt würden. So müsse zum Beispiel das Verursacherprinzip gelten. »Stattdessen sollen wir absichern, dass in den Rohstoffen keine Schadstoffe sind, die andere verursacht haben.« Für die Firma Rapunzel bedeutet das zusätzliche 700 000 bis 800 000 Euro im Jahr allein für die Analytik. »Das sind unsinnige Kosten, die sich auf die Preise niederschlagen und uns echte Nachteile bringen. Das nenne ich unfair!«, schimpft Wilhelm. Doch auch die Bio-Branche selbst könne mehr Dynamik entfalten.

Die Bio-Branche könnte ruhig etwas selbstbewusster auftreten, findet auch Renate Künast, ehemalige Bundeslandwirtschaftsministerin und »Erfinderin« der »Agrarwende«. »Ich würde mir wünschen, dass die Verbände, vor allem der BÖWL, politischer agieren, schlagkräftiger werden. Es gibt eine bundesweite Organisation, aber dennoch macht jeder seines«, kritisiert sie. „Wenn Bio wächst, müssen die Verbände mitwachsen. Ich habe manchmal den Eindruck, die »Bios« sind schon glücklich, dass sie dabei sind, dass sie ernst genommen werden. Nun müssen sie aber auch bissiger und anspruchsvoller sein«, so die Bundestagsabgeordnete der Grünen. Auch der brandenburgische Landesbauernpräsident und Ökobauer, Henrik Wendorff, meint, die Verbände hätten sich nicht schnell genug weiterentwickelt, um in Brüssel einflussreich mitreden zu können. Das läge vor allem an den Landwirten: »Drei Bauern unter einen Hut zu kriegen ist nahezu ein Ding der Unmöglichkeit.« Es sei einfach zu viel Idealismus im Spiel.

Bio hat Chancen verpasst und muss jetzt offensiver werden

Ute Leube und Karl Ludwig Nübling von Primavera Life raten der Branche, ihre Leistungen etwas offensiver herauszustellen. »Die Bio-Unternehmen leisten viel mehr als sie kommunizieren. Die konventionellen Firmen machen mehr Wind.« Für Michael Radau, Chef der BioSuperMarkt AG ist mitunter »nicht klar, ob der Bio-Handel seinen eigenen Weg mit Kraft und Entschlossenheit geht, oder ob man nur den konventionellen Lebensmitteleinzelhandel kopiert«. In der Kommunikation zum Beispiel sei es kontraproduktiv, wenn Bio-Unternehmen meinen, das sehr »laute und marktschreierische Getöse des konventionellen Handels nachmachen zu müssen. Das ist komplett falsch!«, sagt Andrea Klepsch, Inhaberin der Kommunikationsagentur modem conclusa. »Die Welt ist komplex. Es geht ja nicht nur um schadstofffreie Produkte, es geht doch auch um eine komplett andere Art zu wirtschaften.« Das müsse man auch in der Kommunikation abbilden, auch wenn das nicht ganz einfach ist. Sich zu professionalisieren bedeute eben nicht nur, dass man »moderne Werbung macht und sich schicke Regale in den Laden« stellt, sondern, dass die Unternehmen konsequent ihren werteorientierten Weg gehen. Daher dürfe man auf keinen Fall den Preiskampf im Handel mitmachen, denn die Landwirte und Produzenten sollen ordentliches Geld für ordentliche Arbeit bekommen. Im ständigen Preiskampf kommt es auch zu Verlusten an Qualität, so Hans Hansel, der frühere Gründer und Geschäftsführer von Logona. Da ist die Situation bei Bio auch nicht viel anders als im konventionellen Bereich. Leider bleibt dann der Fair-Trade-Gedanke, den zum Beispiel Lebensbaum und Rapunzel hochhalten, mitunter auf der Strecke. »Das Verhältnis zwischen Herstellern, Handel und Verbrauchern muss sich bessern«, sagt Hansel.

Ulrich Walter sieht eine Schwäche der Bio-Branche, die zugleich ihre Stärke ist: »Die europäische Biobewegung ist sehr inhomogen. Das aber wiederum macht auch ihren Charme aus und ohne diese unterschiedlichen Initiativen und Bewegungen, gäbe es Bio wohl gar nicht.« Doch auch er meint, damit diese Bewegung tatsächlich eine politische Kraft und einflussreich sein kann, dafür ist sie nach wie vor zu schwach aufgestellt. Und die Branche muss tatsächlich ihre Besonderheiten mehr in den Vordergrund rücken. »Solange es mehr Nachfrage als Angebot gab, ist der Fachhandel stets dem Markt gefolgt, anstatt sich unmissverständlich zu positionieren. Und das ist zum Teil noch immer so.« Was heißt das?

»Der Fachhandel hat jahrzehntelang Botschaften gesendet, die er selbst für wichtig und richtig hielt. Was die Kunden bewegt, wusste man nicht und hat sich auch nicht darum gekümmert. So wurde teilweise erfolglos an den Kunden vorbei kommuniziert«, kritisiert Walter. Die Chance, alle Vorteile von Bio herauszustellen, dass es nämlich um viel mehr als nur um gesunde Lebensmittel geht, und dies auf den Punkt zu bringen, ist vielfach verpasst worden. Ebenso sieht es mit der Lobbyarbeit aus. »Anstatt auf der Verbandsebene eine höhere Schlagkraft zu entwickeln, einigte man sich immer nur auf den kleinsten Nenner, weil keiner nachgeben wollte. Insofern sind auch die ohnehin geringen Geldmittel in eher ineffiziente Maßnahmen geflossen.«

Zu viele Alphas und Egos, zu eurozentristisch?

Der Eigentümer von Alnatura, Götz Rehn, ist ebenfalls der Meinung, die Branche soll besser kooperieren. Das fiele den vielen starken Persönlichkeiten hier aber schwer. »Man sollte halt ab und zu mal sein Ego zurückstellen, damit es klappt.« Zum Beispiel müsse man in Deutschland die Forschung für den Bio-Anbau vorantreiben. Dafür gebe es viel zu wenig Personal. In diese Richtung argumentiert auch die Kommunikationsexpertin Andrea Klepsch, wenn sie sagt, dass sich die Arbeit der Verbände, die auf Brüssel und Berlin gerichtet ist, auch in den Regionen spiegeln muss. Die Mitgliedsunternehmen brauchen zum Beispiel Argumentationshilfen für ihre Arbeit vor Ort. Und: »Manchmal scheitert Kooperation auch an der Ungeduld einzelner, wenn einer vorprescht.«

Das Außenbild, das die Branche von sich selbst vermittelt, ist oft nicht sonderlich realistisch, kritisiert Steffen Reese von Naturland. Da werde eine Märchensituation vermittelt. »Ich finde das unglücklich, denn schließlich werden die Biohöfe doch auch größer und sie mechanisieren. In der Werbung wird aber häufig eine Landidylle dargestellt, wie es sie meist nicht gibt.« Reese und auch sein ehemaliger Kollege bei Bioland, Thomas Dosch, meinen auch, dass hierzulande zu eurozentristisch gedacht wird. »Ökologische Ernährung kann sich nicht nur daran orientieren, was in Brüssel entschieden wird«, so Dosch. Es gibt zum Beispiel in Afrika sehr viel Wissen, das man aber »herausmoderieren« müsse. Und Reese findet es »kontraproduktiv«, wenn afrikanische Produkte auf dem europäischen Markt nicht zugelassen werden, weil sie nicht exakt den EU-Regeln entsprechen. Dabei werde nicht beachtet, dass die Bedingungen in Afrika oft ganz andere sind. Den Mitarbeitern in der EU-Kommission fehlen meist die genauen Kenntnisse über die Bedingungen vor Ort.

Einen weiteren Schwachpunkt der Branche sieht Steffen Reese darin, dass sie bei den sozialen Fragen zum Teil noch Nachholbedarf habe, beziehungsweise diese noch nicht gut genug mit den ökologischen Fragen verbinde. Und dann müsse man auch in den Anbauländern außerhalb der EU genauer hinschauen. Dort gäbe es seit vielen Jahrzehnten große Teeplantagen in Monokultur. »Jetzt ist es Bio, aber oft immer noch Monokultur. Hier müssen wir besser werden: Wir brauchen Mischkulturen«, verlangt Reese.

Antworten auf den Verdrängungswettbewerb?

Eine noch ungelöste Frage ist, wie man den Markt schneller durchdringen kann, findet Michael Radau. Gerade für kleinere Orte braucht man hochattraktive Verkaufsstellen. Tja, und dann gibt es natürlich den Verdrängungswettbewerb, den auch Bio-Unternehmen zu spüren bekommen. Bio-Supermärkte sind oft attraktiver als die kleinen Bioläden.

Aber auch weil das Bio-Sortiment im Lebensmitteleinzelhandel (LEH) größer wird, gibt es für Kundinnen und Kunden, die sowohl konventionell als auch Bio einkaufen, keinen Grund mehr, extra in Bioläden zu gehen. Viele kleine Läden haben schon aufgegeben. Und auch die Bio-Supermärkte leiden unter dem Wettbewerbsdruck. Nun arbeitet der LEH zudem mit Verbandsmarken, wie Demeter oder Bioland, um die letzte Schwäche gegenüber dem Bio-Fachhandel auszugleichen – die geringere Qualität und Glaubwürdigkeit. »Aufgrund ihrer Größe und dadurch entstehende Synergien können die Bio-Supermärkte mit dem Wettbewerbsdruck besser umgehen. Allerdings prognostiziere ich, dass das auch nur für die leistungsstarken Formate langfristig der Fall sein wird. Andere müssen entweder fusionieren, was den Bios schwerfällt, oder Investoren finden, die ihre Expansion finanzieren«, argumentiert Ulrich Walter. Sein Freund Franz Niehoff, der nun zusammen mit Schwester und Tochter die »Lenis Kaffeemanufaktur« in Gronau betreibt, glaubt, dass die meisten bei der Expansion im Bio-Markt nur noch mithalten können, wenn sie immer mehr Kapital akquirieren oder eben an die Großen verkaufen. »Ich hatte schon früh zu Ulrich gesagt: ›Warte ab, wenn wir erfolgreich sind, kommen die Großen und übernehmen uns.‹ So kommt es. Unsere Firmen sind immer mehr in den Händen des großen Kapitals. Die Großen kaufen sich die Marken, weil sie es selbst nicht hinkriegen. Das ist der Zeitgeist, das ist der Kapitalismus«, urteilt er nüchtern. Auch Lebensbaum und die Rösterei Niehoff hatten mal Pläne mit einem anderen Bio-Unternehmen zu fusionieren, um am Markt stärker zu werden. Daraus ist aber nichts geworden, so Niehoff.

In der Tat, die Zahlen sprechen für sich: Von den 180 Milliarden Euro Umsatz des Lebensmittelhandels geht mit rund 85 Prozent davon der Löwenanteil an die vier großen Unternehmen Rewe, Edeka, Aldi und Lidl. »Es gibt fast keinen Mittelstand mehr«, meint Götz Rehn, der mit Alnatura immerhin noch zu den Gewinnern der Branche gehört, genau wie Dennree oder die Bio Company. Doch der Anteil der Bio-Geschäfte am LEH schrumpft, und vor allem die Kleinen sind die Verlierer.

Noch mehr Herausforderungen und veränderte Atmosphäre

»Wir wollen weiterhin den kleinbäuerlichen Betrieb«, sagt Steffen Reese, »doch im Moment sieht es so aus, als kämpften wir erfolglos gegen den Strukturwandel«. Deshalb ist die Forschung so wichtig, meint Franz-Theo Gottwald, der selbst an der Humboldt-Universität zu Berlin zu Fragen der Umwelt- und Bioethik forscht und lehrt. »Wir brauchen noch viel mehr Expertise über die Pflanzengenetik, über Humusaufbau, das Schließen von Kreisläufen und vieles mehr.« Eigentlich benötigt man rund 200 Millionen Euro Forschungsgelder im Jahr für Europa, real würden dafür aber nur 20 Millionen ausgegeben. Das reicht hinten und vorne nicht. Die Unternehmen der Branche müssen konzertierter vorgehen, um hier etwas zu erreichen, um den Niedergang der bäuerlichen Landwirtschaft aufzuhalten. Und auch mit einer anderen Entwicklung muss man sich auseinandersetzen: die künftige Zunahme der urbanen Landwirtschaft, Stichworte Indoor Farming oder Roof Gardening. »Das sind hochinvestive Praktiken, die wir noch gar nicht auf dem Schirm haben. Was bedeutet das für Bio?« Naturland-Geschäftsführer Steffen Reese kann sich durchaus vorstellen, dass man die positiven Aspekte der neuen Technologien mit den Werten von Bio verknüpfen kann. Als Beispiel nennt er die Aquaponik, bei der Fischzucht in Aquakultur mit der Zucht von Nutzpflanzen über Hydrokulturen verbunden wird. Denn »der Ökolandbau ist ein Zehnkämpfer. Wir gewinnen nicht alles, sind aber König der Athleten.«

Franz-Theo Gottwald spricht auch die Bioökonomie an, mit der er sich seit einigen Jahren kritisch befasst. An sich eine gute Idee, nicht nur bei den Lebensmitteln, sondern eigentlich in allen Branchen nach dem Vorbild der Natur und mit natürlichen Grundstoffen zu arbeiten, also weg von der fossil basierten Wirtschaft. Doch das sei zwiespältig, denn, wenn nun alle ihre Kunst- oder Treibstoffe auf dem Acker anbauen wollen, »erhöht das den Wettbewerb um die Flächen, der eh schon im vollen Gang ist, noch mehr, und die Pachtpreise steigen«, so Gottwald. Auch dafür muss die Bio-Branche gewappnet sein.

Bedenklich ist auch, dass Boden zu einem Spekulationsobjekt geworden ist. Investoren kaufen Flächen, die Bodenpreise steigen. Das Nachsehen haben die Bauern, die nun oft keine Flächen mehr zu bezahlbaren Preisen pachten können.

Und dann natürlich beschäftigt das Thema Gentechnik weiterhin: Mit CRISP/CAS, einer molekularbiologischen Methode, um DNA gezielt zu schneiden und zu verändern (Genome Editing), haben Pflanzenzüchter nun die Möglichkeit, Nutzpflanzen leichter zu verändern. Die Bio-Branche lehnt diese Methode ab, aber einer ihrer renommierten Vordenker, der schweizerische Agrarwissenschaftler Urs Niggli, meint, hier durchaus Potenzial auch für die Lösung der Ernährung einer wachsenden Weltbevölkerung zu erkennen. Und hat mit seiner Meinung vor wenigen Jahren einen wahren Shitstorm ausgelöst. Man darf gespannt sein, wie sich das Thema entwickeln wird.

Wenn es um weiteres Wachstum geht, plädiert Heinrich Graf von Bassewitz, der ehemalige Bundesbeauftragte für den ökologischen Landbau im Deutschen Bauernverband und heutige stellvertretende Vorsitzende des europäischen Bauernverbandes, für Vorsicht: Bio dürfe auch nicht zu schnell wachsen. »Zehn Prozent Umsatzwachstum im Jahr sind gesund, wenn es schneller geht, purzeln die Preise. Der Wert der Lebensmittel muss aber erhalten bleiben beziehungsweise eher steigen.« Das Ziel 20 Prozent Ökolandbau in Deutschland hält er jedoch für erfüllbar, in Mecklenburg-Vorpommern ist es schon erreicht.

Schon jetzt zeigt sich deutlich, dass das Wachstum der Bio-Branche nicht nur schöne Seiten hat. »›Wir sind erwachsen geworden‹, sagt mein Freund Ulrich Walter«, so Franz Niehoff, »doch ich sage auch: ja, leider.« Denn mit dem Erwachsenwerden hat sich die Atmosphäre deutlich verändert. »Früher hatte man Mitstreiter in der Branche, heute sind wir Konkurrenten. Der Markt ist umkämpft. Früher konnte man zu einem Kunden sagen: ›Du, ich brauche drei Cent mehr für das Kilo Kaffee‹ und wurde gefragt: ›Ok, reicht dir das?‹. Heute kriegt man zur Antwort: ›Geht nicht. Dann suchen wir uns halt einen anderen Lieferanten.‹« Allerdings schätzt auch Niehoff am Erwachsensein der Branche, dass er als Mitglied des Kaffeeverbandes heute voll akzeptiert ist. »Früher haben mich Darboven, Jacobs & Co. nur mitleidig belächelt. Die Zeiten sind definitiv vorbei.«

Was tun? Qualität halten und steigern

Die Corona-Pandemie hat uns erleben lassen, wie fragil die internationalen Warenströme sein können. Das bekommt vor allem die Auto- und die Pharmaindustrie zu spüren. Globale Lieferketten werden jetzt überprüft. Es gibt zum Beispiel den Versuch, in Deutschland wieder eine Solarindustrie aufzubauen. Elke Röder, bis 2020 Geschäftsführerin des Bundesverband Naturkost Naturwaren (BNN) meint, die Krise wirkt sich für den Biobereich durchaus positiv aus, da viele Menschen über die Rolle der globalen Lieferketten nachdenken. »Brauchen wir tatsächlich Tomaten aus China und Getreide aus der Ukraine? Ein möglichst rein europäisches Sourcing wäre schon ein großer Fortschritt.« Es gäbe bereits einige sehr erfolgreiche Regionalkonzepte, bei denen die Ware im Umkreis von nur 200 Kilometern beschafft und verarbeitet wird. Zum Beispiel im Allgäu oder im Wendland. Dafür brauche man aber auch die entsprechende Infrastruktur mit Molkereien, Mühlen etc. Bis auf wenige Regionen sind diese bei Bio jedoch gut vorhanden. »Dennoch gibt es in Sachen Regionalität noch viel Luft nach oben«, so Röder. Klar ist aber auch, dass es viele Produkte gibt, die nicht regional beschafft werden können, wie zum Beispiel Kaffee, Tee und viele Gewürze, die Lebensbaum im Angebot hat.

Die Bio-Branche muss ihre Stärken konsequent ausspielen, findet Johannes Gutmann, Chef der österreichischen Firma Sonnentor, die ein ähnliches Produktsortiment hat wie Lebensbaum. Die Unternehmen dürfen ihr Know-how nicht »verramschen und sich an Große verkaufen«, meint er. Erfolgreich seien vor allem die Unternehmen, die im Marketing auch auf die emotionale Seite setzen. Zu den Stärken ausspielen gehört sicher auch, dass gerade der Bio-Fachhandel mit fachlicher Beratung durch qualifiziertes und freundliches Personal sowie einem ansprechenden Ambiente glänzen kann. Gerade in starken Wachstumsphasen, so Ulrich Walter, hätten hier manche aber nachgelassen. Und man muss den Mut haben, die Preise zu kommunizieren, »ehrlich und transparent zu sein«.

Hans Hansel sagt, die Bio-Branche hat sehr viel gelernt und arbeitet nun professionell und effizient. Früher seien ja die Verluste in der

Logistik »peinlich hoch gewesen und daher die Produkte zu teuer.« Aufgrund der höheren Qualität sei ein Aufpreis gegenüber konventioneller Ware von 20 Prozent akzeptabel, mehr aber nicht. Für den dauerhaften Erfolg ist es nötig, sich einerseits weiter zu professionalisieren, aber andererseits eine hohe Qualität zu halten beziehungsweise diese noch zu steigern. Dabei ist es wichtig, den »Mainstream zu erreichen. Denn der Planet ist nur mit dem Mainstream zu retten. Das ist sicher ein Spagat, aber machbar, wenn es keine Mogelpackungen gibt«, so Hansel.

Raus aus der Echokammer!

Viele sagen, die Branche muss viel intensiver erzählen, was sie tut und »die Differenzen zum konventionellen Geschäft herausstellen«, sagt auch Roswitha Weber, Chefin der Firma Biogarten. »Wir waren bisher zu zurückhaltend, weil wir dachten, es sei doch selbstverständlich was wir tun. Unsere Branche gibt sich immer noch nicht richtig zu erkennen. Wir müssen noch viel mehr nach außen gehen und zeigen, wer wir sind und wofür wir stehen.« Ulrich Walter verweist auf den Fall bei Alnatura, als die Kette angegriffen wurde, sie würde ihre Leute nicht nach Tarif bezahlen. Das Alnatura Gehaltsgefüge mag formal teilweise nicht dem Tarifvertrag entsprochen haben. Allerdings hätte man sich die individuelle Struktur genauer anschauen müssen, bevor man negativ urteilte, meint Ulrich Walter und vermutet: »Es ging wohl um andere Motive, wie zum Beispiel ein erfolgreiches Unternehmen, das versucht andere Wege zu gehen, anzuschwärzen. Eine in Deutschland beliebte Praxis.«

Woran liegt es, dass die Kommunikation über das, was Bio ausmacht, und über die Leistung der Akteure nach außen lange Zeit vernachlässigt wurde? Fühlt sich die Bio-Branche, wie viele andere gesellschaftlichen Gruppen ebenfalls, womöglich zu wohl in ihrer eigenen Echokammer, weil der Hall dort angenehm und vertraut ist? Es ist jedoch der Missklang, der einen zwingt, die Dinge von einer anderen Seite zu sehen. Aus heutiger Sicht ist die Zurückhaltung der vergangenen Jahre wahrscheinlich ein Fehler, der langsam korrigiert wird.

Andrea Klepsch von modem conclusa, die vor allzu lautem Geklapper warnt, attestiert der Branche durchaus Fortschritte in der Außendarstellung: Die jahrelange ›Mehr-Wert‹-Kommunikation trägt Früchte. »Das sieht man schon alleine daran, dass die konventionellen Unternehmen vieles nachmachen.« Allerdings wäre es schon gut, so Klepsch, wenn die Bio-Branche sich auch intensiver an ihre Wurzeln erinnere, also, daran, wofür sie in den 70er Jahren angetreten sei, nämlich das System der Landwirtschaft zu verändern. »Aufgrund der ökonomischen Erfolge gerät das immer wieder in den Hintergrund.« Und Klepsch findet, die Branche könne ihre Erfolge ruhig feiern: »Etliche Unternehmen sind jetzt bis zu 40 Jahre auf dem Markt und haben sich gut entwickelt. Darauf können sie stolz sein und sollten es zeigen.« Dabei erinnert sie sich an ihre eigenen Anfänge mit der Agentur: »Damals habe ich mich kaum getraut das Thema Bio und Öko anzusprechen. Heute sind alle am Tisch interessiert, wenn ich erzähle, was ich mache, und man erfährt Wertschätzung.«

Und wie sind die Verbände der ökologischen Land- und Lebensmittelwirtschaft heute aufgestellt? Ulrich Walter arbeitete mehrere Jahre in den Vorständen von BNN und BÖLW. Seine Einschätzung: »Der BNN möchte die Vorteile des Fachhandels bewahren und sich vom Mainstream abgrenzen. Der BÖLW ist ein Dachverband, aber die einzelnen Verbände sehen darin eine Konkurrenz und wollen nur ungern Macht abgeben. Somit hat der BÖLW nicht wirklich die Schlagkraft, die nötig wäre, um wirklich politischen Druck zu erzeugen. Fachhandel und inzwischen konventioneller Handel sowie die Verbände sitzen zwar nun in einem Boot, haben jedoch teilweise zumindest sehr unterschiedliche Interessen. Leider polarisiert und lähmt dieser Konflikt. Jedenfalls zieht man nicht wirklich an einem Strang.«

Der Präsident des BÖLW, Felix Prinz zu Löwenstein, sieht das ganz anders: »Bei allen wichtigen Aufgaben arbeiten die Mitglieder sehr intensiv zusammen«, berichtet er. Im Moment sei der Verband noch sehr stark mit der neuen EU-Öko-Verordnung beschäftigt. »Das ist ein grauenvoller Prozess, weil jedes Komma Auswirkungen auf die Firmen haben kann.« Ist der BÖLW stark genug, um auf politische Entscheidungen Einfluss zu nehmen? Ja, meint zu Löwenstein, denn man habe hohe fachliche Kompetenz versammelt. Das sei in vielen Fällen wichtiger, oder mindestens genauso wichtig, wie der öffentliche Druck. Wo sieht der Dachverband besondere Felder für die Zukunft? »Wir sollten uns um die Bedingungen für mittelständische und an handwerklichen Verfahren orientierte Verarbeiter und Händler im ländlichen Raum kümmern«, sagt er. Da ist zum Beispiel das Thema Schlachthöfe, das nun durch Corona in den Fokus gerückt sei. So müssen auch kleine Schlachtbetriebe eine Chance bekommen, oder Hygieneregeln müssen risikoorientiert gesetzt werden, damit Bauern direkt auf dem Hof schlachten können. Ein weiteres Beispiel: Der BÖLW muss sich an der Diskussion um ein Mehrwertsteuersystem beteiligen, das ökologische, nachhaltige Produktion begünstigt.

Erwartungen an die Politik

Natürlich ist die Politik gefragt, das wurde schon an mehreren Stellen dieses Buches erwähnt. Doch »das Landwirtschaftsministerium macht nichts, was der DBV nicht will«, so Friedrich Ostendorff, Agrarexperte der Grünen im Bundestag und selbst Bio-Landwirt in Nordrhein-Westfalen (»Unseren Hof gäbe es heute nicht mehr, wenn wir nicht 1983 auf Bio umgestellt hätten.«). Die Lobbyinteressen der Agrarindustrie seien historisch und strukturell prägend für das Ministerium, und er meint, vielleicht würde ein »Lebensministerium« helfen, das ganz neu aufgestellt und von allen Zwängen befreit ist. Von Bassewitz, stellvertretender Vorsitzender des europäischen Bauernverbandes, sieht ein ganzes Bündel an Maßnahmen, das sich die Politik vornehmen müsse, von der Forschung über neue Studiengänge bis hin zu veränderten Preismechanismen. »Wir müssen zertifizieren«, fordert er. »Ganz praktisch: Es kann nicht sein, dass Rindfleisch, wie zurzeit, direkt aus dem brasilianischen Regenwald hier auf den Tisch kommt, aber nicht als solches deklariert ist. Und das zu einem Drittel des Einstandspreises von unserem Bio-Rindfleisch!«

Die Unternehmerin Roswitha Weber ist jedoch mehr als skeptisch, dass sich in der Politik grundsätzlich etwas ändern wird. Sie sieht da schlicht kein Interesse. Daher setzt sie auf die Verbraucherinnen und Verbraucher und hier vor allem auf die jungen Leute. »Die schauen viel mehr hin, was sie kaufen.« Es kommt darauf an, das Bewusstsein der Menschen ganz grundlegend zu verändern, meint auch Steffen Reese, Naturland. Hier müsse sich die Politik stark engagieren. »Das Ampelsystem, das die Herkunft der Ware kennzeichnet, ist nicht der Weisheit letzter Schluss.« Man müsse grundlegend bei der Bildung ansetzen um ein anderes Verhältnis der Menschen zu den Lebensmitteln zu erreichen. Das sieht auch Roswitha Weber so, hält aber die Politik an diesem Punkt für »unfähig zu handeln. Das Thema hat für sie keine Priorität«.

Und was sagt eigentlich das Landwirtschaftsministerium selbst? Natürlich weist es darauf hin, dass man sich der Bedeutung der ökologischen Landwirtschaft bewusst ist und diese über vielfältige Maßnahmen fördert. So gibt es das »Bundesprogramm Ökologischer Landbau und andere Formen nachhaltiger Landwirtschaft« (BÖLN) mit dem u.a. Forschungsvorhaben gefördert, Veranstaltungen zum Wissenstransfer finanziert oder Kantinen dabei unterstützt werden, Bio-Produkte ins Angebot aufzunehmen. Die Mittel dafür sind von 17 Millionen (2016) auf jeweils 30 Millionen Euro in 2018 und 2019 bzw. 28,5 Millionen Euro (2020) erhöht worden. Klingt doch gut, oder? Nun ja, der Bundesverband der ökologischen Lebensmittelwirtschaft (BÖLW) hat Zahlen, wonach es im früheren Förderprogramm unter der damaligen Ministerin Renate Künast schon 2002 ein Budget von 34,8 Millionen Euro für den Ökolandbau gegeben hat und 36 Millionen in 2003. Von den heutigen 28,5 Millionen kommen zudem nur 18,1 Millionen Euro direkt beim Ökolandbau an.*

Hohe Ansprüche und gleichzeitig geizig

Und dann sind da die Kundinnen und Kunden, also wir alle in unserer Rolle als Verbraucher. Götz Rehn identifiziert hier zwei Gruppen: zum

---

* www.boelw.de/themen/forschung-bildung/forschungspolitik/artikel/wer-20-oeko-will-muss-in-oeko-forschung-investieren/, abgerufen am 28.8.2020

einen die große Gruppe, die sich eher von ihrem Wunsch nach Bequemlichkeit leiten ließen, sich auf nur ihren Genuss konzentrieren und auch gerne im Internet bestellen. Zum anderen gebe es aktive und engagierte Menschen, das seien eher weniger. Dennoch sieht Rehn einen Trend zur Nachhaltigkeit. Vor allem die junge Generation macht ihm Hoffnung: »Viele sehen inzwischen den Zusammenhang zwischen Klimaschutz und Bio.« Ulrich Walter bemängelt den Widerspruch zwischen hohen Ansprüchen und mangelnder Zahlungsbereitschaft vieler Kundeninnen und Kunden. »Den Verbrauchern hat man im Preiskampf um Lebensmittel eingeimpft, dass hohe Qualität nicht viel kosten muss. Dass ist aber ein Irrglaube, denn die Umstände der Produktion werden ausgeblendet.« Das betrifft jetzt auch Bio, wenn die Waren im Discounter zu Billigpreisen angeboten werden. Darunter werde die Landwirtschaft leiden.

Wie aber kommt man da raus? Die Lage ist verzwickt, denn wenn ein einzelner Händler seinen Lieferanten mehr bezahlt, »ist er morgen pleite«, meint Ulrich Walter. »Ein Einzelner kann das System nicht ändern.« So dreht sich alles hilflos im Kreis, und alle zeigen gegenseitig mit dem Finger aufeinander. Wahrscheinlich hat Michael Radau recht, wenn er sagt, das System sei von innen her nicht zu verändern. Dann also bleibt doch nur die Politik beziehungsweise die Zivilgesellschaft, die die Politik zum Handeln zwingt. Denn Politikerinnen und Politiker brauchen die Unterstützung der Bevölkerung, aber sie müssen auch mutiger werden.

Eine widersprüchliche Rolle bei der ganzen Sache spielen Verbraucherorganisationen. Sie kämpfen für gute Qualität bei Produkten und gleichzeitig aber auch für niedrige Preise. Beides zusammen ist, wie wir längst wissen, nicht zu haben. Schon gar nicht in der Lebensmittelbranche. Noch mal ein kritisches Wort zu den Medien: Auch sie prangerten gerne die Kosten an. Zum Beispiel, wenn Maßnahmen für mehr Tierwohl umgesetzt und dadurch Fleischprodukte teurer werden sollen. Leider werde immer seltener sorgfältig recherchiert, dafür aber gerne die Keule geschwungen, nach dem Motto: »Sensationen verkaufen sich besser«, ärgert sich Ulrich Walter.

Die Antworten auf die Frage nach dem, was sich ändern soll, fallen erstaunlich ähnlich aus. Es sieht so aus, als passe kein Blatt zwischen die verschiedenen Interviewpartner. Und dennoch ist auch bekannt, dass man sich in der Branche gegenseitig misstrauisch beäugt. Die Bereitschaft zusammenzuarbeiten ist nicht stark ausgeprägt. Vor allem fällt auf, dass es eine gewisse Armut an Visionen gibt. Man scheint sich immer auf das Nächst- und Naheliegende zu konzentrieren. Weiterreichende Ideen für eine Landwirtschaft von Morgen scheint es derzeit kaum zu geben. Jedenfalls werden sie nicht öffentlich geäußert. Woran mag das liegen? Wirkt da noch eine Kultur nach, die von der »68er-Bewegung« geprägt ist? Man misstraut erst mal grundsätzlich allen, die nicht der eigenen Szene angehören, aber auch den eigenen Leuten? Und schaut skeptisch, wenn jemand mit neuen Ideen kommt. Vielleicht ist der Teller zu voll, als dass man noch gut über den Rand schauen könnte. Mit anderen Worten: Die meisten in der Bio-Branche genießen ihren Erfolg und sind damit zufrieden. Oder ist man, was die Gesamtgesellschaft angeht, viel zu pessimistisch, um noch ernsthaft an Utopien zu glauben? Vielleicht auch zu alt? Der Verweis auf die Fridays-For-Future-Jugendlichen mag in diesem Kontext auch bedeuten: ›Jetzt seid Ihr dran, wir haben unser Soll erfüllt.‹ Was durchaus auch so sein darf, wenn man seit 40 Jahren und länger kämpft. Utopien sind für die Zukunft und die Zukunft, das sind die jungen Menschen. Wie sieht es bei denen aus?

Was ist von der neuen Generation zu erwarten?

Die Generation der Gründer und Pioniere tritt nun nach und nach ab. Doch welche Generation folgt darauf? Was ist charakteristisch für sie? Was wird sie anders machen?

Natürlich arbeiten die Jüngeren digitaler. Sie gehen jedoch auch ganz neue Wege, zum Beispiel die Landwirte. »Gerade jetzt, wo sich auch der konventionelle Markt in Richtung Bio entwickelt, stellt sich ja die Frage, wie kann man Bio weiterentwickeln«, sagt Elke Röder vom BNN. »So spezialisieren sich einige und arbeiten zum Beispiel mit der mutterkuhbezogenen Kälberaufzucht, oder sie produzieren Heumilch. Und sie finden Käufer, die das honorieren. Auch die Akteure der Solidarischen Landwirtschaft und der Regionalwert AG setzen neue Impulse, die auf ein anderes, nachhaltigeres Wirtschaften insgesamt zielen.«

Die jungen Landwirte sind auch deutlich offener gegenüber kooperativen Methoden, wie der Solidarischen Landwirtschaft. Sie verstehen es, sehr professionell und selbstbewusst zu kommunizieren, scheuen nicht die Öffentlichkeit und gehen dabei innovative Wege, wie zum Beispiel die Frankfurter Kooperative, die Stadt, Land und Wirtschaft zusammenbringen will und neben dem Mitgärtnern auch immer wieder Veranstaltungen anbietet.

»Mit den Jüngeren kommt neues Know-how in die Branche«, meint Michael Radau, SuperBioMarkt. Sie sind ökonomisch gut ausgebildet und verbinden hohen ökologischen Anspruch mit technischer Qualität. Ihre Motivation ist in der Regel weniger gesellschaftspolitisch, sondern mehr wirtschaftlich geprägt. »Sie finden Bio vernünftig, aber es ist für sie doch eher Mittel zum Zweck«, so Götz Rehn, Alnatura. Ob das tatsächlich für die Mehrheit zutrifft?

Die Jungen sind auf alle Fälle »nüchterner« als seine Generation, meint Friedrich Ostendorff, und sie wüssten heute mehr um Zusammenhänge. Roswitha Weber von Biogarten ist ein Fan der jungen Generation. Sie hätten einen anderen Führungsstil, seien sehr um die Mitarbeiter und um Zusammenarbeit bemüht, ließen Fehler zu und die Menschen sich entwickeln. »Meine Art, wie ich früher das Unternehmen geführt habe, finde ich heute falsch«, so Weber selbstkritisch. »Menschen, die Verantwortung hätten übernehmen können und wollen, sind nicht richtig zum Zuge gekommen.« Das hat sie vor zehn Jahren korrigiert und freut sich nun über die neue Kultur im Unternehmen. »So viele Menschen treten jetzt nach vorne und bringen sich mit ihren Ideen ein. Das ist eine große Chance.«

Stellt sich die Frage, ob das nicht auch für viele andere der Pionierunternehmen gilt. Ulrich Walter ist der Meinung, die Branche habe es versäumt, frühzeitig den Nachwuchs fortzubilden und aufzubauen. »Wir Gründer waren zu wenig mit den Nachfolgern im Austausch. Wir lösten die Probleme stets auf Chefebene.« Allerdings ist es auch für sein

Unternehmen nicht so einfach gewesen, mehr Gesichter nach außen zu präsentieren. Veranstalter von Tagungen zum Beispiel hätten immer darauf bestanden, dass der Chef selbst kommt. Seine Einschätzung über den Nachwuchs: »Die Jüngeren sind wesentlich realistischer als wir das in dem Alter waren.« Aber vielleicht sind sie auch nicht so konsequent und hartnäckig wie die Gründergeneration das war, die sich gegen jede Menge Widerstände durchbeißen musste.* Also zurück zur Frage nach den Utopien: Ob die junge Generation hier wieder mutig zupackt, wie es die Gründer in den 70er und 80er Jahren taten, lässt sich derzeit noch nicht sagen.

Die Rolle von Lebensbaum in der Branche und in der Region

Welche Rolle spielte Ulrich Walter mit seinem Unternehmen in den letzten 40 Jahren für die Entwicklung der Bio-Branche und wie sehen ihn andere? Da ist zu Beispiel Maximilian Gege, der seit 35 Jahren die Organisation von nachhaltig wirtschaftenden Unternehmern, B. A. U. M., leitet und jetzt auch für sich eine Nachfolge sucht. »Lebensbaum ist eines der besten Unternehmen, die ich kenne«, sagt er, ohne zu zögern. »Ulrich Walter hat es mit Mut zum Risiko geführt, transparent und hoch professionell. Er ist sozial und hilfsbereit.« Gege erinnert auch an einen Satz der niedersächsischen Landwirtschaftsministerin Barbara Otte-Kinast, Lebensbaum sei »ein Schatz in Niedersachsen«. Ulrich Walter, so Gege, habe die Branche stark beeinflusst, nicht nur, weil er sich in den Verbänden engagiert habe, sondern vor allem, weil er dafür eingetreten sei, und das auch vorgelebt habe, dass die Branche nur hochwertige Bio-Produkte anbieten dürfe und damit den Markt überzeugen müsse.

In den Verbänden hat Walter vor allem Einfluss genommen, so Elke Röder, indem er diese Themen vorangetrieben und mitgestaltet hat: Nachhaltigkeit, Rückstände bei Produkten, Einsatz von bzw. Verzicht auf Aromen sowie Lieferketten und Menschenrechte. Michael Radau

* Heike Leitschuh: Wir probieren's mal anders. In der Umweltbewegung steht ein Generationenwechsel an, viele Vorkämpfer werden alt, in: der Freitag, 9.7.2015

Ulrich Walter im Fertigwarenlager BiologX

meint, Lebensbaum steche tatsächlich nicht durch die »hippsten und coolsten Ideen« hervor, sei aber immer verlässlich und gradlinig gewesen. »Das Unternehmen verfolgt eine konsequente Marken- und Qualitätspolitik und kombiniert das vorbildlich in der Kommunikation«, so Radau. Götz Rehn ist vielleicht ein wenig befangen, um gänzlich objektiv über seinen Freund Ulrich zu urteilen, dennoch kennt er ihn und das Unternehmen Lebensbaum wie kaum ein zweiter: »Lebensbaum ist fast so etwas wie eine Ikone in der Branche und für viele andere ein Vorbild. Mit bewundernswerter Exaktheit hat Ulrich Walter die Standards einer Top-Qualität aufgebaut«, so sein Urteil. Lebensbaum war das erste Unternehmen, das für Alnatura produziert hat und »mit seiner langfristig strategischen Ausrichtung ein starker und zuverlässiger Stützpfeiler für uns.« Hans Hansel, ehemals Logona, attestiert Lebensbaum eine Rolle als ganz früher Pionier, dessen Entwicklung sich wie ein roter Faden durch die Geschichte der Bio-Branche zieht. »Ulrich Walter ist sehr vernetzt und hat keinerlei Berührungsängste.« Ein verlässliches Netzwerk aus Menschen und Partnern mit derselben Vision ist auch für die weitere Entwicklung der nachhaltigen Lebensmittelwirtschaft insgesamt die wichtigste Voraussetzung, findet Helmy Abuleish vom ägyptischen Unternehmen Sekem.

Johannes Gutmann von Sonnentor in Österreich erinnert sich an die ersten Kontakte mit Ulrich Walter auf der Biofach 1990. Damals habe er nach dem größten Player bei den Bioproduzenten in Deutschland gefragt und man habe ihm Lebensbaum genannt. »Walter ist ein sehr korrekter deutscher Kaufmann. Er und sein Unternehmen waren eine gute Orientierung für mich.« Heute, so sagt er, ergänzen sich Lebensbaum und Sonnentor am Markt kongenial. Dafür sei er sehr dankbar, wenn er sich in den Anfängen auch etwas mehr Zusammenarbeit gewünscht hätte. Den Bio-Markt in Deutschland nimmt Gutmann als polarisiert war. Es gebe viele, die sich mit der Aussicht auf schnelles Wachstum verführen ließen. Man dürfe aber die Grundwerte nicht verwässern und müsse zu den Produzenten gute Beziehungen pflegen. »Die Discounter haben in Deutschland die Preisschlacht erfunden«, so Gutmann. »Der Bio-Markt muss aufpassen, dass er in diesem Sog nicht untergeht.«

Steffen Reese von Naturland urteilt: »Die Entwicklung des Öko-Landbaus in Deutschland ist Persönlichkeiten zu verdanken, die eine Fehlentwicklung in der Landwirtschaft erkannt haben und visionär für eine Alternative eingetreten sind. Das tun wir noch immer – und sie heißt Öko-Landbau und Fairer Handel. Ulrich Walter hat darüber hinaus den Blick über den heimischen Tellerrand gerichtet, denn die ökologische und soziale Nachhaltigkeit endet nicht an staatlichen Grenzen. Und dieser umfassende Ansatz verbindet sein Unternehmen und den Öko-Verband Naturland. Die gesamte Branche verdankt Ulrich Walters Lebensbaum sehr viel.«

Der Bürgermeister der Stadt Diepholz, Florian Marré, schätzt das Unternehmen nicht nur als zuverlässigen Partner für die Stadt, das an vielen Stellen Projekte unterstützt, sondern auch als Impulsgeber für die Region. »Lebensbaum gibt vielen Menschen Orientierung«, so das Stadtoberhaupt, und er geht so weit zu sagen, dass das Bewusstsein für gute Lebensmittel in der Region besonders hoch sei (hier gibt es ja auch noch andere Biofirmen). Das kommt einerseits Lebensbaum zugute, andererseits aber wird das Bewusstsein der Menschen auch durch das Wirken des Unternehmens und dessen Ausstrahlung gefördert. Aus-

Ulrich Walter und der Diepholzer Bürgermeister Florian Marré bei der Verleihung der Ehrenbürgerschaft der Stadt, 2020

strahlung hat Lebensbaum auch auf andere Unternehmen: »Ulrich Walter hat sich als Vorbild für die heutige Gründergeneration mit einem beispielgebenden sozialen Unternehmertum und der langjährigen Treue zum Wirtschaftsstandort Diepholz besondere Verdienste erworben. Sein soziales, ökologisches und nachhaltiges Engagement ist herausragend und beispielgebend«, so Marré. Und obendrein ist er eine »sehr angenehme, offene, hilfsbereite und zugleich sehr zurückhaltende Persönlichkeit«. Aus all diesen Gründen wird Ulrich Walter 2020 zum Ehrenbürger der Stadt Diepholz ernannt.

Nachdem Ulrich Walter bei Lebensbaum aus der operativen Leitung ausgeschieden ist, kümmert er sich vor allem um die Belange der familieneigenen Auwa Holding GmbH. Die Auwa ist eine Verwaltungs- und Beteiligungsgesellschaft, die sich in den Bereichen Bio-Rohstoffe und Immobilien engagiert.

Epilog

Ein Blick zurück …

Ulrich Walter ist kein impulsiver Mensch, er handelt mit Bedacht und kühlem Blick, aber er zaudert auch nicht. Insofern ist es nachvollziehbar, dass er mit gutem Gewissen sagen kann, er habe in den 40 Jahren keine größeren Fehler gemacht. Das liegt auch an seiner Frau Angela, die »meine wichtigste Kritikerin war und ist. Mit ihrem distanzierteren Blick konnte sie schneller erkennen, wo sich Fehlentwicklungen anbahnten. Diese Gespräche waren nicht immer einfach für mich, jedoch außerordentlich wichtig. Einerseits musste ich es in den Gesamtkontext einordnen, andererseits hätte ich manches wahrscheinlich nicht oder zu spät wahrgenommen. Der Austausch mit Angela hat mir geholfen, Risiken zu minimieren und mögliche Fehlentwicklungen frühzeitig zu erkennen«, urteilt Walter heute.

Seiner Frau Angela dankt er auch, dass sie stark nach innen ins Unternehmen wirkte, während er mit Lieferanten, Kunden oder auch Verbänden beschäftigt war. »Sie hat sich um viele Aufgaben gekümmert, für die mir die Zeit fehlte, die jedoch für ein Familienunternehmen außerordentlich wichtig waren. Sie sorgte sehr für die gute Atmosphäre im Unternehmen und das Wohlbefinden der Mitarbeiterinnen und Mitarbeiter.«

Die eine oder andere falsche Personalentscheidung gab es dennoch, das machte etwas Ärger, aber blieb ohne größere Konsequenzen. Natürlich lief auch nicht alles glatt, das wurde ja an mehreren Stellen deutlich,

Probleme und Ärger gab es immer wieder, wie überall. Und auch mal Krisen, die Geld gekostet haben, aber das Unternehmen nicht in der Substanz gefährdeten.

Was würde er heute anders machen? »Eigentlich gibt es nichts, das ich bereue«, sagt Ulrich Walter, und nach etwas Bedenkzeit: »Allerdings würde ich mit dem Wissen von heute das eine oder andere anders angehen.« So hat er sich zwar mehr als 15 Jahre in Vorständen verschiedener Bundesverbände engagiert, stellt aber fest, »dass der Aufbau eines Unternehmens für die ehrenamtlichen Tätigkeiten nicht genügend Zeit lässt, um wirklich etwas zu beeinflussen.«

Vielleicht hat Walter nichts zu bereuen, weil er immer einen Plan B hatte. »Denn jede unternehmerische Entscheidung birgt ja auch das Risiko, falsch zu sein. Manche Entscheidungen fielen schwer und brauchten Zeit, um sich zu klären. Für mich als Unternehmer kam es stets darauf an, eine gute Balance aus Kopf und Bauch zu finden. In der frühen Phase unserer Firmenentwicklung war ich oft zu blauäugig und habe Geschäftspartnern zu stark vertraut. Da gab es auch Enttäuschungen.« Dann hat es schmerzhafte Trennungen gegeben, sowohl von Mitarbeitern als auch Lieferanten oder Kunden. Daraus hat er gelernt genauer hinzuschauen«, sagt Walter. Ein Unternehmen atmet, und ein Unternehmer lernt ständig. »Wenn er dazu nicht bereit ist und meint, alles zu wissen, wird er dauerhaft nicht erfolgreich sein können. Das Unternehmen vielleicht, jedoch geht irgendetwas schief, vielleicht die eigene Gesundheit, Familie oder was auch immer.«

Was hat der Unternehmer in den 40 Jahren gelernt? Über sich, über die Wirtschaft, die Gesellschaft? »Man muss liefern, was man sagt, Versprechen einhalten. Nicht jedem Trend hinterherlaufen, zumal manche Trends sehr kurzlebig sind, sondern darauf achten, die Identität der Marke nicht zu verwässern.« Wichtig ist auch darauf zu achten, was die Kunden erwarten und die Innovationskraft zu erhalten. »Das ganze Leben ist doch ein Lernen. Wenn man das akzeptiert und bereit ist, Veränderung mitzugestalten und im Dialog mit seinen Kunden ist, bleibt man auch orientiert. In einer Zeit des extrem schnellen Wandels und des Gefühls, man kommt kaum noch mit, ist es wichtig, nicht den

Boden unter den Füßen zu verlieren. Du musst machen, wofür du stehst und wofür das Unternehmen steht. Welche Werte es vertritt, wird immer wichtiger. Nur ein Unternehmen, dass gesellschaftlich Sinn stiftet, wird langfristig erfolgreich sein können.« Es wird immer mehr Menschen geben, die andere Werte als nur den individuellen wirtschaftlichen Vorteil priorisieren, da ist Ulrich Walter zuversichtlich. Zwischenformen sind eher eine Bestätigung der Regel. »Wenn wir nicht selbst die Gestaltung unserer Gesellschaft in die Hand nehmen, werden uns große globale Herausforderungen dazu zwingen.« Unternehmen, insbesondere solche, die global agieren, spielen dabei eine bedeutende Rolle. Sie können mehr Einfluss nehmen, als es ihnen bewusst sei. Sie müssen sich in Richtung eines wahren nachhaltigen Wirtschaftens weiterentwickeln, allein schon, um die eigene Existenz zu sichern und unternehmerische Risiken zu minimieren. »Es wird eine Transformation geben, so oder so«, sagt Walter. Vielleicht ist es in diesem Kontext angebracht, nicht nur auf die Naturwissenschaftler zu hören, sondern auch mal auf die Philosophen zu schauen, rät Walter.

Ulrich Walter

Ist er stolz auf das erreichte? Stolz, das ist ein Gefühl, mit dem Walter fremdelt. »Ich bin zufrieden und ja, ich empfinde auch etwas Genugtuung, dass wir das alles geschafft haben, gegen alle Widerstände. Meine Frau, ich, die Mitarbeiterinnen und Mitarbeiter. Besonders am Anfang haben wir oft sieben Tage die Woche gearbeitet, doch ich habe nichts vermisst, Tennisspielen oder Skifahren war eh nie mein Ding. Viel besser, wir haben Freunde in aller Welt gewonnen.« Welchen Rat hat er für die junge Generation in der Branche? »Seid mutig, lebt euren Traum. Lernt aus den Fehlern der Vorgeneration. Ihr seid nicht der Nabel der

Welt, sondern ein Teil einer Gemeinschaft. Helft mit, diese Gemeinschaft zusammenzuhalten.«

Wie sieht Angela Walter, die ja bis in die 90er Jahre genauso intensiv am Aufbau des Unternehmens beteiligt war, wie ihr Mann, ihre Rolle im Rückblick? »Ich habe eines Tages gemerkt, dass ich meine Aufgaben, Familie, großes altes Haus, das auch sukzessive renoviert werden musste, Mitarbeit im nun immer größeren Unternehmen, nicht mehr im vollen Umfang leisten konnte. Ich brauchte mehr Flexibilität. Deshalb entschied ich, meine Tätigkeiten so zu gestalten, dass Ulrich freie Hand hatte, um sich ganz den neuen Herausforderungen zu widmen. Nichtsdestotrotz war ich ständig über die wesentlichen Abläufe und Entwicklungen informiert und habe mit meinem Mann darüber diskutiert. Und ich blieb ja im Unternehmen, bis ich in Rente ging, an vielen Stellen engagiert: In der Produktentwicklung, beim Rezepteschreiben, beim Aufbau unseres Bio-Bistros, bei Firmenfeiern und einigem mehr.«

… und auf die Zukunft von Bio

Wie geht es weiter bei Bio? Mehr Wachstum? Neue Herausforderungen? Übernahme durch große Konzerne? Auch ob die nächste Generation der Firmenlenker weiblicher wird, ist derzeit noch nicht auszumachen. Eines geben die Pioniere auf alle Fälle an die junge Generation weiter: Die Agrarwende. Hier wird die nächste Generation noch einmal tüchtig ackern müssen. Aber mit der aus der Erfahrung der Pioniere gewonnenen Gewissheit, dass Veränderung, auch grundlegende Transformation, möglich ist. Bei der Energiewende gab es die First Mover, dann Follower, dann hat die Politik den Rahmen verändert und damit den Erneuerbaren Energien einen ersten Durchbruch verschafft. Dann beteiligten sich ganz viele Akteure. So kamen die Erneuerbaren aus der Nische in den Mainstream. Für die Agrarwende steht dieser Prozess noch aus. Genauso wie bei der Mobilitätswende. Jetzt muss auch die Politik mehr liefern, als sie bisher beitrug. Der Markt alleine wird es nicht richten. Und es geht nicht nur um Bio, es geht auch um die Zukunft der bäuerlichen Landwirtschaft insgesamt.

1975 gab es in Deutschland rund 900 000 landwirtschaftliche Betriebe, 2020 sind es noch 266 000 und wenn es so weitergeht, haben wir 2040 nur noch rund 100 000, prognostiziert das Statistische Bundesamt. Die viel zu niedrigen Preise sind wohl nicht alleine schuld an diesem Schrumpfungs- und Konzentrationsprozess. Wahrscheinlich liegt es auch daran, dass die Landwirtschaft generell gesellschaftlich zu wenig geachtet wird. Wie das Land überhaupt. Stadt und Land entfremden sich, die Menschen und das, was sie tun. Deshalb verlieren viele Bauern den Mut, so argumentiert ein Landwirt in einem Beitrag für ›Die Zeit‹.

Da wäre es doch wichtig, dass biologisch und konventionell wirtschaftende Betriebe zueinanderfinden, dass die Verbände der ökologischen Landwirtschaft mit den traditionellen Bauernverbänden kooperieren. Und dass sie beide einen Schritt auf die neue Kundschaft zugehen. Aber auf beiden Seiten gibt es nach wie vor große Ressentiments und natürlich vor allem Konkurrenz. Auf Seiten der Bios gibt es auch selbstgemachte Hindernisse. Allzu oft bedienen die Bios ihre Echokammern, wo der Klang so vertraut ist. Sie wagen noch zu selten, sich auf neue Allianzen einzulassen. Wird die jüngere Generation hier neue Wege gehen? Wird sie weiblicher werden?

Und dann die große Frage: Wie wird sich die Corona-Krise auswirken? Wer behauptet, hier eine Antwort zu haben, darf mit Fug und Recht als unseriös bezeichnet werden. Hinweise indes sind erlaubt. Mein Hinweis ist, die Chancen zu ergreifen, die uns diese Krise bietet. Wir lernen, dass die globalen Lieferketten riskant sind, wenn sie nicht mehr reibungslos funktionieren. Das ist die Chance die Regionalität zu stärken. Wir lernen, dass Menschen durchaus bereit sind, sich einzuschränken, wenn sie den Sinn erkennen können, wenn die Regierungen klare und konsequente Ansagen machen und wenn die Regeln für alle gelten. Das sind wichtige Erfahrungen, die uns für den Umgang mit der Klimakrise positiv und mutiger stimmen sollten. Es ginge wohl zu weit zu sagen, dass wir auch lernen uns auf das Wesentliche zu konzentrieren, dass Konsum und Wachstum an Bedeutung verlieren. Fenster der Möglichkeiten haben sich jedoch geöffnet.

Und in die Zukunft von Lebensbaum?

»Das Unternehmen wird die Produktqualität pflegen und weiterentwickeln. Es wird eine bedeutende Marke für biologische Produkte bleiben und an der Spitze moderner, verantwortungsbewusster Unternehmen mitwandern«, da ist sich Ulrich Walter sicher. Lebensbaum werde sich damit weiter auf dem Pfad des Ursprungsgedankens, nachhaltig zu wirtschaften, bewegen.

Auch Tobias Osing, mit Adiuva neuer Eigentümer von Lebensbaum, sieht die Zukunft des Unternehmens positiv: Die Verbraucherinnen und Verbraucher würden immer interessierter und informierter, die Akzeptanz von Bio-Produkten wachse. Wenn Lebensbaum das Unternehmen bleibe, das mit höchster Qualität und Glaubwürdigkeit arbeite, werde es weiter am Markt erfolgreich sein. Er sieht aber auch, dass weltweit die Rohstoffe knapper werden und auch gute landwirtschaftliche Flächen schrumpfen. »Hier muss Lebensbaum seine Rolle als Partner an der Seite seiner Lieferanten weiterspielen und ihnen mit fairen Preisen helfen, damit sie weiterhin Bio anbauen können«, so Osing. Es sieht alles danach aus, als habe Ulrich Walter eine Nachfolgeregelung gefunden, bei der die Werte und der Geist von Lebensbaum weiter gepflegt werden.

Zu der Nachfolge gehören auch die beiden Geschäftsführer Hans-Ulrich Schatz und Achim Mayr, die schon vorgestellt wurden. Achim

Lebensbaum Produkte von 1983 bis 2020

Mayr aber zieht sich zum Jahreswechsel 2019/2020 aus der Geschäftsführung zurück, bleibt dem Unternehmen mit seiner Erfahrung und seinem Wissen jedoch weiterhin verbunden, indem er, genauso wie Ulrich Walter, im Beirat mitarbeitet. Achim Mayr hatte lange Jahre in einem weltweit agierenden Lebensmittelkonzern gearbeitet, bevor er Ulrich Walter kennenlernte. »Mit seinen Ideen und Visionen hat er mich sehr beeindruckt und mich vor allem im Herzen angesprochen. Ich hatte damals andere verlockende Angebote. Doch auf faire Art für nachhaltige Ziele zu kämpfen war mir wichtiger als Geld.« Hans-Ulrich Schatz blickt auf eine ähnliche berufliche Vita zurück und wird nun die Firma Lebensbaum nach außen repräsentieren. »Das Unternehmen ist sehr gut aufgestellt«, sagt Mayr. Ulrich Walter hat immer sehr großzügig investiert und dem Unternehmen Raum gegeben, sich zu entwickeln. Das werde auch beim jetzigen neuen Eigentümer so sein. Worauf wird man in Zukunft aufpassen müssen? »Dass das Wohl des Unternehmens und die Interessen der Beschäftigten in Einklang gehalten werden.« Warum das? »Wir haben ein sehr gutes Team. Aber es gibt ja in der Gesellschaft eine Tendenz zu egoistischen Einzelkämpfern. Da muss man ein Auge darauf haben.«

Wie sieht die langjährige Mitarbeiterin von Lebensbaum, Rosi Fritz, die Zukunft des Unternehmens? »Unsere Arbeit ist sinnvoll. Wir machen hoch interessante Produkte. Die Nachhaltigkeit wird noch

Lebensbaum Logo ab 2017

mehr gestärkt werden, damit wir unseren Vorsprung ausbauen können. Alle Abteilungen sind da gefragt, keiner kommt daran vorbei. Die neue Firmenleitung wird sicher versuchen, das eine oder andere noch effizienter zu organisieren, ein paar Sachen dem Zeitgeist anpassen. Zum Beispiel sollten wir mobiler arbeiten können, das heißt mit Laptops, sodass wir nicht immer am eigenen Schreibtisch sitzen müssen.« Als Qualitätsmanagerin weiß sie auch: »Es wird immer mal wieder stürmische Zeiten geben, weil man uns für irgendwas kritisiert. Da ist es dann nicht einfach zu reagieren, aber oft ist die Kritik nicht gerechtfertigt, denn wir betreiben einen riesigen Aufwand.«

Es ist zu erwarten, dass Lebensbaum auch künftig noch wachsen wird, organisch mit den bestehenden Kunden, wie es Ulrich Walters Strategie war, für die er sich sicher im Beirat der Firma weiter einsetzen wird. »Neue Kunden haben wir immer sehr sorgfältig ausgewählt. Das Unternehmen versucht das Risiko, von Kunden dominiert zu werden, zu minimieren«, so Walter. »Es gab schon immer mal wieder die Versuchung, neue Produktgruppen ins Sortiment aufzunehmen. Damit hätten wir noch mehr Geld verdienen können.« Umgesetzt hat er es dann nicht. »Wir haben immer entschieden, uns ganz auf das zu konzentrieren, was wir gut können und das weiterzuentwickeln«.

Was wünscht Helmy Abouleish Lebensbaum? »Dass die Zukunft weiterhin von der vorbildlichen Arbeit geprägt bleibt. Qualitativ hochwertige Produkte aus ethisch einwandfreien Quellen gepaart mit einer Führung, die aus dem Herzen kommt und das Anliegen, das Beste für Menschen und Umwelt zu wollen, wirklich verinnerlicht hat – diese Qualitäten hat Ulrich in die DNA von Lebensbaum gepflanzt. Wir sind fest davon überzeugt, dass diese Prägung in der Zukunft viele weitere Wunder bewirken kann – hoffentlich auch weiterhin gemeinsam mit verrückten Sekem-Ideen.«

Von links: Helmy & Ibrahim Abouleish, Ulrich Walter, Sekem, Ägypten, 2011

Und Ulrich Walter selbst? Hat er einen Wunsch für die Zukunft seiner Branche und auch seiner eigenen Arbeit? Er möchte, »dass wir entspannter miteinander umgehen. Wir sind doch in Deutschland manchmal sehr verspannt. Man muss mehr Toleranz zeigen und nicht immer das Haar in der Suppe suchen. Ich wünsche mir, dass wir uns mehr Vertrauen entgegenbringen, denn das halte ich für ganz wesentlich für die Weiterentwicklung unserer Gesellschaft. Ich hatte in den letzten 40 Jahren die Möglichkeit, viel in der Welt herumzukommen, abseits der Touristenpfade. Ich wünsche mir, dass man sich bemüht, mehr voneinander zu lernen, ohne dabei die eigene Identität aufzugeben.«

Ulrich Walter, Roswitha Weber, Götz Rehn, und viele andere, die Bio-Unternehmen gründeten, haben nicht als Erstes nach den möglichen Gewinnen gefragt. Sie wollten tun, wovon sie überzeugt waren, dass es richtig und wichtig ist, für die Umwelt, für die Gesellschaft und für sie selbst. Und diejenigen, die es schaffen, ihren heißen Idealismus auf produktive Art und Weise mit kühlem Geschäftssinn zu verbinden, werden dann auch ökonomisch erfolgreich.

Die Autorin

Heike Leitschuh hat Politische Wissenschaften, Soziologie und Volkswirtschaft studiert und arbeitet als selbstständige Autorin, Moderatorin und Beraterin für Nachhaltige Entwicklung. Seit 2008 ist sie Mitherausgeberin des »Jahrbuchs Ökologie« im Hirzel Verlag.

Bildnachweis

Weiterführende Informationen: Literatur & Webseiten

Bio-Informationen des Bundesamts für Landwirtschaft, www.blw.admin.ch/blw/de/home/markt/marktbeobachtung/bio.html, (abgerufen am 1.3.2021).

Branchenreport der Ökologischen Lebensmittelwirtschaft (erscheint jährlich) und berichtet über die Entwicklung der deutschen Öko-Landwirtschaft, Öko-Lebensmittelherstellung und des Bio-Handels, www.boelw.de/service/mediathek.

Brehl, Jens (2020): Für unsere Zukunft. Wie Bio-Pioniere die Welt verändern, München.

Bundesministerium für Ernährung und Landwirtschaft (Hrsg.) (2019): Zukunftsstrategie ökologischer Landbau. Impulse für mehr Nachhaltigkeit in Deutschland, www.thuenen.de/de/thema/oekologischer-landbau/zukunftsstrategie-oekologischer-landbau/, (abgerufen 1.3.2021).

Bundesverband Naturkost Naturwaren (BNN): www.n-bnn.de.

Bund Ökologische Lebensmittelwirtschaft (BÖWL): www.boelw.de.

Deutschlands Bio-Pioniere, www.oekolandbau.de/fileadmin/redaktion/dokumente/Bio-Siegel/Reports/bio-siegel-report-2006-03.pdf (abgerufen 1.3.2021).

Gottwald, Franz-Theo (2011): Esst anders! Vom Ende der Skandale. Über inspirierte Bauern, innovative Handwerker und informierte Genießer, Marburg.

Gottwald, Franz-Theo; Steinbach, A. (2009): Nachhaltigkeits-Innovationen in der Ernährungswirtschaft – Von Bio-Pionieren und konventionellen Innovationsführern, Hamburg.

Grassberger, Martin (2019): Das leise Sterben: Warum wir eine landwirtschaftliche Revolution brauchen, um eine gesunde Zukunft zu haben, Salzburg.

Heldberg, Helma (2008): Die Müsli-Macher, Erfolgsgeschichten des Biomarktes und seiner Pioniere, München.

Löwenstein zu, Felix (2011): Food Crash – Wir werden uns ökologisch ernähren oder gar nicht mehr, München.

Radkau, Joachim (2011): Die Ära der Ökologie. Eine Weltgeschichte, München.

Schweisfurth, Georg (2014): Die Bio-Revolution – Die erfolgreichsten Bio-Pioniere Europas, Wien.

Statistisches Bundesamt: Umsatz mit Bio-Lebensmitteln in Deutschland in den Jahren 2000 bis 2020; www.de.statista.com/statistik/daten/studie/4109/umfrage/bio-lebensmittel-umsatz-zeitreihe (abgerufen 1.3.2021).

Stengel, Oliver (2021): Vom Ende der Landwirtschaft. Wie wir die Menschheit ernähren und die Wildnis zurückkehren lassen. Plädoyer für eine Postlandwirtschaftliche Revolution, München.

Stiftung Ökologie, Landbau (Hrsg.): Ökologie & Landbau. Zeitschrift, München.